高等学校会计学专业系列教材

税务会计

第二版

主编　杜剑　周松　杨杨

中国教育出版传媒集团

高等教育出版社·北京

内容简介

　　本教材系统阐述了税务会计涉及的各税种的概念、计算和会计账务处理。在介绍税务会计的概念与特点、税收环境与会计环境、税务会计的发展和税务会计基本理论的基础上，对增值税会计、消费税会计、关税会计、出口退税会计、企业所得税会计、个人所得税会计、资源税类会计、财产行为税类会计、环境保护税会计等内容进行了系统全面的阐述。为了便于读者阅读和掌握知识点，本教材中每章前都设置学习目标、思维导图、引言等栏目，而各章后的本章小结、复习思考题、习题及其参考答案，有利于读者对各章知识及逻辑体系的回顾。

　　本教材适合选作高等院校本科会计学、财务管理、财政学、税务等专业的教材，以及相关专业硕士研究生入学考试的参考教材，亦可作为工商企业的财会、税务工作者的学习参考书。

图书在版编目（ＣＩＰ）数据

　　税务会计／杜剑，周松，杨杨主编. -- 2版. -- 北京：高等教育出版社，2023.8
　　ISBN 978-7-04-056966-7

　　Ⅰ. ①税… Ⅱ. ①杜… ②周… ③杨… Ⅲ. ①税务会计－高等学校－教材 Ⅳ. ①F810.62

　　中国版本图书馆CIP数据核字(2021)第181910号

Shuiwu Kuaiji

策划编辑	谢睿芳	责任编辑	谢睿芳	封面设计	张志奇	版式设计 王艳红
插图绘制	黄云燕	责任校对	王 雨	责任印制	耿 轩	

出版发行	高等教育出版社	网　址	http://www.hep.edu.cn
社　址	北京市西城区德外大街4号		http://www.hep.com.cn
邮政编码	100120	网上订购	http://www.hepmall.com.cn
印　刷	山东临沂新华印刷物流集团有限责任公司		http://www.hepmall.com
开　本	787mm×1092mm　1/16		http://www.hepmall.cn
印　张	13.75		
字　数	330 千字	版　次	2023 年 8 月第 1 版
购书热线	010-58581118	印　次	2023 年 8 月第 1 次印刷
咨询电话	400-810-0598	定　价	36.50 元

本书如有缺页、倒页、脱页等质量问题，请到所购图书销售部门联系调换
版权所有　侵权必究
物 料 号　56966-00

前　言

  税务会计是高等院校经济管理类专业一门重要的专业课程。税务会计通过阐述相关的基本理论，依据税法和会计准则规定，介绍不同税种的计算、会计分录处理、纳税申报，以及不同税种在企业会计科目和会计报表中的构成。本教材从典型案例入手，对企业税务会计核心观念与方法进行了全面介绍。

  本教材充分体现高等教育的特点，以培养应用型经济管理人才为目标，系统阐述了税务会计涉及的各税种的概念、计算和会计账务处理。本教材共 10 章，主要内容包括税务会计导论、增值税会计、消费税会计、关税会计、出口退税会计、企业所得税会计、个人所得税会计、资源税类会计、财产行为税类会计、环境资源税会计。本教材每章开篇均明确给出学习目标和思维导图，便于教师在教学过程中把握教学内容、重点和难点，以及有关知识的相互联系。同时每章还通过引言部分的具体案例引导学生对本章即将学习的内容进行思考。每章之后均附有复习思考题、即测即评、练习题，有利于学生通过思考探讨，提高税务会计理论和业务原理的认知程度。通过计算练习，使学生熟练掌握税务会计的技术方法；通过案例分析，促进教学互动，培养学生的分析能力、决策能力和创新能力。

  本教材适合选作高等院校本科会计学、财务管理、财政学、税务等专业的教材，以及相关专业硕士研究生入学考试的参考教材，亦可作为工商企业等财会、税务工作者的学习参考书。

  本教材由贵州财经大学杜剑教授、周松教授和杨杨教授担任主编，贵州财经大学其他老师参编完成。各章的分工为：第一章由杜剑、陶然执笔，第二章由黎媛媛、杜剑、胡甜执笔，第三章由杜剑、王肇执笔，第四章由杜剑、胡甜执笔，第五章由杜剑、冯沛洪执笔，第六章由杜剑、黄薇、王予欣执笔，第七章由杨皎鹤、杜剑、王元直执笔，第八章由周松、黄薇、杨杨执笔，第九章由杨婧、杨杨执笔，第十章由杨杨、黄薇执笔。初稿完成后，成宇红、王元直、王予欣进行了统稿，再由三位主编进行审稿，最后讨论定稿。

  由于编者的水平和时间有限，本教材可能存在不足之处，恭请广大师生及读者给予批评指正。

编者
2022 年 4 月

目　　录

第一章　税务会计导论

学习目标

1. 了解税务会计的基本理论，认识学习税务会计的重要性
2. 通过学习税务会计，了解税收环境与会计环境的不同
3. 熟悉税务会计的特征，为后续章节的学习奠定基础

【思维导图】

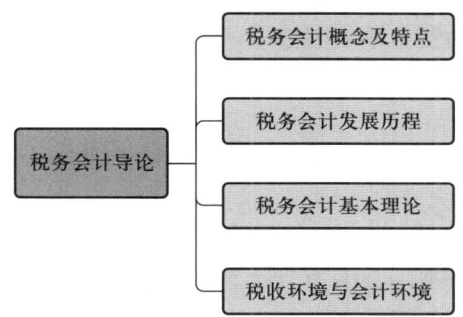

【引言】

税收改革是经济社会改革的突破口和先行军。面对越来越复杂的税收环境、越来越高的企业管理要求、市场经济的逐步健全、税收体制的不断完善，企业会计人员应该与时俱进，即从单一的会计分化为财务会计、税务会计和管理会计，从而满足投资人、债权人、政府和企业管理层等对企业会计信息的不同需求。税务会计将在企业发展中扮演不可或缺的角色。

随着国家税收的增长，重新认识税收的职能与调节机制，进而走出对税收职能与调节机制的认识误区，对企业的发展具有举足轻重的意义。因为错位的认识会导致税收调节机制对于经济发展不同程度的"缺位"和"越位"，因此企业对相关岗位的专业培训迫在眉睫。

北京某税务会计师专业资格认证培训机构的负责人在接受记者采访时表示，"税务会计师"在我国庞大的财务人员队伍中属于稀缺人才，而企业 80% 的工作离不开税务会计。系统地学习有关税务会计实务课程，区分税法与会计之间的重要差异，有助于真正做到解决现代企业经

营过程中的税务问题，完善税务筹划功能，替企业降低税务风险，增强事前预测性，从而使企业的利润达到最大化。

税务会计在我国经济发展中的重要性越来越凸显。

第一节　税务会计的概念与特点

一、税务会计的概念

会计和税收是经济领域中的两个不同的分支，分别遵循不同的原则，服务于不同的经济业务，但两者也有着紧密的联系。税务会计为了反映纳税人税款的计算与缴纳情况，就必然同时受到会计准则与国家税法的制约。由此，税务会计面临两个主要的问题：一是企业会计核算中的涉税问题；二是企业税款支出中的会计核算问题。而要解决这两个问题，必然要求税务会计按照国家的税收法规，采用会计的基本理论与方法，对企业的税务活动所引起的资金运动进行全面的核算与监督，从而保障国家利益和纳税人的合法权益。从这些方面来说，本书将税务会计定义为：税务会计是以国家现行的税收政策和会计准则为依据，以货币为主要计量单位，运用会计学的理论和方法，连续、系统、全面地对纳税主体的课税基础的形成，税款的计算、申报和缴纳等税务活动所引起的资金运动进行核算和监督的一门专业会计。

二、税务会计的特点

税务会计作为融税收制度和会计核算于一体的特殊专业会计，具有以下特点：

（一）法定性

税务会计以税收政策和会计准则为准绳，也就是说，税务会计必须以国家的税法为依据。同时，税务会计还要依据会计准则，因为会计准则是进行纳税核算的依据，是税收法律法规的具体化。所以，税务会计具有直接受制于税收法律规定的显著特点，这也是税务会计区别于其他专业会计的一个突出特点。

（二）独立性

税务会计并不是和企业财务会计并列的专业会计，它只是企业会计的一个特殊领域，和其他会计相比较，具有其自身的独立性，因为国家规定的征税依据与企业会计制度的规定是有一定差别的，其处理方法、计算口径不尽相同。例如，现行增值税中自产自用货物视同销售的行为以及所得税中会计利润与应纳税所得额之间的调整等有关规定就反映了税务会计核算方法与内容的相对独立性。

（三）广泛性

我国宪法规定中华人民共和国公民都有纳税义务，企业也负有纳税义务。这就是说，所有自然人和法人都可能是纳税义务人。因此，不论什么性质的企事业单位，不管其隶属于哪个部门或行业，只要被确认为纳税人，在处理税务事宜时都必须依照税法规定，运用会计核算的专门方法对其生产、经营活动进行核算和监督。法定纳税人的广泛性决定了税务会计的广泛性。

（四）统一性

税法本身具有统一性、普遍适用性的特点。也就是说，同一税种对于适用的不同纳税人而言，其规定具有统一性、规范性。如工业企业要缴纳增值税，不论城镇企业、乡镇企业、校办企业、军事企业、农场办企业、商办企业、机关团体办企业等都要严格执行，不分企业的隶属关系，也不分其所有制性质，而且在税法构成要素，诸如征税对象、税目、税率、征纳办法等，均适用统一的税法规定。这种税法的统一性决定了税务会计在对纳税行为进行核算和监督时的统一性。

第二节　税收环境与会计环境

一、税收环境

税收环境是指影响或决定税收制度产生、运行及其成效的各种外部因素的总和。税收环境有广义和狭义之分。广义的税收环境包括政治法制环境、经济技术环境、社会文化环境、生态环境、国际环境等内容。税收环境与政治体制、经济运行、历史、传统、思想文化密切相关。狭义的税收环境主要包括体制环境、法制环境、道德环境、经济环境等内容。

地位平等的独立主体、统一开放的市场机制、健全的法规体系、合理规范的税收秩序、强有力的经济杠杆、协调发展的宏观管理有利于税收制度的合理运行。

二、会计环境

影响会计系统的外部因素包括经济、政治法律、科技、文化教育等。会计环境会影响会计信息的需求，影响会计程序与方法，乃至影响企业提供会计信息的意愿等。

（一）经济环境

经济环境是指经济体制、经济发展水平、物价变动水平、金融、证券市场发育及完善程度等具体因素的总和。它是影响会计发展的主要因素。经济体制是指一国制定并执行经济决策的各种机制的总和。一个国家处于何种经济体制就必须建立与之相配套的会计模式。故而，经济体制的变革势必导致会计的变革。经济发展水平的高低对会计理论和会计实务的发展产生重大影响。经济发展水平越低，经济业务和会计实务就越简单，会计理论所要解释的问题就少；反之，经济发展水平越高，经济业务和会计实务就越复杂，会计理论所要解释的问题就多。一般地讲，经济发展水平越高，会计的认识就越科学，会计各方面的工作就越完善。

物价变动也会对会计发展产生影响。在持续通货膨胀时期，历史成本计量的局限性主要表现为财务报表信息可靠性降低，高估企业收益，以及折旧不能为重置资产提供足够资金等。

金融、证券市场处于初级阶段时，发展不充分，对会计信息的披露较弱。金融、证券市场发展完善后，则对会计信息的披露要求较高。

（二）政治法律环境

一个国家的政治制度约束着会计组织制度建设、会计理论研究、会计教育。任何有损于政治制度、国家利益、社会安定的会计组织制度建设、会计理论研究、会计教育等都必然会招致政府行政、法律的强制干预和严厉惩处。一国的政策措施也对会计产生一定的影响。政治环境因素不一样，各国的会计研究指导思想就不一样，对会计认识也大相径庭。

会计的发展也要受国家所采用的法律模式的影响。大陆法系国家通常以法律形式对其会计准则、会计工作程序、会计核算方法等进行规范。会计实务受公司法、税法、会计法、商法等法律的约束，政府在会计立法上作用明显。英美法系国家的会计准则由民间职业团体制定，政府很少干预。会计实务受民间职业团体制定的会计准则的约束，会计规范较为灵活。另外，一个国定法律制度是否完善、法律体系是否健全、执法力度的轻重、国民法律意识的强弱等法律环境的好坏直接影响会计信息质量的高低。

（三）科技环境

科学技术的发展对会计方法的革新和拓宽、深化会计工作领域起着重要的促进作用。科学技术也为会计发展提供物质条件和基础。计算机在会计上的运用改变了传统的手工操作，而互联网、人工智能技术在会计上的应用更是给会计带来了一场技术上的革命，对会计理论和实务操作将产生深远的影响。

（四）文化教育环境

文化教育环境对会计发展的影响具体体现在：影响人们对会计的认识和理解，影响会计的社会地位；决定会计工作者的素质，影响会计社会作用的发挥；影响会计理论研究方法及会计的基本思想；影响会计工作的物质条件和基础，决定高新技术及先进设备在会计工作中的运用及效果。

（五）内部环境

管理者对会计的重视程度、会计人员素质的高低、会计管理制度是否健全、整体管理水平的高下等内部环境对规范会计管理、完善会计组织、提高会计管理水平起着较为重要的作用。

三、税收环境与会计环境的关系

（一）税收环境与会计环境的联系

税收环境与会计环境在宏观上都需遵守国家法律法规，与经济发展水平相适应，采取先进的方法和手段进行会计处理和组织税收，体现成本效益原则。没有良好的会计环境（如会计做假账），不可能产生良好的税收环境。良好的税收环境能促进会计环境的改善。如通过税务检查发现了纳税人存在偷漏税行为，并依法进行了处理，这对其他纳税人具有震慑作用，其他纳税人按照会计规定进行正确处理必然会改善会计环境。所以，税收建立在会计信息基础之上，税收环境与会计环境是相互制约、相互促进的关系。

（二）税收环境与会计环境的区别

税收环境与会计环境在微观上存在差异，税收环境通过制定税法参与纳税人收入分配，具体强制性和无偿性。会计环境是依据会计规定进行会计处理，反映会计信息。会计处理方法与税法不一致时，按税法规定进行处理，税收与会计的目的、依据、管理部门存在不同，导致税收环境与会计环境存在差异。因此，税收环境与会计环境存在区别，不能相互替代。

第三节　税务会计的产生与发展

一、税务会计的产生

税收是一个经济范畴，也是一个历史范畴，它是人类社会和生产力发展到一定阶段的必然产物。物质资料的生产是人类社会存在和发展的基础，人们为了更好地发展生产，就必须关注生产的消耗和生产的成果。原始社会时期，由于生产力水平低下，全体社会成员同心协力从事生产活动，以获取维持生活需要的物质资料。这时的生产比较简单，劳动成果除满足基本生活消费外，基本上没有剩余。因而，人们对生产的消耗和成果的关心，是通过头脑记忆的。由于生产力的发展，人们对生产的消耗和生产的成果逐渐地采取了一些简单的方式加以记载。例如，我国古代的"结绳记事""甲骨书契"的记录等，就是会计的雏形。会计的产生为税务会计的产生奠定了基础，是税务会计产生的一个前提条件。随着社会生产力的进一步发展、生产工具的更新，人们开始使用石器和铁器，征服自然和改造自然的能力有了很大的提高。谋取的物质产品除满足人们基本的生活需要外，还有了剩余，从而使一部分人将剩余产品占为私有。同时，由于社会分工的出现，使得各个部门的产生需要吸收更多的劳动力，而各部落之间的战俘为生产部门的产生提供了条件，变成了奴隶。于是，奴隶与奴隶主两大阶级产生了。由于阶级矛盾日益尖锐，达到不可调和的时候即产生了国家。为了维持国家正常运转的庞大支出，统治阶级凭借着国家的政治权力，强制课征一部分剩余产品。于是，以国家为主体的税收分配形式出现了。税收分配形式的出现，使税务会计的产生由可能转化为现实。据有关历史资料考证，在公元前18世纪，巴比伦王国征收各种税赋就需要有应纳税通知和支付凭据，纳税人的税赋与会计记录相融合，产生了最早的税务会计。尽管它还不成熟，但它毕竟把会计问题和税务问题融为一体。因此，税务会计是社会发展的必然结果，是税收和会计共同作用的产物。

在我国奴隶社会时期，为了计算和记录国家税赋实物或货币的收入和支出情况，产生了"官厅会计"。在我国西周时期，在总揽财政大权的天官之下，设置"司会"为计官之长，主管朝廷财政经济收支的全面核算。由于当时税制简单，不可能对纳税人的会计核算提出具体的要求，而且当时的纳税人也不具备正式会计核算的条件。在会计方面，当时仅限于对征收结果从国家的角度进行较为健全、完整的核算和监督，但核算和监督的内容基本上属于税务会计核算的范畴。

在中国会计发展史上，官厅会计早于民间会计，它包含着现在的预算会计、税务会计的某些因素。世界上其他各国和我国的历史足以证明，税务会计是在税收和财务会计产生与发展的基础上发展起来的。

二、税务会计的发展

随着社会生产力的进一步发展，各国的税收制度日趋成熟化，税收收入在国家财政收入中占有绝对的比重。作为主要纳税人的企业，依法缴纳的税额已经成为其进行生产经营决策的一个重要因素。当前，人们对生产的耗费和生产的成果及其分配的关心程度日益提高，客观上要求企业在会计凭证、会计账簿和会计报表中提供物化劳动转移的价值以及其他转移价值中包含的已纳税金的情况。只有这样，才能正确地预测和真实地反映自身的经营成果。在税务会计的产生和发展过程中，所得税的出现和不断完善表现出极大的推动力，这是因为所得税的形成和计税依据直接涉及纳税人产、供、销的全过程。目前，西方各国对税务会计的理论研究和处理方法均已达到相当科学的程度，其中有许多国家都有专门规范所得税会计的文件，如英国发布的《递延所得税》、美国第96号财务会计准则公告中表述的所得税会计的处理原则。

三、税务会计的现状

当今世界上大多数发达国家的税务会计都是相对独立、自成体系的。税务会计受到各国的普遍重视，已经发展为一门重要的专业会计分支，它与财务会计、管理会计已经构成会计学科的三大组成部分。在我国，税务会计还刚起步，其原因是新中国成立以后，在相当长的一段时间内，奉行高度集中的计划经济体制，国家作为所有者和管理者的身份合二为一。与此相适应，企业也都实行财务会计与税务会计合二为一的会计管理模式。在当时，一致的会计管理模式既有利于国家对企业实施综合、全面的管理，也有利于计算上缴国家的财政收入，为监督企业上缴利润提供了制度上的保证，同时，也便于统一会计制度的制定和施行。

随着我国社会主义市场经济体制的建立，原有的财务会计与税务会计合一的管理模式所固有的局限性越来越突出。从国家角度看，我国是以公有制为主体的社会主义国家，国家一方面是政治权利的主体，另一方面又是国有资产的所有者，因而具有双重身份。过去的财务会计与税务会计合一的做法，势必模糊了税收和利润的不同内涵、性质和作用，从而影响了政府的双重身份，不利于在政企分开的前提下，科学地界定政府的职能和权限。企业的理财行为和会计核算难以适应市场经济的客观要求，传统的财务制度和会计制度中的某些规定过于死板，很大程度上是因为其中包含税法的基本要求。因此，为了适应我国社会主义市场经济的需要，1994年我国颁布了税务会计的有关规定，并不断地进行完善与修订，与国际接轨的趋势越来越明显。

第四节　税务会计的基本理论

一、税务会计的目标和对象

1. 税务会计的目标

税务会计的目标是向税务会计信息使用者提供关于纳税人税款形成、计算、申报、缴纳等税务活动方面的会计信息，是会计目标在税务会计这一特殊领域内的具体表现。具体来说，税务会计的目标主要体现在以下三个方面：依法纳税，保证国家财政收入；正确进行税务会计处理；合理选择纳税方案，科学进行纳税统筹。

2. 税务会计的对象

税务会计的对象是税务会计这种特殊的专门会计管理活动的客体，是纳税人因纳税所引起的资金运动，即应纳税款的形成、计算、缴纳、退补和处罚等经济活动的货币表现。税务会计的对象具体包括：经营收入、成本费用、经营成果、税款。

二、税务会计的基本前提

税务会计以财务会计为基础，财务会计中的基本前提有些也适用于税务会计，如会计分期、货币计量等。但由于税务会计有自己的特点，其基本前提也应有其特殊性。

1. 纳税主体

纳税主体与财务会计的会计主体有密切联系，但不一定等同。会计主体是财务会计为之服务的特定单位或组织，会计处理的数据和提供的财务信息被严格限制在一个特定的、独立的或相对独立的经营单位之内，典型的会计主体是企业。纳税主体必须是能够独立承担纳税义务的纳税人。在某些垂直领导的行业，如铁路、银行，由铁路总公司、各总行集中纳税，其基层单位是会计主体，但不是纳税主体。又如，对稿酬征纳个人所得税时，其纳税人（即稿酬收入者）并非会计主体，而作为扣缴义务人的出版社或杂志社则成为这一纳税事项的会计主体。纳税主体作为代扣（或代收、代付）代缴义务人时，纳税人与负税人是分开的。纳税主体作为税务会计的一项基本前提，应侧重从会计主体的角度来理解和应用。

2. 持续经营

持续经营的前提意味着该企业个体将继续存在足够长的时间以实现其现在的承诺，如预期所得税在将来要继续缴纳，这是所得税税款递延、亏损前溯或后转以及暂时性差异能够存在并且进行所得税跨期摊配的基础所在。以折旧为例，它意味着除非有证据表明企业无法持续经营，否则人们总是假定该企业将在足够长的时间内为转回暂时性的纳税利益而经营并获得收益。

3. 货币时间价值

随着时间的推移，投入周转的资金价值将会发生增值，这种增值的能力或数额就是货币时间价值。这一基本前提是税收立法、税收征管的基点，因此各税种都明确规定了纳税义务的确认原则、纳税期限、缴库期等，深刻地揭示了纳税人进行税务筹划的目标之一是延迟纳税。

4. 税务会计期间

税务会计期间亦称纳税年度，是指纳税人按照税法规定选择的纳税年度，我国的税务会计期间是自公历 1 月 1 日起至 12 月 31 日止。税务会计期间不等同于纳税期限，如增值税、消费税的纳税期限是日或月。如果纳税人在一个年度的中间开业，或者由于改组、合并、破产关闭等，使该纳税年度的实际经营期限不足 12 个月的，应当以其实际经营期限为一个纳税年度。纳税人清算时，应当以清算期限作为一个纳税年度。

三、税务会计的一般原则

税务会计与财务会计密切相关，财务会计中的原则大部分也适用于税务会计。又因税务会计与税法存在特定联系，税收理论和立法中的税款支付能力原则、公平税负原则、程序优先于实体原则等也会非常明显地影响税务会计。税务会计上的一般原则可以归纳如下。

1. 依法原则

税务会计必须以现行税法为准绳，而税收法规可能会因国家的政治、经济的发展和需要有所变更，即有一定的时效性，所以税务会计必须坚持按现行税法处理的原则。

2. 公平税负原则

公平税负原则是指税收要公平负担，合理负担。这要求税务会计必须真实核算企业的各项计税依据、应纳税额，正确处理收益分配。任何有意或无意逃税和骗取减免税金的情形，都是有违公平性和一致性的，都不符合税务会计的公平税负原则。

3. 修正的权责发生制原则

权责发生制以权利和义务的发生来确定收入和费用的实际归属，能够合理、有效地确定不同会计期间的收益和企业的经营成果，体现了公允性和合理性。因此，企业会计核算中，坚持以权责发生制为原则。

当权责发生制被用于税务会计时，与在财务会计中的应用存在某些差异：第一，必须考虑支付能力原则，使得纳税人在最有能力支付时支付税款；第二，使得收入和费用的实际实现具有确定性；第三，保护政府财政税收收入。例如，在收入的确认上，税务会计中的权责发生制由于在一定程度上受税款支付能力原则的影响而包含部分收付实现制的方法，而在费用的扣除上，财务会计采用稳健性原则列入的某些预计费用在税务会计中是不能够被接受的，后者强调"该经济行为已经发生"的限制条件，从而保护政府税收收入。目前世界上大多数国家都采用修正的权责发生制原则。

4. 划分营业收益与资本收益原则

营业收益与资本收益具有不同的来源、担负着不同的纳税责任，因此，为了正确地计算所得税负债和所得税费用，就应该合理划分这两种收益。

营业收益是指企业通过其经常性的主要经营活动而获得的收入，其内容包括主营业务收入和其他业务收入两个部分，其税额的课征标准一般按正常税率计征。

资本收益是指在出售或交换税法规定的资产时所得的利益（如投资收益、出售或交换有价证券的收益等），一般包括纳税人除应收款项、存货、经营中使用的地产和应折旧资产、某些政府债券以及除文学和其他艺术作品的版权以外的资产。资本收益的课税标准具有许多不同于营业收益的特殊规定。

5. 配比原则

配比原则是指企业在进行会计核算时，某一特定时期的收入应当与取得该收入的成本、费用配比。财务会计的配比原则是指企业在计算应纳税额时，收入与其成本、费用应当相互配比，同一会计期间内的各项收入和与其相关的成本、费用应当在该会计期间内确认。

税务会计与财务会计在配比原则的内涵及运用结果上有较大的差异：首先，财务会计核算坚持稳健原则和不完全的历史成本原则，而税务会计坚持历史成本原则。如财务会计可以计提八项准备，而税务会计一般不允许计提准备。其次，财务会计利润是在权责发生制基础上配比计算的结果，而税务会计适度采用了收付实现制，因而应纳税所得额往往不等于会计利润。最后，财务会计在变更会计政策时，如果累积影响数能够合理确定，应采用追溯调整法进行处理，并调整期初留存收益、会计报表等相应事项。而税务会计处理中，纳税人不得调整以前年度的应纳税所得额和应纳税额，也不得调整以前年度的未弥补亏损。

6. 税款支付能力原则

税款支付能力与纳税能力有所不同。纳税能力是指纳税人应以合理的标准确定其计税基数。有同等计税基数的纳税人应负担同一税种的同等税款。因此，纳税能力体现的是公平税负原则。与企业的其他费用支出有所不同，税款支付全部对应现金的流出，因此，在考虑纳税能力的同时，更应该考虑税款的支付能力。税务会计在确认、计量和记录收入、收益、成本、费用时，应选择保证税款支付能力的会计方法。

四、税务会计账户的设置

日常工作中税务会计的主要任务包括：按照税法规定正确计算企业应缴税款，并进行正确的会计处理；正确编制、及时报送会计报表和纳税申报单；及时足额地缴纳各种税金，完成企业上缴任务；进行企业税务活动的财务分析；合理进行统筹规划等。

通常，税务会计不要求在财务会计之外另设一套账。在财务会计中，凡涉及应税收入、计税成本费用、应缴税款、减免税、退补税、滞纳金、罚款、罚金核算的账户，都属于税务会计账户。其中，"应交税费""税金及附加""所得税费用""递延所得税资产""递延所得税负债"等账户是专门用于税金核算的账户，可以看成税务会计特有的账户。

企业设置"应交税费"总账。除印花税、关税及耕地占用税等不需要预缴的税种外，纳税人应缴纳给税务机关的各种税金均在本账户核算。"应交税费"属于负债类账户，专门用于反映企业各种税金的应交、已交和未交情况。其贷方反映企业应交的各种税金；借方反映企业已经缴纳的各种税金；余额一般在贷方，反映企业应交的各种税金。企业一般在"应交税费"账户下按各税种设置明细账户，如"应交增值税""应交消费税"及"应交所得税"等。有时根据税收管理的需要，还应设置三级明细账户进行核算，如在"应交税费——应交增值税"下设"进项税额""销项税额"及"已交税金"等三级明细账户。

五、税务会计的处理方法

在我国，税务会计与财务会计在日常核算上具有统一性，即税务会计要素的日常确认、计量与财务会计是一致的，但在期末应依据税法进行税务处理，调整、计算应纳税额，依法纳税。税务会计的特殊处理方法主要包括如下几方面。

（一）纳税调整和计算方法

1. 纳税调整方法

由于税务会计和财务会计规范不一致，税务会计在对纳税业务进行核算时，往往需要对财务会计提供的数据进行调整。比如，在所得税会计核算时，期末会计利润和最终的应纳税所得额往往是不一致的，这是因为会计与税法的规定不同，两者存在不同性质的差异，针对不同的差异，税务会计需要采用应付税款法和纳税影响会计法进行税务会计的调整处理。

2. 纳税计算方法

税务会计需要依据税法，根据不同的课税对象计算计税依据，确定适用税率，再计算应纳税额。各税种有各自不同的应纳税额的计算方法，如计算增值税要分别计算销项税额和进项税额，采用的是购进抵扣法；而对于土地增值税的计算采用的是超率累进法；而所得税的计算要依据所得税法的规定来确认收入、费用、可扣项目，再计算应纳税额。

（二）税务筹划和申报方法

1. 税务筹划方法

税务会计目标之一是正确处理企业与国家的分配关系，以有利于国民经济协调发展，使企业有一个良好的经营环境，保障征纳双方的合法权益。纳税人出于对自身权益的考虑，在依法纳税的前提下，往往采用各种税务筹划的技术和方法，进行国内节税和国际避税。

2. 税收申报方法

根据《中华人民共和国税收征收管理法》的规定，企业必须如实办理纳税申报，按规定报送纳税申请表、财务会计报表以及税务机关根据实际需要要求纳税人报送的其他纳税资料。有代扣代缴、代收代缴税款情况的，还应报送代扣代缴、代收代缴税款报告表以及税务机关根据实际需要要求扣缴义务人报送的其他有关资料。税收申报的方法有直接申报、邮寄申报、按期申报、延期申报等。

本 章 小 结

本章着重介绍了税务会计的发展、基本概念及基本方法。

（1）税务会计是经济发展到一定阶段的产物，它的产生丰富和发展了会计的内容。税务会计是从财务会计中分离出来的，与财务会计有着必然的联系，同时，又在服务主体、核算目的、核算对象、核算依据、会计核算基础等方面与财务会计存在区别。税务会计的核算对象是纳税人因纳税所引起的资金运动。在税务会计核算过程中，必须遵守的原则包括：依法原则、公平税负原则、修正的权责发生制原则、划分营业收益与资本收益原则、配比原则、税款支付能力原则等。

（2）税务会计是现代企业会计的一个重要组成部分，是以税收法规为依据，以货币为主要计量单位，运用会计专门的方法，对纳税单位的应纳税款的形成、计算和缴纳进行连续、系统、全面的核算和监督，参与纳税人的预测、决算，达到既依法纳税又合理减轻税负的一门专业会计。

（3）税务会计的特点包括：法定性、独立性、广泛性、统一性。

复习思考题

1. 简述税务会计的基本概念及基本前提。
2. 税务会计有哪些原则、特点？简述其基本内容。
3. 税务会计的核算目标有哪些？
4. 简述税务会计的核算方法。

第二章　增值税会计

学习目标

1. 掌握增值税的概念、纳税人和征税范围
2. 熟悉增值税税率（征收率）、扣除率，会根据应税项目选择适用税率
3. 熟悉增值税专用发票的使用和管理规定
4. 掌握增值税一般纳税人销项税额、进项税额的计算方法；能正确计算当期应纳税额
5. 掌握增值税会计科目的设置、会计核算的基本知识
6. 能进行增值税一般纳税人的销项税额、进项税额、期末结转及上缴业务的会计核算

【思维导图】

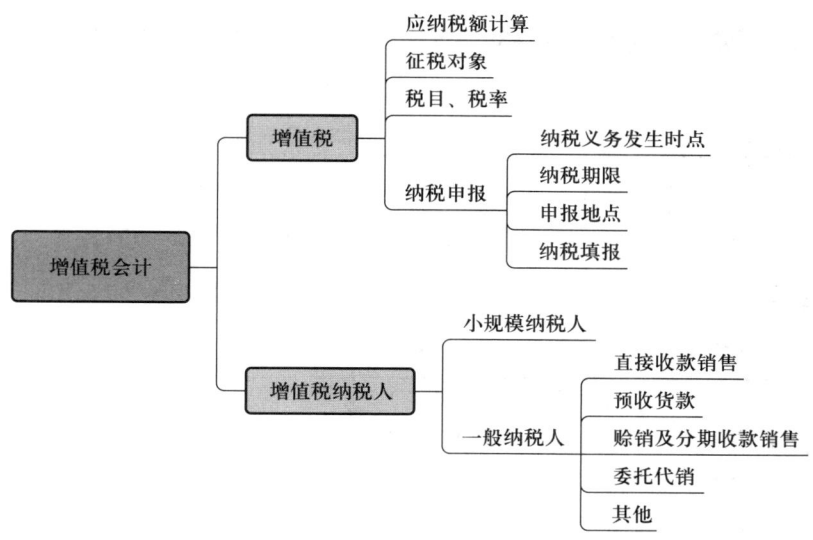

【引言】

增值税诞生在 20 世纪 50 年代的法国税务总局。它在我国的税收体系中占有重要位置，尤其是 2016 年全面实施"营改增"之后，增值税作为我国第一大税种的地位更加牢固，它涉及

的内容较多，且复杂，在税法学习中既是重点，也是难点。

第一节　增值税的基本内容及申报

一、增值税纳税人的确定

（一）增值税的概念及特点

增值税是对在我国境内销售货物、进口货物以及提供加工、修理修配劳务的单位和个人，就其取得货物的销售额、进口货物金额、应税劳务销售额计算税款，并实行税款抵扣制的一种流转税。

根据固定资产中所含的进项税额能否扣除以及如何扣除，可以将增值税分为三种类型：生产型增值税、收入型增值税和消费型增值税。

我国现行增值税的特点主要有：① 不重复征税；② 环环征税、税基广泛；③ 税负公平；④ 价外计征。

（二）增值税纳税人的划分

在中华人民共和国境内销售货物或者加工、修理修配劳务，销售服务、无形资产、不动产以及进口货物的单位和个人，为增值税的纳税人。

境外的单位或个人在境内销售劳务，在境内未设有经营机构的，以其境内代理人为扣缴义务人；在境内没有代理人的，以购买方为扣缴义务人。

根据纳税人的经营规模及会计核算的健全程度不同，分为小规模纳税人和一般纳税人，具体见表2-1。

表 2-1　两类纳税人具体划分规定

纳税人	小规模纳税人	一般纳税人
货物生产企业（含修理修配企业）、应税劳务（生产性）	年应税销售额 ≤ 500 万元	> 500 万元
批发或零售货物纳税人（商业性）	年应税销售额 ≤ 500 万元	> 500 万元
提供应税服务、销售无形资产和不动产（营改增）	年应税销售额 < 500 万元	≥ 500 万元

另外规定：① 年应税销售额超过小规模纳税人标准的个人一律视同小规模纳税人，非企业性单位、不经常发生应税行为的企业可选择按小规模纳税人纳税。② 年应税销售额未超过小规模纳税人标准以及新开业的纳税人，如果同时符合下列条件，可以向主管税务机关申请一般纳税人资格认定：有固定的生产经营场所；能够按照国家统一的会计制度规定设置账簿，根据合法、有效凭证核算，能够提供准确税务资料。③ 下列纳税人不办理一般纳税人资格认定：个体工商户以外的其他个人；选择按照小规模纳税人纳税的非企业性单位；选择按照小规模纳税人纳税的不经常发生应税行为的企业。

注意：除国家税务总局另有规定外，纳税人一经登记为一般纳税人以后，不得转为小规模纳税人。

二、增值税征税范围的确定

（一）征税范围的一般规定

财政部、国家税务总局于 2016 年 3 月 23 日发布的《关于全面推开营业税改征增值税试点的通知》（财税〔2016〕36 号）规定：自 2016 年 5 月 1 日起，在全国范围内全面推开营业税改征增值税试点，建筑业、房地产业、金融业、生活服务业等全部营业税纳税人，纳入试点范围，由缴纳营业税改为缴纳增值税。具体征收行业及征收率、税率如表 2-2 所示。

销售服务、无形资产、不动产的注释

表 2-2　增值税税率（征收率）表

行业名称 1	行业名称 2	行业名称 3	税率（征收率）
交通运输业	陆路运输服务	公路运输	9%（税率）、3%（征收率）
		缆车运输	
		索道运输	
		其他陆路运输	
	水路运输服务	水路运输服务	9%（税率）、3%（征收率）
	航空运输服务	航空运输服务	9%（税率）、3%（征收率）
	管道运输服务	管道运输服务	9%（税率）、3%（征收率）
部分现代服务业	研发和技术服务	研发服务	6%（税率）、3%（征收率）
		专业技术服务	6%（税率）、3%（征收率）
		合同能源管理服务	6%（税率）、3%（征收率）
		工程勘察勘探服务	6%（税率）、3%（征收率）
	信息技术服务	软件服务	6%（税率）、3%（征收率）
		电路设计及测试服务	6%（税率）、3%（征收率）
		信息系统服务	6%（税率）、3%（征收率）
		业务流程管理服务	6%（税率）、3%（征收率）
		信息系统增值服务	6%（税率）、3%（征收率）
	文化创意服务	设计服务	6%（税率）、3%（征收率）
		商标著作权转让服务	6%（税率）、3%（征收率）
		知识产权服务	6%（税率）、3%（征收率）

行业名称 1	行业名称 2	行业名称 3	税率（征收率）
部分现代服务业	文化创意服务	广告服务	6%（税率）、3%（征收率）
		会议展览服务	6%（税率）、3%（征收率）
	物流辅助服务	航空服务	6%（税率）、3%（征收率）
		港口码头服务	6%（税率）、3%（征收率）
		货运客运场站服务	6%（税率）、3%（征收率）
		打捞救助服务	6%（税率）、3%（征收率）
		收派服务	6%（税率）、3%（征收率）
		仓储服务	6%（税率）、3%（征收率）
		装卸搬运服务	6%（税率）、3%（征收率）
	租赁服务	有形动产融资租赁	13%（税率）、3%（征收率）
		有形动产经营性租赁	13%（税率）、3%（征收率）
		不动产融资租赁	9%（税率）、5%（征收率）
		不动产经营租赁	9%（税率）、5%（征收率）
	鉴证咨询服务	认证服务	6%（税率）、3%（征收率）
		鉴证服务	6%（税率）、3%（征收率）
		咨询服务	6%（税率）、3%（征收率）
	广播影视服务	广播影视节目（作品）制作服务	6%（税率）、3%（征收率）
		发行服务	6%（税率）、3%（征收率）
		播映服务	6%（税率）、3%（征收率）
	商务辅助服务	企业管理服务	6%（税率）、3%（征收率）
		经纪代理服务	6%（税率）、3%（征收率）
		人力资源服务	6%（税率）、3%（征收率）
		安全保护服务（武装守护押运服务）	6%（税率）、3%（征收率）
	其他现代服务	其他现代服务	6%（税率）、3%（征收率）
邮政服务	邮政普遍服务	函件、包裹等邮件服务	9%（税率）、3%（征收率）
		邮票、报刊发行	9%（税率）、3%（征收率）
		邮政汇兑	9%（税率）、3%（征收率）

行业名称 1	行业名称 2	行业名称 3	税率（征收率）
邮政服务	邮政特殊服务	义务兵平常信函的寄递	9%（税率）、3%（征收率）
		机要通信的寄递	9%（税率）、3%（征收率）
		盲人读物的寄递	9%（税率）、3%（征收率）
		革命烈士遗物的寄递	9%（税率）、3%（征收率）
	其他邮政服务	邮册等邮品销售	9%（税率）、3%（征收率）
		邮政代理	9%（税率）、3%（征收率）
电信服务	基础电信服务	提供语音通话服务	9%（税率）、3%（征收率）
		出租 / 出售宽带、波长等网络元素的业务活动	9%（税率）、3%（征收率）
	增值电信服务	提供短信和彩信服务	6%（税率）、3%（征收率）
		提供电子数据和信息的传输及应用服务	6%（税率）、3%（征收率）
		提供互联网接入服务	6%（税率）、3%（征收率）
		卫星电视信号落地转接服务	6%（税率）、3%（征收率）
建筑服务	工程服务		9%（税率）、3%（征收率）
	安装服务		9%（税率）、3%（征收率）
	修缮服务		9%（税率）、3%（征收率）
	装饰服务		9%（税率）、3%（征收率）
	其他建筑服务		9%（税率）、3%（征收率）
金融服务	贷款服务		6%（税率）、3%（征收率）
	直接收费金融服务		6%（税率）、3%（征收率）
	保险服务		6%（税率）、3%（征收率）
	金融商品转让		6%（税率）、3%（征收率）
生活服务	文化体育服务		6%（税率）、3%（征收率）
	教育医疗服务		6%（税率）、3%（征收率）
	旅游娱乐服务		6%（税率）、3%（征收率）
	餐饮住宿服务		6%（税率）、3%（征收率）
	居民日常服务		6%（税率）、3%（征收率）
	其他生活服务		6%（税率）、3%（征收率）

按照《关于全面推开营业税改征增值税试点的通知》的规定：① 销售服务包括提供交通运输服务、邮政服务、电信服务、建筑服务、金融服务、现代服务、生活服务。② 生活服务是指为满足城乡居民日常生活需求提供的各类服务活动。包括文化体育服务、教育医疗服务、旅游娱乐服务、餐饮住宿服务、居民日常服务和其他生活服务。③ 建筑服务包括工程服务、安装服务、修缮服务、装饰服务和其他建筑服务。④ 融资性售后回租服务属于贷款服务，应按照金融服务缴纳增值税。融资性售后回租是指承租方以融资为目的，将资产出售给从事融资性售后回租业务的企业后，从事融资性售后回租业务的企业将该资产出租给承租方的业务活动。⑤ 以货币资金投资收取的固定利润或者保底利润按照贷款服务缴纳增值税。⑥ 将建筑物、构筑物等不动产或者飞机、车辆等有形动产的广告位出租给其他单位或者个人用于发布广告，按照经营租赁服务缴纳增值税。⑦ 货物运输代理和代理报关不属于物流辅助服务，应按照经纪代理服务征税。

（二）属于征税范围的几个特殊项目

（1）货物期货（包括商品期货和贵金属期货），应当征收增值税，在期货的实物交割环节纳税。

（2）银行销售金银的业务，应当征收增值税。

（3）典当业的死当物品销售业务和寄售业代委托人销售寄售物品的业务，均应征收增值税。

（4）集邮商品（如邮票、首日封、邮折等）的生产、调拨，以及邮政部门以外的其他单位和个人销售集邮商品，均应征收增值税。

（5）航空运输业已售票但未提供航空运输服务取得的逾期票证收入，按照航空运输服务征收增值税。

（6）纳税人取得的中央财政补贴，不属于增值税应税收入，不征收增值税。

（7）融资性售后回租业务中，承租方出售资产的行为不属于增值税的征税范围，不征收增值税。

（8）药品生产企业销售自产创新药的销售额，为向购买方收取的全部价款和价外费用，其提供给患者后续免费使用的相同创新药，不属于增值税视同销售范围。

（9）存款利息不征收增值税。

（10）被保险人获得的保险赔付不征收增值税。

（11）房地产主管部门或者其指定机构、公积金管理中心、开发企业以及物业管理单位代收的住宅专项维修资金，不征收增值税。

（12）纳税人在资产重组过程中，通过合并、分立、出售、置换等方式，将全部或部分实物资产以及与其相关联的债权、负债和劳动力一并转让给其他单位和个人，不属于增值税的征收范围。

（13）根据国家指令无偿提供的铁路运输服务、航空运输服务，属于《营业税改征增值税试点实施办法》第 14 条规定的以公益活动为目的的服务，不征收增值税。

（三）属于征税范围的几种特殊行为

1. 视同销售货物行为

单位或者个体工商户的下列行为，视同销售货物，征收增值税：① 将货物交付其他单位或者个人代销；② 销售代销货物；③ 设有两个以上机构并实行统一核算的纳税人，将货物从一个机构移送至其他机构用于销售，但相关机构设在同一县（市）的除外；④ 将自产、委托加工的货物用于集体福利或者个人消费；⑤ 将自产、委托加工或者购进的货物作为投资，提供给其他单位或者个体工商户；⑥ 将自产、委托加工或者购进的货物分配给股东或者投资者；⑦ 将自产、委托加工或者购进的货物无偿赠送其他单位或个人；⑧ 将自产或者委托加工的货物用于非增值税应税项目。财政部和国家税务总局规定的其他情形。

2. 混合销售行为

《营业税改征增值税试点实施办法》第 40 条规定：一项销售行为如果既涉及服务又涉及货物，为混合销售。从事货物的生产、批发或者零售的单位和个体工商户的混合销售行为，按照销售货物缴纳增值税；其他单位和个体工商户的混合销售行为，按照销售服务缴纳增值税。本条所称从事货物的生产、批发或者零售的单位和个体工商户，包括以从事货物的生产、批发或者零售为主，并兼营销售服务的单位和个体工商户在内。

三、增值税税率的选择

现行增值税设计了基本税率、低税率和零税率三档税率，以及按简易办法计税的征收率，国家实行"营改增"政策后，在从前的标准税率的基础上新增了两档低税率。

（一）税率

1. 基本税率

一般纳税人发生下列情形，适用 13% 的增值税基本税率。

（1）销售应税劳务；

（2）销售或进口除适用低税率或零税率之外的货物；

（3）提供有形动产租赁服务。

2. 低税率

一般纳税人发生下列情形，适用 9% 的增值税税率：

（1）销售交通运输、邮政、基础电信、建筑、不动产租赁服务；

（2）销售不动产；

（3）转让土地使用权；

（4）销售或者进口饲料、化肥、农药、农机、农膜、农业产品；

（5）销售或者进口粮食等农产品、食用植物油、食用盐；

（6）销售或者进口自来水、暖气、冷气、热水、煤气天然气、石油液化气、二甲醚、沼气、居民用煤炭制品；

（7）销售或者进口图书、报纸、杂志、音像制品、电子出版物；

（8）销售或者进口国务院规定的其他货物。

注意：环氧大豆油、氢化植物油、麦芽、复合胶、人发、调制乳、肉桂油、香茅油、淀粉适用 13% 的增值税税率。

一般纳税人发生下列情形，适用 6% 的增值税税率：销售增值电信业务、金融服务、现代服务（租赁服务除外）、生活服务；销售无形资产（转让土地使用权除外）。

3. 零税率

境内的单位和个人提供以下服务，适用增值税零税率。

（1）国际运输服务。

（2）航天运输服务。

（3）向境外单位提供的完全在境外消费的下列服务：① 研发服务；② 合同能源管理服务；③ 设计服务；④ 广播影视节目（作品）的制作和发行服务；⑤ 软件服务；⑥ 电路设计及测试服务；⑦ 信息系统服务；⑧ 业务流程管理服务；⑨ 离岸服务外包业务；⑩ 转让技术。

（4）财政部和国家税务总局规定的其他服务。

（5）纳税人出口货物（国务院另有规定的除外）。

（二）征收率

小规模纳税人的增值税征收率统一为 3%（财政部和国家税务总局另有规定的除外）。

使用 5% 的征收率征收增值税的有：

（1）销售不动产。① 一般纳税人销售其 2016 年 4 月 30 日前取得的不动产，可以选择适用简易计税方法，按照 5% 的征收率计算应纳税额。② 小规模纳税人销售其取得的不动产（不含个体工商户销售购买的住房和其他个人销售不动产），按照 5% 的征收率计算应纳税额。③ 房地产开发企业中的一般纳税人，销售自行开发的房地产老项目，可以选择适用简易计税方法，按照 5% 的征收率计算应纳税额。④ 房地产开发企业中的小规模纳税人，销售自行开发的房地产项目，按照 5% 的征收率计算应纳税额。⑤ 其他个人销售其取得（不含自建）的不动产（不含其购买的住房），按照 5% 的征收率计算应纳税额。

（2）不动产经营租赁服务。① 一般纳税人出租其 2016 年 4 月 30 日前取得的不动产，可以选择适用简易计税方法，按照 5% 的征收率计算应纳税额。② 小规模纳税人出租其取得的不动产（不含个人出租住房），应按照 5% 的征收率计算应纳税额。③ 其他个人出租其取得的不动产（不含住房），应按照 5% 的征收率计算应纳税额。④ 个人出租住房，应按照 5% 的征收率减按 1.5% 计算应纳税额。

（3）中外合作开采的原油、天然气。

四、增值税优惠政策的运用

1. 增值税法定免税项目

（1）农业生产者销售的自产农业产品；

（2）避孕药品和用具；

（3）古旧图书；

（4）直接用于科学研究、科学试验和教学的进口仪器、设备；

（5）外国政府、国际组织无偿援助的进口物资和设备；

（6）由残疾人组织直接进口供残疾人专用的物品；

（7）个人销售自己使用过的物品。

2. 其他减免税的有关规定

（1）对金融机构农户小额贷款利息收入免征增值税。

（2）2019 年年底之前，对退役士兵创业就业、重点群体创业就业扣减增值税等税收：

① 对自主就业退役士兵从事个体经营的，按每户每年 9 600 元为限额依次扣减其当年实际应缴纳的增值税、城市维护建设税、教育费附加、地方教育附加和个人所得税。② 对商贸企业、服务型企业、劳动就业服务企业中的加工型企业和街道社区具有加工性质的小型企业实体，在新增加的岗位中，当年新招用自主就业退役士兵，与其签订 1 年以上期限劳动合同并依法缴纳社会保险费的，按实际招用人数予以定额依次扣减增值税、城市维护建设税、教育费附加、地方教育附加和企业所得税优惠。定额标准为每人每年 6 000 元。③ 对持《就业创业证》（注明"自主创业税收政策"或"毕业年度内自主创业税收政策"）或 2015 年 1 月 27 日前取得《就业失业登记证》（注明"自主创业税收政策"或附着《高校毕业生自主创业证》）的人员从事个体经营的，按每户每年 9 600 元为限额依次扣减其当年实际应缴纳的增值税、城市维护建设税、教育费附加、地方教育附加和个人所得税。④ 对商贸企业、服务型企业、劳动就业服务企业中的加工型企业和街道社区具有加工性质的小型企业实体，在新增加的岗位中，当年新招用在人力资源社会保障部门公共就业服务机构登记失业半年以上且持《就业创业证》或 2015 年 1 月 27 日前取得《就业失业登记证》（注明"企业吸纳税收政策"）的人员，与其签订 1 年以上期限劳动合同并依法缴纳社会保险费的，在 3 年内按实际招用人数予以定额依次扣减增值税、城市维护建设税、教育费附加、地方教育附加和企业所得税优惠。定额标准为每人每年 5 200 元。

3. 增值税小规模纳税人起征点

（1）对月销售额 15 万元以下（含本数）的增值税小规模纳税人，免征增值税。

（2）增值税小规模纳税人按次纳税的，为每次（日）销售额 500 元（含本数）。

五、增值税纳税申报

与增值税纳税申报相关的表格较多，表 2-3～表 2-7 列举了比较常用的几张表。

表 2-3　本期抵扣进项税额结构明细表

税款所属时间：　　年　　月　　日至　　年　　月　　日

纳税人名称：（公章）　　　　　　　　　　　　　　　　　金额单位：元至角分

项目	栏次	金额	税额
合计	1 = 2 + 4 + 5 + 11 + 16 + 18 + 27 + 29 + 30		
一、按税率或征收率归集（不包括购建不动产、通行费）的进项			
13% 税率的进项	2		
其中：有形动产租赁的进项	3		
9% 税率的进项	4		
9% 税率的进项	5		
其中：运输服务的进项	6		
电信服务的进项	7		

项目	栏次	金额	税额
建筑安装服务的进项	8		
不动产租赁服务的进项	9		
受让土地使用权的进项	10		
6% 税率的进项	11		
其中：电信服务的进项	12		
金融保险服务的进项	13		
生活服务的进项	14		
取得无形资产的进项	15		
5% 征收率的进项	16		
其中：不动产租赁服务的进项	17		
3% 征收率的进项	18		
其中：货物及加工、修理修配劳务的进项	19		
运输服务的进项	20		
电信服务的进项	21		
建筑安装服务的进项	22		
金融保险服务的进项	23		
有形动产租赁服务的进项	24		
生活服务的进项	25		
取得无形资产的进项	26		
减按 1.5% 征收率的进项	27		
	28		
二、按抵扣项目归集的进项			
用于购建不动产并一次性抵扣的进项	29		
通行费的进项	30		
	31		
	32		

表 2-4 增值税纳税申报表（适用于增值税一般纳税人）

根据《中华人民共和国增值税暂行条例》第 22 条和第 23 条的规定制定本表。纳税人不论有无销售额，均应按主管税务机关核定的纳税期限按期填报本表，并于次月 1 日起 15 日内，向当地税务机关申报。

税款所属时间：自　年　月　日至　年　月　日　　　填表日期：　年　月　日　　　金额单位：元角分

纳税人识别号						
纳税人名称	（公章）	法定代表人姓名		注册地址		营业地址
开户银行及账号			企业登记注册类型		所属行业	

	项目	栏次	一般货物及劳务		即征即退货物及劳务	
			本月数	本年累计	本月数	本年累计
销售额	（一）按适用税率征税货物及劳务销售额	1				
	其中：应税货物销售额	2				
	应税劳务销售额	3				
	纳税检查调整的销售额	4				
	（二）按简易征收办法征税货物销售额	5				
	其中：纳税检查调整的销售额	6				
	（三）免、抵、退办法出口货物销售额	7		—	—	—
	（四）免税货物及劳务销售额	8		—	—	—
	其中：免税货物销售额	9		—	—	—
	免税劳务销售额	10		—	—	—
税款计算	销项税额	11				
	进项税额	12		—		
	上期留抵税额	13		—		

21

项目		栏次	一般货物及劳务		即征即退货物及劳务	
			本月数	本年累计	本月数	本年累计
税款计算	进项税额转出	14				
	免抵退货物应退税额	15			—	—
	按适用税率计算的纳税检查应补缴税额	16			—	—
	应抵扣税额合计	17＝12＋13－14－15＋16		—		—
	实际抵扣税额	18（如17<11，则为17，否则为11）				—
	应纳税额	19＝11－18				
	期末留抵税额	20＝17－18		—		—
	简易征收办法计算的应纳税额	21				
	按简易征收办法计算的纳税检查应补缴税额	22				
	应纳税额减征额	23				
	应纳税额合计	24＝19＋21－23				
税款缴纳	期初未缴税额（多缴为负数）	25				
	实收出口开具专用缴款书退税额	26			—	—
	本期已缴税额	27＝28＋29＋30＋31				
	①分次预缴税额	28				
	②出口开具专用缴款书预缴税额	29		—		—
	③本期缴纳上期应纳税额	30				

项目		栏次	一般货物及劳务		即征即退货物及劳务	
			本月数	本年累计	本月数	本年累计
税款缴纳	④本期缴纳欠缴税额	31				
	期末未缴税额（多缴为负数）	32＝24＋25＋26－27		—		—
	其中：欠缴税额（≥0）	33＝25＋26－27		—		—
	本期应补（退）税额	34＝24－28－29		—		—
	即征即退实际退税额	35	—	—		
	期初未缴查补税额	36		—	—	—
	本期入库查补税额	37		—	—	—
	期末未缴查补税额	38＝16＋22＋36－37		—	—	—

授权声明：如果你已委托代理人申报，请填写下列资料：

为代理一切税务事宜，现授权　　　　　　　（地址）　　　　　　　为本纳税人的代理申报人，任何与本申报表有关的往来文件，都可寄予此人。

授权人签字：

申报人声明：此纳税申报表是根据《中华人民共和国增值税暂行条例》的规定填报的，我相信它是真实的、可靠的、完整的。

声明人签字：

以下由税务机关填写：

收到日期：　　　　　　　　接收人：　　　　　　　　主管税务机关盖章：

23

表 2-5　增值税纳税申报表附列资料（一）

（本期销售情况明细）

税款所属时间：　年　月　日至　年　月　日

纳税人名称：（公章）

金额单位：元至角分

项目及栏次	栏次	开具增值税专用发票		开具其他发票		未开具发票		纳税检查调整		合计			服务、不动产和无形资产扣除项目本期实际扣除金额	扣除后	
		销售额	销项（应纳）税额	销售额	销项（应纳）税额	销售额	销项（应纳）税额	销售额	销项（应纳）税额	销售额	销项（应纳）税额	价税合计		含税（免税）销售额	销项（应纳）税额
		1	2	3	4	5	6	7	8	$9=1+3+5+7$	$10=2+4+6+8$	$11=9+10$	12	$13=11-12$	$14=13\div(100\%+$税率或征收率$)\times$税率或征收率
一、一般计税方法计税　全部征税项目　13%税率的货物及加工修理修配劳务	1														
13%税率的服务、不动产和无形资产	2														
9%税率	3														
9%税率	4														
6%税率	5														
其中：即征即退项目　即征即退货物及加工修理修配劳务	6	—	—	—	—	—	—	—	—			—	—	—	—
即征即退服务、不动产和无形资产	7	—	—	—	—	—	—	—	—			—	—	—	—

24

项目及栏次		开具增值税专用发票		开具其他发票		未开具发票		纳税检查调整		合计			服务、不动产和无形资产扣除项目本期实际扣除金额	扣除后	
		销售额	销项（应纳）税额	销售额	销项（应纳）税额	销售额	销项（应纳）税额	销售额	销项（应纳）税额	销售额	销项（应纳）税额	价税合计		含税（免税）销售额	销项（应纳）税额
		1	2	3	4	5	6	7	8	9=1+3+5+7	10=2+4+6+8	11=9+10	12	13=11−12	14=13÷（100%+税率或征收率）×税率或征收率
二、简易计税方法计税	全部征税项目														
6%征收率	8							—	—	—	—	—	—	—	—
5%征收率的货物及加工修理修配劳务	9a							—	—	—	—	—	—	—	—
5%征收率的服务、不动产和无形资产	9b							—	—	—	—	—			
4%征收率	10							—	—	—	—	—	—	—	—
3%征收率的货物及加工修理修配劳务	11							—	—	—	—	—	—	—	—
3%征收率的服务、不动产和无形资产	12							—	—	—	—	—			
预征率 %	13a							—	—			—	—	—	—
预征率 %	13b							—	—			—	—	—	—
预征率 %	13c							—	—			—	—	—	—

项目及栏次	栏次	开具增值税专用发票 销售额	开具增值税专用发票 销项(应纳)税额	开具其他发票 销售额	开具其他发票 销项(应纳)税额	未开具发票 销售额	未开具发票 销项(应纳)税额	纳税检查调整 销售额	纳税检查调整 销项(应纳)税额	合计 销售额	合计 销项(应纳)税额	合计 价税合计	服务、不动产和无形资产扣除项目本期实际扣除金额	扣除后 含税(免税)销售额	扣除后 销项(应纳)税额
		1	2	3	4	5	6	7	8	$9=1+3+5+7$	$10=2+4+6+8$	$11=9+10$	12	$13=11-12$	$14=13\div(100\%+税率)$ 或征收率$\times$税率或征收率
二、简易计税方法计税 其中：即征即退项目 即征即退货物及加工修理修配劳务	14												—	—	—
即征即退服务、不动产和无形资产	15	—	—	—	—	—	—	—	—	—	—	—			—
三、免抵退税 货物及加工修理修配劳务	16	—	—	—	—	—	—	—	—	—	—	—	—		—
服务、不动产和无形资产	17	—	—	—	—	—	—	—	—	—	—	—			—
四、免税 货物及加工修理修配劳务	18	—	—	—	—	—	—	—	—	—	—	—	—		—
服务、不动产和无形资产	19	—	—	—	—	—	—	—	—	—	—	—			—

表 2-6　增值税纳税申报表附列资料（二）

（本期进项税额明细）

税款所属时间：　　年　　月　　日至　　年　　月　　日

纳税人名称：（公章）　　　　　　　　　　　　　　　　　金额单位：元至角分

一、申报抵扣的进项税额				
项目	栏次	份数	金额	税额
（一）认证相符的增值税专用发票	1＝2＋3			
其中：本期认证相符且本期申报抵扣	2			
前期认证相符且本期申报抵扣	3			
（二）其他扣税凭证	4＝5＋6＋7＋8			
其中：海关进口增值税专用缴款书	5			
农产品收购发票或者销售发票	6			
代扣代缴税收缴款凭证	7		—	
其他	8			
（三）本期用于购建不动产的扣税凭证	9			
（四）本期不动产允许抵扣进项税额	10	—	—	
（五）外贸企业进项税额抵扣证明	11	—	—	
当期申报抵扣进项税额合计	12＝1＋4－9＋10＋11			
二、进项税额转出额				
项目	栏次	税额		
本期进项税额转出额	13＝14 至 23 之和			
其中：免税项目用	14			
集体福利、个人消费	15			
非正常损失	16			
简易计税方法征税项目用	17			
免抵退税办法不得抵扣的进项税额	18			
纳税检查调减进项税额	19			

项目	栏次	税额
红字专用发票信息表注明的进项税额	20	
上期留抵税额抵减欠税	21	
上期留抵税额退税	22	
其他应作进项税额转出的情形	23	

三、待抵扣进项税额

项目	栏次	份数	金额	税额
（一）认证相符的增值税专用发票	24	—	—	—
期初已认证相符但未申报抵扣	25			
本期认证相符且本期未申报抵扣	26			
期末已认证相符但未申报抵扣	27			
其中：按照税法规定不允许抵扣	28			
（二）其他扣税凭证	29＝30至33之和			
其中：海关进口增值税专用缴款书	30			
农产品收购发票或者销售发票	31			
代扣代缴税收缴款凭证	32		—	
其他	33			
	34			

四、其他

项目	栏次	份数	金额	税额
本期认证相符的增值税专用发票	35			
代扣代缴税额	36	—	—	

表 2-7 增值税纳税申报表（适用小规模纳税人）

纳税人识别号：

纳税人名称（公章）：　　　　　　　　　　金额单位：元（列至角分）

税款所属期：　年　月　日至　年　月　日　　　　　填表日期：　年　月　日

	项目	栏次	本期数	本年累计
一、计税依据	（一）应征增值税货物及劳务不含税销售额	1		
	其中：税务机关代开的增值税专用发不含税销售额	2		
	税控器具开具的普通发票不含税销售额	3		
	（二）销售使用过的应税固定资产不含税销售额	4	—	—
	其中：税控器具开具的普通发票不含税销售额	5	—	—
	（三）免税货物及劳务销售额	6		
	其中：税控器具开具的普通发票销售额	7		
	（四）出口免税货物销售额	8		
	其中：税控器具开具的普通发票销售额	9		
二、税款计算	本期应纳税额	10		
	本期应纳税额减征额	11		
	应纳税额合计	12＝10－11		
	本期预缴税额	13		—
	本期应补（退）税额	14＝12－13		—

纳税人或代理人声明：此纳税申报表是根据国家税收法律的规定填报的，我确定它是真实的、可靠的、完整的。	如纳税人填报，由纳税人填写以下各栏：	
	办税人员（签章）：　　　　　　　财务负责人（签章）： 法定代表人（签章）：　　　　　　联系电话：	
	如委托代理人填报，由代理人填写以下各栏：	
	代理人名称：　　　　　经办人（签章）：　　　　　联系电话： 代理人（公章）：	

受理人：　　　　　　受理日期：　年　月　日　　　受理税务机关（签章）：

本表为 A3 竖式一式三份，一份纳税人留存，一份主管税务机关留存、一份征收部门留存

第二节　增值税的计算

一、增值税销项税额

（一）销项税额的概念及计算公式

增值税销项税额是指增值税纳税人销售货物和提供应税劳务，按照销售额和适用税率计算并向购买方收取的增值税税额。其计算公式如下：

$$销项税额 = 销售额 \times 税率$$
或
$$= 组成计税价格 \times 税率$$

（二）销售额确定

1. 一般规定

销售额为纳税人销售货物或提供应税劳务，向购买方收取的全部价款和价外费用。销售额包括以下三项内容：

（1）销售货物或提供应税劳务向购买方收取的全部价款。

（2）向购买方收取的各种价外费用（即价外收入）。

（3）消费税税金（价内税）。

【例2-1】甲公司为增值税一般纳税人，销售一批农用机械，取得不含税销售额330 000元，另收取包装费25 000元。

销项税额 = 330 000×11% + 25 000÷（1 + 11%）×11% = 38 777.48（元）

销售额不包括向购买方收取的销项税额（增值税属于价外税）。此外还有：

（1）受托加工应征消费税的货物，而由受托方代收代缴的消费税。

（2）符合下列条件的代垫运费：承运部门的运费发票开具给购买方，并且由纳税人将该项发票转交给购买方。

（3）符合条件的代为收取的政府性基金或者行政事业性收费。

（4）销售货物的同时代办保险而向购买方收取的保险费，以及向购买方收取的代购买方缴纳的车辆购置税、车辆牌照费。

2. 含税销售额的换算

如果一般纳税人销售货物或提供应税劳务采用销售额和销项税额合并定价的方法，则需要换算。需要进行换算的情况有：① 价税合计金额；② 商业企业零售价；③ 普通发票上注明的销售额；④ 价外费用视为含税收入；⑤ 逾期包装物押金。换算公式为：不含税销售额 = 含税销售额 ÷（1 + 税率或征收率）

3. 主管税务机关核定销售额

纳税人发生下列两种情况之一的，主管税务机关有权自主核定销售额：

（1）视同销售中无价款结算的；

（2）售价明显偏低且无正当理由或无销售额的。

在上述两种情况下，主管税务机关确定销售额的顺序及方法如下：① 按纳税人最近时期销售同类货物的平均价格确定。② 按其他纳税人最近时期销售同类货物的平均价格确定。

③ 用以上两种方法均不能确定其销售额的，可按组成计税价格确定销售额。计算公式为：组成计税价格 = 成本 ×（1 + 成本利润率）。属于应征消费税的货物，其组成计税价格中应加入消费税税额。计算公式为：组成计税价格 = 成本 ×（1 + 成本利润率）+ 消费税税额。

【例 2-2】甲公司为增值税一般纳税人，研制一种新型食品，为了进行市场推广和宣传，无偿赠送 300 件给消费者品尝，该食品无同类产品市场价，生产成本为 500 元 / 件，成本利润率为 10%。

则：销项税额 = 300×500×（1 + 10%）× 13% = 21 450（元）

4. 特殊销售

增值税特殊销售方式有以下五种。

（1）以折扣方式销售货物。① 折扣销售（会计称之为商业折扣）：同一张发票上"金额"栏分别注明的，可以按折扣后的销售额征收增值税（仅在发票"备注"栏注明折扣额，折扣额不得扣除）；如果将折扣额另开发票，不论其财务上如何处理，均不得从销售额中减除折扣额。② 销售折扣（会计称之为现金折扣）：销售折扣不能从销售额中扣除。③ 销售折让：销售折让可以通过开具红字专用发票从销售额中扣除。

【例 2-3】甲企业为增值税一般纳税人，本月销售给乙公司 A 商品一批，由于货款回笼及时，根据合同规定，给予乙公司 2% 折扣，甲企业实际取得不含税销售额 245 万元，计算计税销售额。

计税销售额 = 245 ÷ 98% = 250（万元）

销项税额 = 250×13% = 32.5（万元）

（2）以旧换新销售货物。以旧换新销售是纳税人在销售过程中，折价收回同类旧货物，并以折价款部分冲减货物价款的一种销售方式。纳税人采取以旧换新方式销售货物的（金银首饰除外），应按新货物的同期销售价格确定销售额。

【例 2-4】甲公司是零售企业，为增值税一般纳税人，采取以旧换新方式销售了一批玉石首饰，旧玉石首饰作价 78 万元，实际收取新旧首饰差价款共计 90 万元；采取以旧换新方式销售原价为 3 500 元的金项链 200 件，每件收取差价款 1 500 元。

销项税额 =（78 + 90 + 200×1 500 ÷ 10 000）÷（1 + 13%）× 13% = 22.78（万元）

（3）还本销售。该情形下不得从销售额中减除还本支出。

（4）以物易物。以物易物的双方都应作购销处理，以各自发出的货物核算销售额并计算销项税额，以各自收到的货物核算购货额并计算进项税额。如果双方均未开具增值税专用发票，此业务只有销项税额。

（5）直销企业增值税销售额的确定方式有两种。① 直销企业—直销员—消费者：销售额为向直销员收取的全部价款和价外费用。② 直销企业（直销员）—消费者：销售额为向消费者收取的全部价款和价外费用。

5. 包装物押金计税问题

纳税人为销售货物而出租出借包装物收取的押金，单独记账核算的，时间在 1 年内又未过期的，不并入销售额征税。对收取的包装物押金逾期（超过 12 个月）的，并入销售额征税。

计税公式为：

$$应纳增值税 = 逾期押金 ÷（1 + 税率）× 税率$$

对酒类产品包装物押金的计税规定为：① 对销售除啤酒、黄酒外的其他酒类产品收取的包装物押金，无论是否返还以及会计上如何核算，均应并入当期销售额征税。② 啤酒、黄酒押金按是否逾期处理。

6. 营改增纳税人销售额的特殊规定——差额计税

（1）有形动产融资租赁。经中国人民银行、商务部、银保监会批准，从事融资租赁业务的试点纳税人提供有形动产融资租赁服务，其销售额分以下两种情形处理：① 提供融资性售后回租的有形动产租赁的纳税人，以取得的全部价款和价外费用，扣除向承租方收取的有形动产价款本金以及对外支付的借款利息（包括外汇借款和人民币借款利息）、发行债券利息后的余额为销售额。② 提供除融资性售后回租以外的有形动产租赁的纳税人，以取得的全部价款和价外费用，扣除支付的借款利息（包括外汇借款和人民币借款利息）、发行债券利息、安装费、保险费和车辆购置税后的余额为销售额。

（2）提供航空运输服务的纳税人，其销售额不包括代收的机场建设费和代售其他航空运输企业客票而代收转付的价款。

（3）现代服务业。

① 提供客运场站服务的纳税人，其销售额为取得的全部价款和价外费用扣除支付给承运方运费后的余额，从承运方取得的增值税专用发票注明的增值税，不得抵扣。

② 提供知识产权代理服务、货物运输代理服务、代理报关服务的纳税人，以取得的全部价款和价外费用，扣除向委托方收取并代为支付的政府性基金或行政事业性收费（不得开具增值税专用发票）后的余额为销售额。

③ 提供国际货物代理运输服务的纳税人，其销售额为取得的全部价款和价外费用扣除支付给国际运输企业的国际运输费后的余额。

（4）电信业。中国移动通信集团公司、中国联合网络通信集团有限公司、中国电信集团公司及其成员单位通过手机短信公益特服号为公益性机构接受捐款提供服务，以其取得的全部价款和价外费用，扣除支付给公益性机构捐款后的余额为销售额。

（5）纳税人从全部价款和价外费用中扣除价款，应当取得符合法律、行政法规和国家税务总局规定的有效凭证。否则，不得扣除。有效凭证如：发票、境外签收单据、完税凭证、承租方开的发票、财政票据等。

二、增值税进项税额

增值税进项税额是纳税人购进货物或者接受应税劳务，所支付或者负担的增值税额。它与销售方收取的销项税额相对应。

（一）准予抵扣的进项税额

（1）从销售方取得的增值税专用发票上注明的增值税税额。

（2）从海关取得的海关进口增值税专用缴款书上注明的增值税税额。

（3）农产品深加工企业购进农产品，除取得增值税专用发票或者海关进口增值税专用缴款书外，按照农产品收购发票或者销售发票上注明的农产品买价和11%的扣除率计算的进项税额。进项税额的计算公式为：进项税额 ＝ 买价 × 扣除率。

（4）购进用于生产经营的固定资产。

（5）农产品深加工企业购进一般农产品，按照农产品收购发票或者销售发票上注明的农产品买价和11%的扣除率计算进项税额，从当期销项税额中扣除。

【例2-5】一般纳税人（农产品深加工企业）购进某农场自产玉米，收购凭证注明价款为65 830元，从某供销社（一般纳税人）购进玉米，增值税专用发票上注明销售额300 000元，计算进项税额及采购成本。

进项税额 = 65 830 × 11% + 300 000 × 11% = 40 241.3（元）

采购成本 = 65 830 ×（1 − 11%）+ 300 000 = 358 588.7（元）

（6）收购特殊农产品——烟叶。

$$收购烟叶准予抵扣的进项税额 =（收购金额 + 烟叶税）× 增值税税率$$

$$收购金额 = 收购价款 ×（1 + 10%）$$

$$烟叶税 = 收购金额 × 20%$$

$$收购烟叶准予抵扣的进项税额 = [收购价款 ×（1 + 10%）] ×（1 + 20%）× 增值税税率$$

$$收购烟叶采购成本 = 买价 ×（1 + 10%）×（1 + 20%）×（1 − 增值税税率）$$

【例2-6】某卷烟厂为增值税一般纳税人，主要生产A牌卷烟及雪茄烟，8月从烟农手中购进烟叶，买价为100万元并按规定支付了10%的价外补贴，将其运往甲企业委托加工烟丝，发生运费8万元，取得货运专用发票。

烟叶进项税额 = 100 ×（1 + 10%）×（1 + 20%）× 11% + 8 × 11% = 15.4（万元）

收购烟叶采购成本 = 100 ×（1 + 10%）×（1 + 20%）×（1 − 11%）+ 8 = 125.48（万元）

（7）原增值税一般纳税人购进服务、无形资产或者不动产，取得的增值税专用发票上注明的增值税额为进项税额，准予从销项税额中抵扣。2016年5月1日后取得并在会计制度上按固定资产核算的不动产或者2016年5月1日后取得的不动产在建工程，其进项税额应自取得之日起分2年从销项税额中抵扣，第一年抵扣比例为60%，第二年抵扣比例为40%。

【例2-7】某投资控股集团有限公司2016年3月在广州自建大厦，建造期自2016年3月1日起至2017年2月28日，2017年3月转入办公用房自用。项目建造总投资1亿元，可以形成进项抵扣的金额1 200万元。

2017年3月至2018年2月可抵扣的进项税额：1 200 × 60% = 720（万元）

2018年3月至2019年2月可抵扣的进项税额：1 200 × 40% = 480（万元）

（二）不得抵扣的进项税额

1. 一般不得抵扣项目

（1）用于简易办法征税、非增值税应税项目、免征增值税项目、集体福利或者个人消费的购进货物、应税劳务或应税服务。

（2）非正常损失的购进货物及相关的应税劳务。

（3）非正常损失的在产品、产成品所耗用的购进货物或者应税劳务。

（4）上述第1—3项规定的货物的运输费用和销售免税货物的运输费用。

（5）接受的旅客运输服务。

（6）试点纳税人从试点地区取得的2012年1月1日（含）以后开具的运输费用结算单据（铁路运输费用结算单据除外），不得作为增值税扣税凭证。

已抵扣进项税额的不动产，发生非正常损失，或者改变用途专用于简易方法计税项目、免征增值税项目、集体福利或者个人消费的，按照下列公式计算不得抵扣的进项税额：

不得抵扣的进项税额 =（已抵扣进项税额 + 待抵扣进项税额）× 不动产净值率

不动产净值率 =（不动产净值 ÷ 不动产原值）× 100%

不得抵扣的进项税额小于或等于该不动产已抵扣进项税额的，应于该不动产改变用途的当期，将不得抵扣的进项税额从进项税额中扣减。

不得抵扣的进项税额大于该不动产已抵扣进项税额的，应于该不动产改变用途的当期，将已抵扣进项税额从进项税额中扣减，并从该不动产待抵扣进项税额中扣减不得抵扣进项税额与已抵扣进项税额的差额。

【例2-8】2016年5月1日，纳税人买了一栋建筑物用于办公，价款1 000万元，进项税额为110万元，正常是5月当月抵扣66万元，2017年5月（第13个月）再抵扣剩余的44万元，可是2017年4月纳税人就将该办公楼改为员工食堂了。

如果此时不动产的净值为800万元（八成新），不动产的净值率就是800/1 000＝80%，不得抵扣的进项税额为110×80%＝88万元，大于已经抵扣的进项税额66万元，按照政策规定，这时应将已抵扣的66万元进项税额转出，并在待抵扣进项税额中扣减不得抵扣进项税额与已抵扣进项税额的差额44 -（88 - 66）＝22万元。

2. 涉及服务、无形资产或不动产的不得抵扣项目

原增值税一般纳税人购进服务、无形资产或者不动产，下列项目的进项税额不得从销项税额中抵扣：

（1）用于简易计税方法计税项目、免征增值税项目、集体福利或者个人消费，其中涉及的无形资产、不动产，仅指专用于上述项目的无形资产（不包括其他权益性无形资产）、不动产。纳税人的交际应酬消费属于个人消费。

（2）非正常损失的购进货物，以及相关的加工修理修配劳务和交通运输服务。

（3）非正常损失的在产品、产成品所耗用的购进货物（不包括固定资产）、加工修理修配劳务和交通运输服务。

（4）非正常损失的不动产，以及该不动产所耗用的购进货物、设计服务和建筑服务。

（5）非正常损失的不动产在建工程所耗用的购进货物、设计服务和建筑服务。纳税人新建、改建、扩建、修缮、装饰不动产，均属于不动产在建工程。

（6）购进的旅客运输服务、贷款服务、餐饮服务、居民日常服务和娱乐服务。

（7）财政部和国家税务总局规定的其他情形。

上述第（4）点、第（5）点所称货物，是指构成不动产实体的材料和设备，包括建筑装饰材料和给排水、采暖、卫生、通风、照明、通信、煤气、消防、中央空调、电梯、电气、智能化楼宇设备及配套设施。

纳税人接受贷款服务向贷款方支付的与该笔贷款直接相关的投融资顾问费、手续费、咨询费等费用，其进项税额不得从销项税额中抵扣。

（三）抵减发生期进项税额的规定

（1）能确定原进项税额的，按原抵扣的进项税额转出。

【例2-9】甲企业（农产品深加工企业）12月外购原材料，取得防伪税控增值税专用发票，注明金额200万元、增值税26万元，运输途中发生损失5%，经查实属于非正常损失。向农

民收购一批免税农产品，收购凭证上注明买价 40 万元，支付运输费用，取得运费增值税专用发票上注明运费 3 万元，购进后将其中的 60% 用于企业职工食堂。

准予抵扣的进项税额 $= 26 \times (1 - 5\%) + (40 \times 11\% + 3 \times 9\%) \times (1 - 60\%) = 26.57$（万元）

【例 2-10】某化妆品厂为增值税一般纳税人，10 月产品、材料领用情况为：在建的职工文体中心领用外购材料，购进成本 35 万元，其中包括运费 5 万元；生产车间领用外购原材料，购进成本 125 万元。

将购进材料用于职工文体中心在建工程（集体福利），不可以抵扣进项税额。进项税额转出 $= (35 - 5) \times 13\% + 5 \times 9\% = 3.9 + 0.45 = 4.35$（万元）

【例 2-11】甲食品公司（农产品深加工企业）9 月购进的免税农产品（已抵扣进项税额）因保管不善发生霉烂，账面成本价 3 000 元（包括运费成本 200 元，已抵扣进项税额）。

进项税额转出 $= (3\,000 - 200) \div (1 - 11\%) \times 11\% + 200 \times 9\% = 346.07 + 18 = 364.07$（元）

（2）无法准确确定需转出的进项税额时，按当期实际成本（进价 + 运费 + 保险费 + 其他有关费用）乘以征税时该货物或应税劳务适用的税率计算应扣减的进项税额。即：进项税额转出数额 = 实际成本 × 税率

【例 2-12】某综合性公司的饮食中心本月取得销货以外的餐饮服务收入 10.8 万元，领用已抵扣了进项税额的餐具，成本 2 万元。

进项税额转出 $= 2 \times 13\% = 0.26$（万元）

三、应纳税额的计算

应纳税额的计算公式为：

$$应纳税额 = 当期销项税额 - 当期进项税额$$

（一）计算应纳税额的时间界定

1. 销项税额时间界定

关于销项税额的"当期"规定（即纳税义务发生时间），总的要求是：销项税额应当期计算，不得滞后。

增值税纳税义务发生时间为：发生应税销售行为，为收讫销售款项或取得索取销售款项凭据的当天；先开具发票的，为开具发票的当天。上述收讫销售款项或取得索取销售款项凭据的当天，按销售结算方式的不同，增值税纳税义务发生时间具体为：

（1）采取直接收款方式销售货物，不论货物是否发出，均为收到销售款或取得索取销售款凭据的当天。

（2）采取托收承付和委托银行收款方式销售货物，为发出货物并办妥托收手续的当天。

（3）采取赊销和分期收款方式销售货物，为书面合同约定的收款日期的当天。

（4）采取预收货款方式销售货物，为货物发出的当天。但生产销售生产工期超过 12 个月的大型机械设备、船舶、飞机等货物，为收到预收款或者书面合同约定的收款日期的当天。

（5）委托其他纳税人代销货物，为收到代销单位的代销清单或收到全部或部分货款的当天；未收到代销清单及货款的，为发出代销货物满 180 天的当天。

（6）销售应税劳务，为提供劳务同时收讫销售款或者取得索取销售款的凭据的当天。

（7）纳税人发生视同销售货物行为，为货物移送的当天。

2. 进项税额抵扣时限

企业存续期间进项税额可以一直抵扣。

（二）扣减当期销项税额

因销货退回或折让而退还给购买方的增值税，扣减当期销项税额。

（三）扣减当期进项税额

1. 进货退回或折让的税务处理

发生进货退回或折让的，购买方需取得当地税务机关开具的进货退出或索取折让证明单送交销售方，并取得销售方开具的红字专用发票，方可作为抵减当期进项税额的合法凭证。

2. 商业企业向供货方收取的返还收入的税务处理

商业企业向供货方收取的返还收入，按平销返利行为的规定冲减当期增值税进项税额，其计算公式如下：

$$当期应冲减的进项税额 = 当期取得的返还收入 \div (1 + 购进货物增值税税率) \times$$
$$购进货物增值税税率$$

3. 已经抵扣进项税额的购进货物发生用途改变的税务处理

根据税法规定，凡是已抵扣进项税额的购进货物发生用途改变，如用于简易办法征收项目、免税项目、集体福利、个人消费以及非正常损失的，应按规定作进项税额转出。

（四）进项税额不足抵扣的税务处理

当应纳税额＜0时，允许纳税人申请退还增量留抵税额，余额留抵下期继续抵扣增值税。纳税人当期允许退还的增量留抵税额，按照以下公式计算：允许退还的增量留抵税额＝增量留抵税额 × 进项构成比例 ×60%。对先进制造业企业按月全额退还增值税增量留抵税额。

（五）一般纳税人注销时存货及留抵税额的税务处理

一般纳税人注销时如有存货，则不计算其进项税额，存货不做进项税额转出处理，其留抵税额也不予退税。

（六）一般纳税人留抵税额抵减欠税的税务处理

一般纳税人既有欠缴增值税、又有留抵税额的，以期末留抵税额抵减增值税欠税；同时，以期末留抵税额抵减查补增值税税额。

（七）关于增值税税控系统专用设备和技术维护费用抵减增值税税额有关政策

（1）增值税纳税人初次购买增值税税控系统专用设备（包括分开票机）支付的费用，可凭购买增值税税控系统专用设备取得的增值税专用发票，在增值税应纳税额中全额抵减（抵减额为价税合计额）；非初次购买增值税税控系统专用设备支付的费用，由其自行负担，不得在增值税应纳税额中抵减。税控系统专用设备的详情如表2-8所示。

表2-8　税控系统专用设备

增值税税控系统	专用设备
增值税防伪税控系统	金税卡、IC卡、读卡器或金税盘和报税盘
货物运输业增值税专用发票税控系统	税控盘和报税盘
机动车销售统一发票税控系统	税控盘和传输盘

（2）增值税纳税人缴纳的技术维护费，可凭技术维护服务单位开具的技术维护费发票，在增值税应纳税额中全额抵减。

（3）增值税一般纳税人支付的上述两项费用在增值税应纳税额中全额抵减的，其增值税专用发票不作为增值税抵扣凭证，其进项税额不得从销项税额中抵扣。

（八）农产品增值税进项税额核定办法

1. 适用试点范围

自 2012 年 7 月 1 日起，以购进农产品为原料生产销售液体乳及乳制品、酒及酒精、植物油的增值税一般纳税人，纳入农产品增值税进项税额核定扣除试点范围，其购进农产品无论是否用于生产上述产品，增值税进项税额均按照《农产品增值税进项税额核定扣除试点实施办法》的规定抵扣。

2. 核定方法

核定扣除的核心是以销售产品为核心核定进项税额，该办法为实耗扣税法。

（1）试点纳税人以购进农产品为原料生产货物的，农产品增值税进项税额可按照以下 3 种方法核定：

① 投入产出法。参照国家标准、行业标准确定销售单位数量货物耗用外购农产品的数量（农产品单耗数量），即：

当期农产品进项税额＝当期销售货物数量（不含采购除农产品以外的半成品生产的货物数量）× 农产品单耗数量 × 农产品平均购买单价 × 扣除率/（1＋扣除率）（扣除率为 9%）

② 成本法。依据试点纳税人年度会计核算资料，计算确定耗用农产品的外购金额占生产成本的比例（农产品耗用率）。

当期允许抵扣农产品增值税进项税额＝当期主营业务成本 × 农产品耗用率 × 扣除率/（1＋扣除率）

农产品耗用率＝上年投入生产的农产品外购金额/上年生产成本

③ 参照法。新办的试点纳税人或者试点纳税人新增产品的，试点纳税人可参照所属行业或者生产结构相近的其他试点纳税人确定农产品单耗数量或者农产品耗用率。

（2）试点纳税人购进农产品直接销售的，农产品增值税进项税额按照以下计算方法核定扣除：

$$当期允许抵扣农产品增值税进项税额＝\frac{当期销售农产品数量}{（1－损耗率）× 农产品平均购买单价 × 9\%/（1＋9\%）}$$

损耗率＝损耗数量/购进数量

（3）试点纳税人购进农产品用于生产经营且不构成货物实体的（包括包装物、辅助材料、燃料、低值易耗品等），增值税进项税额按照以下方法计算核定扣除：

$$当期允许抵扣农产品增值税进项税额＝\frac{当期耗用农产品数量 × 农产品平均购买单价 × 9\%}{1＋9\%}$$

农产品单耗数量、农产品耗用率和损耗率统称为农产品增值税进项税额扣除标准。

（4）试点纳税人销售货物，应合并计算当期允许抵扣农产品增值税进项税额。

（5）试点纳税人购进农产品取得的农产品增值税专用发票和海关进口增值税专用缴款书，

按照注明的金额及增值税额一并计入成本科目；自行开具的农产品收购发票和取得的农产品销售发票，按照注明的买价直接计入成本。

（九）纳税人资产重组增值税留抵税额处理

增值税一般纳税人在资产重组过程中，将全部资产、负债和劳动力一并转让给其他增值税一般纳税人，并按程序办理注销税务登记的，其在办理注销登记前尚未抵扣的进项税额可结转至新纳税人处继续抵扣。

（十）总分支机构试点纳税人增值税的计算

（1）分支机构发生《应税服务范围注释》所列业务，按照应征增值税销售额和预征率计算缴纳增值税。

$$应预缴的增值税 = 应征增值税销售额 × 预征率$$

预征率由财政部和国家税务总局规定，并适时予以调整。

分支机构销售货物、提供加工修理修配劳务，按照增值税暂行条例及相关规定就地申报缴纳增值税。

（2）总机构汇总的应征增值税销售额，为总机构及其分支机构发生《应税服务范围注释》所列业务的应征增值税销售额。总机构汇总的进项税额，是指总机构及其分支机构因发生《应税服务范围注释》所列业务而购进货物或者接受加工修理修配劳务和应税服务，支付或者负担的增值税税额。总机构及其分支机构用于发生《应税服务范围注释》所列业务之外的进项税额不得汇总。

【例2-13】甲公司为增值税一般纳税人，2017年10月发生以下业务：

（1）从农业生产者手中收购玉米40吨，每吨收购价3 000元，共计支付收购价款120 000元。公司将收购的玉米从收购地直接运往异地的某酒厂生产加工药酒，酒厂在加工过程中代垫辅助材料款15 000元。药酒加工完毕，公司收回药酒时取得酒厂开具的增值税专用发票，注明加工费30 000元、增值税税额3 900元，加工的药酒当地无同类产品市场价格。本月内公司将收回的药酒批发售出，取得不含税销售额260 000元。另外支付给运输单位销货运输费用12 000元，取得普通发票。要求：计算业务（1）中应缴纳的增值税。

销项税额 = 260 000 × 13% = 33 800（元）

应抵扣进项税额 = 120 000 × 9% + 3 900 = 14 700（元）

应纳增值税税额 = 33 800 − 14 700 = 19 100（元）

（2）购进货物取得增值税专用发票，注明金额450 000元、增值税税额58 500元；支付给运输单位购货运费，取得增值税专用发票上注明运输费22 500元。本月将已验收入库货物的80%零售，取得含税销售额585 000元，20%用于本公司集体福利。要求：计算业务（2）中应缴纳的增值税。

销项税额 = 585 000 ÷（1 + 13%）× 13% = 67 301（元）

应抵扣的进项税额 =（58 500 + 22 500 × 9%）× 80% = 48 420（元）

应纳增值税税额 = 67 301 − 48 420 = 18 881（元）

（3）购进原材料取得增值税专用发票，注明金额160 000元、增值税税额20 800元，材料验收入库。本月生产加工一批新产品450件，每件成本价380元（无同类产品市场价格），全部售给本公司职工，取得不含税销售额171 000元。月末盘存发现半年前从东北购进的原材料被盗，金额 50 000 元（其中含分摊的运输费用 4 650 元）。要求：计算业务（3）中应缴纳的增值税。

销项税额 = 450 × 380 × (1 + 10%) × 13% = 24 453（元）

进项税额转出 = (50 000 − 4 650) × 13% + 4 650 × 9% = 6 314（元）

应抵扣的进项税额 = 20 800 − 6 314 = 14 486（元）

应纳增值税税额 = 24 453 − 14 486 = 9 967（元）

（4）销售使用过的一台机器（购进时未抵扣进项税额），取得含税销售额 52 440 元。要求：计算业务（4）中应缴纳的增值税。

销售使用过的机器应纳增值税 = 52 440 ÷ (1 + 3%) × 2% = 1 018.25（元）

（5）当月发生逾期押金收入 12 870 元。要求：计算业务（5）中应缴纳的增值税。

押金收入应纳增值税税额 = 12 870 ÷ (1 + 13%) × 13% = 1 481（元）

结论：该公司 10 月应纳增值税税额 = 19 100 + 18 881 + 9 967 + 1 018.25 + 1 481 = 50 447.25（元）

四、简易计税方法应纳税额的计算

（一）小规模纳税人应纳增值税计算

小规模纳税人销售货物或提供应税劳务，可以申请由主管税务机关代开发票，按照销售额和规定的征收率计算应纳税额，不得抵扣进项税额。计算公式为：

应纳税额 = 不含税销售额 × 征收率 = 含税销售额 ÷ (1 + 3%) × 3%（或 2%）

小规模纳税人购进税控收款机，可凭购进税控收款机取得的增值税专用发票上注明的增值税额，抵免当期应纳增值税。若取得的是普通发票，则凭普通发票上注明的价款，依下列公式计算可抵免的税额：

可抵免的税额 = 价款 ÷ (1 + 13%) × 13%

当期应纳税额不足抵免的，未抵免的部分可在下期继续抵免。

【例 2-14】某商业零售企业为增值税小规模纳税人，2021 年 8 月购进货物（商品）取得普通发票，共计支付金额 120 000 元；经主管税务机关核准购进税控收款机一台，取得普通发票，支付金额 5 850 元；本月内销售货物取得零售收入共计 158 080 元。计算该企业 8 月应缴纳的增值税。

该企业 8 月应缴纳的增值税 = 158 080 ÷ (1 + 3%) × 3% − 5 850 ÷ (1 + 13%) × 13% = 5 277（元）

小规模纳税人（除其他个人外）销售自己使用过的货物的相关政策归纳见表 2-9。

表 2-9　小规模纳税人销售已使用货物相关政策

情况	征收率	计算公式
销售自己使用过的固定资产和旧货	减按 2% 征收率征收增值税	增值税 = 售价 ÷ (1 + 3%) × 2%
销售自己使用过的除固定资产以外的物品	按 3% 的征收率征收增值税	增值税 = 售价 ÷ (1 + 3%) × 3%

（二）一般纳税人按简易计税方法计税

"营改增"后，一般纳税人发生下列应税行为可以选择适用简易计税方法计税：

（1）公共交通运输服务。公共交通运输服务包括轮客渡、公交客运、地铁、城市轻轨、出租车、长途客运、班车。班车是指按固定路线、固定时间运营并在固定站点停靠的运送旅客的陆路运输服务。

（2）经认定的动漫企业为开发动漫产品提供的动漫脚本编撰、形象设计、背景设计、动画设计、分镜、动画制作、摄制、描线、上色、画面合成、配音、配乐、音效合成、剪辑、字幕制作、压缩转码（面向网络动漫、手机动漫格式适配）服务，以及在境内转让动漫版权（包括动漫品牌、形象或者内容的授权及再授权）。

动漫企业和自主开发、生产动漫产品的认定标准和认定程序，按照《文化部 财政部 国家税务总局关于印发〈动漫企业认定管理办法（试行）〉的通知》（文市发〔2008〕51号）的规定执行。

（3）电影放映服务、仓储服务、装卸搬运服务、收派服务和文化体育服务。

（4）以纳入营改增试点之日前取得的有形动产为标的物提供的经营租赁服务。

（5）在纳入营改增试点之日前签订的尚未执行完毕的有形动产租赁合同。

（6）一般纳税人转让其2016年4月30日前取得（不含自建）的不动产，可以选择适用简易计税方法计税，以取得的全部价款和价外费用扣除不动产购置原价或者取得不动产时的作价后的余额为销售额，按照5%的征收率计算应纳税额。

（7）一般纳税人转让其2016年4月30日前自建的不动产，可以选择适用简易计税方法计税，以取得的全部价款和价外费用为销售额，按照5%的征收率计算应纳税额。

（8）一般纳税人出租其2016年4月30日前取得的不动产，可以选择适用简易计税方法，按照5%的征收率计算应纳税额。

（9）一般纳税人以清包工方式提供的建筑服务，可以选择适用简易计税方法计税。以清包工方式提供建筑服务，是指施工方不采购建筑工程所需的材料或只采购辅助材料，并收取人工费、管理费或者其他费用的建筑服务。

（10）一般纳税人为甲供工程提供的建筑服务，可以选择适用简易计税方法计税。甲供工程是指全部或部分设备、材料、动力由工程发包方自行采购的建筑工程。

（11）一般纳税人为建筑工程老项目提供的建筑服务，可以选择适用简易计税方法计税。建筑工程老项目是指：《建筑工程施工许可证》注明的合同开工日期在2016年4月30日前的建筑工程项目；未取得《建筑工程施工许可证》的，建筑工程承包合同注明的开工日期在2016年4月30日前的建筑工程项目。

（12）房地产开发企业中的一般纳税人销售自行开发的房地产老项目，可以选择适用简易计税方法按照5%的征收率计税。

（13）公路经营企业中的一般纳税人收取试点前开工的高速公路的车辆通行费，可以选择适用简易计税方法，减按3%的征收率计算应纳税额。试点前开工的高速公路是指相关施工许可证明上注明的合同开工日期在2016年4月30日前的高速公路。

一般纳税人按照简易办法计算增值税的征收率的规定如下：

（1）临时到外省、市销售货物时，向经营地出示"外管证"回原地纳税和开发票；未持"外管证"，经营地税务机关按3%的征收率征税。

（2）公路经营企业中的一般纳税人收取试点前开工的高速公路的车辆通行费，可以选择适用简易计税方法，减按3%的征收率计算应纳税额。试点前开工的高速公路，是指相关施工许可证明上注明的合同开工日期在 2016 年 4 月 30 日前的高速公路。

一般纳税人销售使用过的符合条件的固定资产可按简易办法计税，具体规定如表 2-10 所示。

表 2-10　一般纳税人销售已使用固定资产相关政策

销售使用过的固定资产的情况	税务处理	计税公式
销售 2008 年 12 月 31 日前购进或自制的固定资产（未抵扣进项税额）	按简易办法： 依 4% 征收率减半征收 自 2014 年 7 月 1 日起改为： 依 3% 征收率减按 2% 征收	增值税＝含税售价 ÷（1＋3%）× 2%
销售 2009 年 1 月 1 日后购进或自制的固定资产（购进当期已抵扣进项税额）	按正常销售货物适用税率征收增值税	销项税额＝含税售价 ÷（1＋13%）× 13%

【例 2-15】甲公司出售一台使用过的设备，原价 226 000 元（含增值税），设备折旧年限为 10 年，采用直线法折旧，不考虑净残值。之后甲公司出售该设备，该设备恰好已使用 3 年，售价为 210 600 元（含增值税），适用 13% 的增值税税率。该项固定资产取得时，增值税进项税额已记入"应交税费——应交增值税（进项税额）"科目。则甲公司销售时应当缴纳的增值税税额为多少？

由于固定资产是在增值税转型后购入的，则固定资产原价为 200 000 元（不包括进项税额）。

3 年累计计提折旧 =（200 000 ÷ 10）× 3 = 60 000（元）

销售时缴纳增值税 =［210 600 ÷（1＋13%）］× 13% = 24 228（元）

例 2-15 中如果该设备购入时间为 2007 年 11 月 5 日，则适用 17% 的增值税税率，固定资产的原值为 234 000 元（购入的增值税进项税额 34 000 元计入设备成本），设备出售之日为 2010 年 11 月 5 日，则设备出售视为旧货销售，按照不含税销售额与 4% 的征收率减半征收增值税。

3 年累计计提折旧 =（234 000 ÷ 10）× 3 = 70 200（元）

2010 年出售时应缴纳增值税 =［210 600 ÷（1＋4%）］× 4% × 50% = 4 050（元）

第三节　增值税的会计处理

一、增值税会计科目的设置

根据《中华人民共和国增值税暂行条例》和《关于全面推开营业税改征增值税试点的通知》（财税〔2016〕36 号）等文件，对增值税有关会计处理规定如下：

增值税一般纳税人应当在"应交税费"科目下设置"应交增值税""未交增值税""预交增值税""待抵扣进项税额""待认证进项税额""待转销项税额""增值税留抵税额""简易计税""转让金融商品应交增值税""代扣代交增值税"等明细科目。

（1）增值税一般纳税人应在"应交增值税"明细账内设置"进项税额""销项税额抵减""已交税金""转出未交增值税""减免税款""出口抵减内销产品应纳税额""销项税额""出口退税""进项税额转出""转出多交增值税"等专栏。其中：

①"进项税额"专栏，记录一般纳税人购进货物、加工修理修配劳务、服务、无形资产或不动产而支付或负担的、准予从当期销项税额中抵扣的增值税额；

②"销项税额抵减"专栏，记录一般纳税人按照现行增值税制度规定因扣减销售额而减少的销项税额；

③"已交税金"专栏，记录一般纳税人当月已交纳的应交增值税额；

④"转出未交增值税"和"转出多交增值税"专栏，分别记录一般纳税人月度终了转出当月应交未交或多交的增值税额；

⑤"减免税款"专栏，记录一般纳税人按现行增值税制度规定准予减免的增值税额；

⑥"出口抵减内销产品应纳税额"专栏，记录实行"免、抵、退"办法的一般纳税人按规定计算的出口货物的进项税抵减内销产品的应纳税额；

⑦"销项税额"专栏，记录一般纳税人销售货物、加工修理修配劳务、服务、无形资产或不动产应收取的增值税额；

⑧"出口退税"专栏，记录一般纳税人出口货物、加工修理修配劳务、服务、无形资产按规定退回的增值税额；

⑨"进项税额转出"专栏，记录一般纳税人购进货物、加工修理修配劳务、服务、无形资产或不动产等发生非正常损失以及其他原因而不应从销项税额中抵扣、按规定转出的进项税额。

（2）"未交增值税"明细科目，核算一般纳税人月度终了从"应交增值税"或"预交增值税"明细科目转入当月应交未交、多交或预缴的增值税额，以及当月交纳以前期间未交的增值税额。

（3）"预交增值税"明细科目，核算一般纳税人转让不动产、提供不动产经营租赁服务、提供建筑服务、采用预收款方式销售自行开发的房地产项目等，以及其他按现行增值税制度规定应预缴的增值税额。

（4）"待抵扣进项税额"明细科目，核算一般纳税人已取得增值税扣税凭证并经税务机关认证，按照现行增值税制度规定准予以后期间从销项税额中抵扣的进项税额。其包括：一般纳税人自2016年5月1日后取得并按固定资产核算的不动产或者2016年5月1日后取得的不动产在建工程，按现行增值税制度规定准予以后期间从销项税额中抵扣的进项税额；实行纳税辅导期管理的一般纳税人取得的尚未交叉稽核比对的增值税扣税凭证上注明或计算的进项税额。

（5）"待认证进项税额"明细科目，核算一般纳税人由于未经税务机关认证而不得从当期销项税额中抵扣的进项税额。其包括：一般纳税人已取得增值税扣税凭证、按照现行增值税制度规定准予从销项税额中抵扣，但尚未经税务机关认证的进项税额；一般纳税人已申请稽核但尚未取得稽核相符结果的海关缴款书进项税额。

（6）"待转销项税额"明细科目，核算一般纳税人销售货物、加工修理修配劳务、服务、无形资产或不动产，已确认相关收入（或利得）但尚未发生增值税纳税义务而需于以后期间确认为销项税额的增值税额。

（7）"增值税留抵税额"明细科目，核算兼有销售服务、无形资产或者不动产的原增值税一般纳税人，截至纳入营改增试点之日前的增值税期末留抵税额按照现行增值税制度规定不得从销售服务、无形资产或不动产的销项税额中抵扣的增值税留抵税额。

（8）"简易计税"明细科目，核算一般纳税人采用简易计税方法发生的增值税计提、扣减、预缴、缴纳等业务。

（9）"转让金融商品应交增值税"明细科目，核算增值税纳税人转让金融商品发生的增值税额。

（10）"代扣代交增值税"明细科目，核算纳税人购进在境内未设经营机构的境外单位或个人在境内的应税行为代扣代缴的增值税。

小规模纳税人只需在"应交税费"科目下设置"应交增值税"明细科目，不需要设置上述专栏及除"转让金融商品应交增值税""代扣代交增值税"外的明细科目。

二、一般纳税人增值税的会计核算

（一）一般纳税人销项税额的会计核算

企业销售货物或提供应税劳务，应按实现的营业收入和按规定收取的增值税额，借记"应收账款""应收票据""银行存款"等科目；按实现的营业收入，贷记"主营业务收入"等科目；按专用发票上注明的增值税额，贷记"应交税费——应交增值税（销项税额）"。发生的销货退回，作相反会计分录。

1. 直接收款销售方式

税法规定，企业采取直接收款方式销售货物，不论货物是否发出，均为收到销售款或者取得索取销售款凭据的当天作为销售收入实现、纳税义务发生和开出增值税发票的时间。

【例 2-16】甲公司为增值税一般纳税人，销售货物价款为 600 000 元，货款已经收到并存入银行。

借：银行存款　　　　　　　　　　　　　　　　　678 000
　　贷：主营业务收入　　　　　　　　　　　　　　600 000
　　　　应交税费——应交增值税（销项税额）　　　 78 000

【例 2-17】A 企业于 2019 年 8 月 21 日销售一批商品，成本为 400 000 元，售价为 500 000 元，商品已经发出，发票也一并交付买方，买方当天收到商品后付款。

确认销售收入：

借：银行存款　　　　　　　　　　　　　　　　　565 000
　　贷：主营业务收入　　　　　　　　　　　　　　500 000
　　　　应交税费——应交增值税（销项税额）　　　 65 000

同时结转销售成本：

借：主营业务成本　　　　　　　　　　　　　　　400 000
　　贷：库存商品　　　　　　　　　　　　　　　　400 000

2. 预收货款销售方式

企业采用预收货款结算方式销售货物的，以货物发出的当天作为销售收入实现、纳税义务发生和开出增值税发票的时间。

【例2-18】甲公司于2019年10月1日销售商品，开出的增值税专用发票上注明售价为600 000元，增值税税额为78 000元；商品已经发出，货款已预收；该批商品的成本为420 000元。

借：预收账款		678 000
贷：主营业务收入		600 000
应交税费——应交增值税（销项税额）		78 000
借：主营业务成本		420 000
贷：库存商品		420 000

【例2-19】某生产制造企业为增值税一般纳税人，2018年12月31日销售大型设备，设备已发出，合同价款为100万元，成本为80万元，买方已预付部分货款50万元，但根据合同规定，卖方负责安装，卖方在安装并检验合同后，买方立即支付余款。2019年3月20日设备安装结束，买方付款。

收到预收账款时：

借：银行存款		500 000
贷：预收账款		500 000

商品发出时：

借：发出商品		800 000
贷：库存商品		800 000
借：应收账款		130 000
贷：应交税费——应交增值税（销项税额）		130 000

2019年3月安装合格，验收完毕时：

借：银行存款		630 000
预收账款		500 000
贷：主营业务收入		1 000 000
应收账款		130 000
借：主营业务成本		800 000
贷：发出商品		800 000

3. 赊销和分期收款销售方式

企业采取赊销和分期收款方式销售货物的，其纳税义务发生时间为书面合同约定的收款日期当天；无书面合同或者书面合同没有约定收款日期的，以货物发出的当天作为纳税义务发生时间。

【例2-20】甲公司采用托收承付结算方式销售一批商品，开出的增值税专用发票上注明售价为600 000元，增值税税额为78 000元；商品已经发出，并已向银行办妥托收手续；该批商品的成本为420 000元。甲公司应编制如下会计分录。

（1）借：应收账款　　　　　　　　　　　　　　　　　　　　　　　　678 000
　　　　贷：主营业务收入　　　　　　　　　　　　　　　　　　　　　600 000
　　　　　　应交税费——应交增值税（销项税额）　　　　　　　　　78 000
（2）借：主营业务成本　　　　　　　　　　　　　　　　　　　　　　420 000
　　　　贷：库存商品　　　　　　　　　　　　　　　　　　　　　　　420 000

企业发出商品不符合收入确认条件时：① 如果销售该商品的纳税义务已经发生，比如已经开出增值税专用发票，则应确认应交的增值税销项税额。借记"应收账款"等科目，贷记"应交税费——应交增值税（销项税额）"科目。② 如果纳税义务没有发生，则不需要进行上述处理。

【例2-21】A公司于2×19年3月3日采用托收承付结算方式向B公司销售一批商品，开出的增值税专用发票上注明售价100 000元，增值税税额为13 000元；该批商品成本为60 000元。A公司在销售该批商品时已得知B公司资金流转发生暂时困难，但为了减少存货积压，同时也为了维持与B公司长期以来建立的商业关系，A公司仍将商品发出，并办妥托收手续。假定A公司销售该批商品的纳税义务已经发生。A公司应编制如下会计分录。

发出商品时：
借：发出商品　　　　　　　　　　　　　　　　　　　　　　　60 000（成本价）
　　贷：库存商品　　　　　　　　　　　　　　　　　　　　　60 000（成本价）

同时，因A公司销售该批商品的纳税义务已经发生，应确认增值税销项税额：
借：应收账款　　　　　　　　　　　　　　　　　　　　　　　　　　13 000
　　贷：应交税费——应交增值税（销项税额）　　　　　　　　　　　13 000

注：如果销售该批商品的纳税义务尚未发生，则不做这笔分录，待纳税义务发生时再做应交增值税的分录。

假定2×19年11月A公司得知B公司经营情况逐渐好转，B公司承诺近期付款，A公司应在B公司承诺付款时确认收入，并编制如下会计分录：
借：应收账款　　　　　　　　　　　　　　　　　　　　　　　　　100 000
　　贷：主营业务收入　　　　　　　　　　　　　　　　　　　　　100 000

同时结转成本：
借：主营业务成本　　　　　　　　　　　　　　　　　　　　　　　　60 000
　　贷：发出商品　　　　　　　　　　　　　　　　　　　　　　　　60 000

假定A公司于2×19年12月6日收到B公司支付的货款，应编制如下会计分录：
借：银行存款　　　　　　　　　　　　　　　　　　　　　　　　　113 000
　　贷：应收账款　　　　　　　　　　　　　　　　　　　　　　　113 000

4. 混合销售业务

从事货物的生产、批发或者零售的单位和个体工商户的混合销售行为，按照销售货物缴纳增值税；其他单位和个体工商户的混合销售行为，按照销售服务缴纳增值税。从事货物的生产、批发或者零售的单位和个体工商户，包括以从事货物的生产、批发或者零售为主，并兼营销售服务的单位和个体工商户在内。纳税人兼营销售货物、劳务、服务、无形资产或者不动产，适用不同税率或者征收率的，应当分别核算适用不同税率或者征收率的销售额；未分别核算的，从高适用税率。

5. 委托代销

委托其他纳税人代销货物，收到代销单位的代销清单或者收到全部或者部分货款的当天是销售收入实现、纳税义务发生和开出增值税发票的时间。委托代销主要有两种方式：视同买断和收取手续费方式。下面举例说明收取手续费方式。

采用支付手续费委托代销方式，委托方在发出商品时通常不应确认销售商品收入，而应在收到受托方开出的代销清单时确认为销售商品收入，同时应将支付的代销手续计入销售费用。

受托方应在代销商品销售后，按合同或协议约定的方式计算确定代销手续费，确认劳务收入。

确认代销手续费收入时：

借：应付账款

　　贷：其他业务收入

【例2-22】甲公司委托丙公司销售商品200件，商品已经发出，每件成本为65元。合同约定丙公司应按每件100元对外销售，甲公司按售价的10%向丙公司支付手续费。丙公司对外实际销售100件，开出的增值税专用发票上注明的销售价格为10 000元，增值税税额为1 300元，款项已经收到。甲公司收到丙公司开具的代销清单时，向丙公司开具一张相同金额的增值税专用发票。假定：甲公司发出商品时纳税义务尚未发生，甲公司采用实际成本核算，丙公司采用进价核算代销商品。

甲公司应编制如下会计分录。

（1）发出商品时：

借：委托代销商品	13 000（200×65）
贷：库存商品	13 000

（2）收到代销清单时：

借：应收账款	11 300
贷：主营业务收入	10 000
应交税费——应交增值税（销项税额）	1 300
借：主营业务成本	6 500
贷：委托代销商品	6 500
借：销售费用	1 000
贷：应收账款	1 000

代销手续费金额 = 10 000×10% = 1 000（元）

（3）收到丙公司支付的货款时：

借：银行存款	10 300
贷：应收账款	10 300

丙公司应编制如下会计分录。

（1）收到商品时：

借：受托代销商品	20 000
贷：受托代销商品款	20 000

（2）对外销售时：

借：银行存款	11 300
贷：受托代销商品	10 000
应交税费——应交增值税（销项税额）	1 300

（3）收到增值税专用发票时：

借：应交税费——应交增值税（进项税额）	1 300
贷：应付账款	1 300
借：受托代销商品款	10 000
贷：应付账款	10 000

（4）支付货款并计算代销手续费时：

借：应付账款	11 300
贷：银行存款	10 300
其他业务收入	1 000

6. 用于对外投资、捐赠的货物

企业为其他单位或者个体工商户提供自产、委托加工或购买的货物作为投资或无偿赠送其他单位或个人的，按税法属于视同销售行为，应按自产、委托加工或购买的货物成本与税务机关核定的货物计税依据计算缴纳增值税，纳税义务发生时间为货物移送的当天。

（1）借：长期股权投资（营业外支出）
　　　　贷：主营业务收入
　　　　　　应交税费——应交增值税（销项税额）

（2）借：主营业务成本（账面价值）
　　　　贷：库存商品等

【例 2-23】7 月，某企业将售价为 1.2 万元（不含税）的自制 A 产品和以 1.13 万元（含税价）价格外购的 B 礼品赠送给有关客户，自制 A 产品的成本为 1 万元。

借：管理费用——业务招待费	22 860
贷：库存商品——A 产品	10 000
——B 礼品	10 000
应交税费——应交增值税（销项税额）	2 860

【例 2-24】甲公司将所生产的乙产品无偿赠送给他人，生产成本 9 000 元，计税价 11 000 元。将购进的 A 材料 400 千克（每千克计划价 30 元），无偿赠送给他人，该材料计划成本差异率为 -2%。已计提跌价准备 1 100 元。

乙产品应计销项税额 = 11 000×13% = 1 430（元）

A 材料实际成本 = 400×30×（1-2%）= 11 760（元）

A 材料成本差异 = 400×30×（-2%）= -240（元）

借：营业外支出	24 629.2
材料成本差异	240
贷：库存商品	9 000
原材料	12 000

应交税费——应交增值税（销项税额）	3 869.2

7. 将自产委托加工的货物分配给股东

纳税人将自产、委托加工的货物分配给股东，货物的所有权也发生了转移，所以同样要作为销售缴纳增值税，纳税义务的确认时间为货物移送的当天。

（1）借：应付股利

贷：主营业务收入（公允价值）

应交税费——应交增值税（销项税额）

（2）借：主营业务成本（账面价值）

贷：库存商品等

8. "买一赠一"等实物折扣销售

企业销售货物时采用"买一赠一"方式，除正常销售货物需计算缴纳增值税外，赠品也按增值税暂行条例中的视同销售货物计算缴纳增值税。

（1）确认收入时：

借：银行存款、现金

贷：主营业务收入

应交税费——应交增值税（销项税额）

（2）结转成本时：

借：主营业务成本

贷：库存商品

（3）赠品的账务处理：

借：销售费用

贷：库存商品

应交税费——应交增值税（销项税额）

9. 以物易物方式销售货物

采取以物易物方式销售的双方都应作购销处理，以各自发出的货物核算销售额，以各自收到的货物按规定核算购货额并计算进项税额。

【例2-25】甲公司于2021年12月以自产A产品换取原材料一批，原材料已经验收入库，取得的增值税专用发票上注明的价款为76 000元，增值税税额为9 880元，发出A产品不含税价格为65 000元，增值税税额8 450元，另支付差价款12 430元。

借：原材料	76 000
应交税费——应交增值税（进项税额）	9 880
贷：主营业务收入	65 000
应交税费——应交增值税（销项税额）	8 450
银行存款	12 430

10. 采取以旧换新和还本销售的方式

采取以旧换新方式销售货物，销售额与收购额不能相互抵减，其销售额按新货物同期销售价格确定；而以还本销售方式销售货物实质上属于一种融资行为，其销售额就是货物的销售价格，并且不得从销售额中还本支出，其会计处理与一般货物销售相同。

【例 2-26】某百货大楼销售森林牌电视机零售价 3 390 元 / 台（含增值税），若顾客交还同品牌旧电视机作价 1 000 元，交差价 2 390 元就可换回全新电视机。当月采用此种方式销售森林牌电视机 100 台，增值税税率 13%，作会计分录如下。

借：银行存款 239 000
　　库存商品——旧电视机 100 000
　　贷：主营业务收入——森林牌电视机 300 000
　　　　应交税费——应交增值税（销项税额） 39 000

采取以旧换新方式销售金银首饰，按实际收取的价款计提销项税额。

【例 2-27】某金银首饰零售商店为小规模纳税人，10 月取得含税销售收入 60 000 元，以旧换新业务收入 30 000 元（含税），其中收回旧金银首饰折价 21 000 元，实收现金 9 000 元。

应纳增值税 =（60 000 + 9 000）÷（1 + 3%）× 3% = 2 010（元）

借：银行存款 69 000
　　库存商品——旧金银首饰 21 000
　　贷：主营业务收入——金银首饰 87 990
　　　　应交税费——应交增值税（销项税额） 2 010

11. 销售自己使用过的固定资产

销售自己使用过的 2009 年 1 月 1 日以后购进或者自制的固定资产，按照适用税率征收增值税；销售自己使用过的 2008 年 12 月 31 日以前购进或者自制的固定资产，按照 4% 征收率减半征收增值税。

【例 2-28】A 企业于 2019 年 8 月 2 日转让 5 月购入的一台设备，该设备原价为 200 000 元，累计已提取折旧 80 000 元，取得变价收入 100 000 元，增值税税额 13 000 元，已经收到全部款项。该设备购进时所含的增值税 26 000 元已全部计入进项税额。假定 A 企业未计提减值准备，不考虑其他相关税费。A 企业应做如下会计处理。

（1）转入清理时：

借：固定资产清理 120 000
　　累计折旧 80 000
　　贷：固定资产 200 000

（2）收取价款和增值税额时：

借：银行存款 113 000
　　贷：固定资产清理 100 000
　　　　应交税费——应交增值税（销项税额） 13 000

（3）结转固定资产清理损失。

借：营业外支出 20 000
　　贷：固定资产清理 20 000

【例 2-29】B 企业于 2009 年 3 月转让 2002 年购入的生产设备，原价为 1 000 000 元，累计已提取折旧 800 000 元，取得变价收入 208 000 元，款项已收。假定 B 企业未计提减值准备，不考虑其他相关税费。B 企业应做如下会计处理。

（1）转入清理时：

借：固定资产清理 200 000

　　累计折旧 800 000

　　贷：固定资产 1 000 000

（2）收取价款时：

借：银行存款 208 000

　　贷：固定资产清理 208 000

（3）计算应交增值税。

应交增值税：208 000÷（1＋4%）×4%÷2＝4 000（元）

借：固定资产清理 4 000

　　贷：应交税费——未交增值税 4 000

（4）结转固定资产清理损益。

借：固定资产清理 4 000

　　贷：营业外收入 4 000

12. 转让不动产

（1）一般纳税人转让其2016年4月30日前取得（不含自建）的不动产，可以选择适用简易计税方法计税，以取得的全部价款和价外费用扣除不动产购置原价或者取得不动产时的作价后的余额为销售额，按照5%的征收率计算应纳税额。纳税人应按照上述计税方法向不动产所在地主管税务机关预缴税款、申报纳税。应交增值税的计算公式为：

应交增值税 ＝（全部价款和价外费用 － 不动产购置原价或者取得不动产时的作价）÷（1＋5%）×5%

会计分录如下：

借：银行存款

　　贷：固定资产清理

　　　　应交税费——应交增值税（销项税额）

按上述税款在不动产所在地预缴时的会计处理为：

借：应交税费——应交增值税（已交税金）

　　贷：银行存款

（2）一般纳税人转让其2016年4月30日前自建的不动产，可以选择适用简易计税方法计税，以取得的全部价款和价外费用为销售额，按照5%的征收率计算应纳税额。纳税人应按照上述计税方法向不动产所在地主管税务机关预缴税款、申报纳税。应交增值税的计算公式为：

应交增值税 ＝ 全部价款和价外费用 ÷（1＋5%）×5%

会计分录如下：

借：银行存款

　　贷：固定资产清理

　　　　应交税费——应交增值税（销项税额）

按上述税款在不动产所在地预缴时的会计处理为：

借：应交税费——应交增值税（已交税金）

    贷：银行存款

（3）一般纳税人转让其 2016 年 4 月 30 日前取得（不含自建）的不动产，选择适用一般计税方法计税的，以取得的全部价款和价外费用为销售额计算应纳税额。纳税人应以取得的全部价款和价外费用扣除不动产购置原价或者取得不动产时的作价后的余额，按照 5% 的预征率向不动产所在地主管税务机关预缴税款、申报纳税。应交增值税的计算公式为：

$$应交增值税 = 全部价款和价外费用 \div （1 + 11\%） \times 11\%$$

会计分录如下：

借：银行存款

    贷：固定资产清理

        应交税费——应交增值税（销项税额）

不动产所在地应预缴的增值税 =（全部价款和价外费用 − 不动产购置原价或者取得

不动产时的作价）÷（1 + 11%）× 5%

会计处理为：

借：应交税费——应交增值税（已交增值税）

    贷：银行存款

（4）一般纳税人转让其 2016 年 4 月 30 日前自建的不动产，选择适用一般计税方法计税的，以取得的全部价款和价外费用为销售额计算应纳税额。纳税人应以取得的全部价款和价外费用，按照 5% 的预征率向不动产所在地主管税务机关预缴税款、申报纳税。应交增值税的计算公式为：

$$应交增值税 = 全部价款和价外费用 \div （1 + 11\%） \times 11\%$$

会计分录如下：

借：银行存款

    贷：固定资产清理

        应交税费——应交增值税（销项税额）

不动产所在地应预缴的增值税 = 全部价款和价外费用 ÷（1 + 11%）× 5%

会计处理为：

借：应交税费——应交增值税（已交增值税）

    贷：银行存款

（5）一般纳税人转让其 2016 年 5 月 1 日后取得（不含自建）的不动产，适用一般计税方法的，以取得的全部价款和价外费用为销售额计算应纳税额。纳税人应以取得的全部价款和价外费用扣除不动产购置原价或者取得不动产时的作价后的余额，按照 5% 的预征率向不动产所在地主管税务机关预缴税款、申报纳税。应交增值税的计算公式为：

$$应交增值税 = 全部价款和价外费用 \div （1 + 11\%） \times 11\%$$

会计分录如下：

借：银行存款

    贷：固定资产清理

        应交税费——应交增值税（销项税额）

在不动产所在地应预缴的增值税 ＝（全部价款和价外费用－不动产购置原价或者

取得不动产时的作价）÷（1＋11%）×5%

会计处理为：

借：应交税费——应交增值税（已交增值税）

贷：银行存款

（6）一般纳税人转让其2016年5月1日后自建的不动产，适用一般计税方法的，以取得的全部价款和价外费用为销售额计算应纳税额。纳税人应以取得的全部价款和价外费用，按照5%的预征率向不动产所在地主管税务机关预缴税款、申报纳税。应交增值税的计算公式为：

应交增值税 ＝全部价款和价外费用 ÷（1＋11%）× 11%

会计分录如下：

借：银行存款

贷：固定资产清理

应交税费——应交增值税（销项税额）

在不动产所在地预缴的增值税 ＝全部价款和价外费用 ÷（1＋11%）× 5%

会计处理为：

借：应交税费——应交增值税（已交增值税）

贷：银行存款

13. 不动产经营租赁服务

（1）一般纳税人出租其2016年4月30日前取得的不动产，可以选择适用简易计税方法，按照5%的征收率计算应纳税额。不动产所在地与机构所在地不在同一县（市、区）的，纳税人应按照上述计税方法向不动产所在地主管税务机关预缴税款，向机构所在地主管税务机关申报纳税。在同一县（市、区）的，纳税人向机构所在地主管税务机关申报纳税。

会计处理如下：

① 计算应纳增值税。

应纳增值税 ＝含税租赁收入 ÷（1＋5%）×5%

② 会计分录如下：

借：银行存款

贷：其他业务收入

应交税费——应交增值税（销项税额）

在不动产所在地，按上述税款全额预缴时的会计处理为：

借：应交税费——应交增值税（已交增值税）

贷：银行存款

（2）一般纳税人出租其2016年5月1日后取得的不动产，适用一般计税方法计税。不动产所在地与机构所在地不在同一县（市、区）的，纳税人应按照3%的预征率向不动产所在地主管税务机关预缴税款，向机构所在地主管税务机关申报纳税。不动产所在地与机构所在地在同一县（市、区）的，纳税人应向机构所在地主管税务机关申报纳税。

① 计算应纳增值税和预缴税款。

$$应纳增值税 = 含税租赁收入 \div (1 + 11\%) \times 11\%$$

$$不动产所在地应预缴税款 = 含税租赁收入 \div (1 + 11\%) \times 3\%$$

会计分录如下：

借：银行存款

  贷：其他业务收入

   应交税费——应交增值税（销项税额）

② 在不动产所在地预缴时：

借：应交税费——应交增值税（已交增值税）

  贷：银行存款

（二）一般纳税人进项税额的会计核算

企业购进货物、接受应税劳务时，按增值税专用发票上注明的增值税额，借记"应交税费——应交增值税（进项税额）"科目，按发票上记载的应计入采购成本的金额，借记"在途物资""原材料""周转材料""库存商品""生产成本""管理费用""委托加工物资"等科目，按应付或实际支付的金额，贷记"应付账款""应付票据""银行存款"等科目。购入货物发生退货时，作相反的会计处理。

1. 可抵扣进项税额的核算

（1）购入材料、商品等取得增值税专用发票。从国内采购货物或接受应税劳务，应按增值税专用发票上注明的增值税额加上运费额的9%计算得出的进项税额，借记"应交税费——应交增值税（进项税额）"科目；按照增值税专用发票上注明的应计入采购成本的金额，借记"在途物资""原材料""库存商品""周转材料""制造费用""管理费用"等科目；按应付或实际已付的价款、税费总额，贷记"应付账款""应付票据""银行存款""库存现金"等科目。

【例2-30】甲公司购入C材料一批，增值税专用发票记载的货款为300 000元，增值税税额为39 000元，对方代垫包装费1 000元，全部款项已用转账支票付讫，材料已验收入库。甲公司应编制如下会计分录：

借：原材料——C材料   301 000

  应交税费——应交增值税（进项税额）   39 000

  贷：银行存款   340 000

【例2-31】甲公司11月份收到电力公司开来的电力增值税专用发票，该公司用电总价为20 000元，其中管理部门用电2 000元，生产用电18 000元，增值税税额为2 600元，价税合计22 600元，甲公司已经支付。甲公司应编制如下会计分录：

借：管理费用   2 000

  制造费用   18 000

  应交税费——应交增值税（进项税额）   2 600

  贷：银行存款   22 600

【例2-32】甲公司从某企业采购生产用机器设备一台，增值税专用发票上注明价款为40万元，增值税税额为5.2万元；支付运输费用，取得货物运输业增值税专用发票上的运费为

0.5 万元，增值税税额为 450 元。

借：固定资产	405 000
应交税费——应交增值税（进项税额）	52 450
贷：银行存款	457 450

（2）购入免税农产品进项税额的核算。按购入农产品买价的 11% 计算进项税额，借记"应交税费——应交增值税（进项税额）"科目，按照买价扣除按规定可扣除的进项税额，借记"在途物资""原材料""库存商品"等科目；按应付或实际已付的价款，贷记"应付账款""银行存款""库存现金"等科目。

【例 2-33】甲公司于 20 日购入免税农产品一批，价款 200 000 元，规定的扣除率为 11%，货物尚未到达，货款尚未支付。

借：在途物资	178 000
应交税费——应交增值税（进项税额）	22 000
贷：应付账款	200 000

进项税额 = 购买价款 × 扣除率 = 200 000 × 11% = 22 000（元）

（3）接受应税劳务进项税额的核算。企业接受加工、修理修配劳务，应使用增值税专用发票，分别反映加工、修理修配的成本和进项税额。

（4）接受投资或捐赠进项税额的核算。纳税人接受投资或捐赠转入的货物，按专用发票上注明的增值税税额，借记"应交税费——应交增值税（进项税额）"科目，按照确认投资或捐赠货物的价值，借记"原材料""库存商品"等科目；按专用发票上的税额和价款，贷记"实收资本""营业外收入"等科目。

【例 2-34】甲公司在 2020 年 2 月份接受某外资企业捐赠的原材料一批，增值税专用发票上注明价款 30 000 元，增值税额 3 900 元。则甲公司会计处理如下：

借：原材料	30 000
应交税费——应交增值税（进项税额）	3 900
贷：营业外收入	33 900

（5）进口货物进项税额的核算。企业进口物资，应按组成计税价格和规定的税率计税，依法缴纳增值税，按海关进口增值税专用缴款书上注明的增值税额，借记"应交税费——应交增值税（进项税额）"科目，按进口货物的实际成本，借记"原材料""库存商品"等科目；按照应付或实际支付的金额，贷记"银行存款""应付账款"等科目。

（6）购入固定资产进项税额的核算。自 2009 年 1 月 1 日起，增值税一般纳税人购进（包括接受捐赠、实物投资）或者自制（包括改扩建、安装）固定资产发生的进项税额，可凭增值税专用发票、海关进口增值税专用缴款书和运输费用结算单据从销项税额中抵扣，其进项税额记入"应交税费——应交增值税（进项税额）"科目。

【例 2-35】甲公司为增值税一般纳税人，2021 年购入一台不需要安装的设备，取得的增值税专用发票上注明的设备价款为 30 000 元，增值税税额为 3 900 元，另支付保险费 800 元，款项以银行存款支付。购进固定资产时的增值税进项税额可以从销项税额中抵扣。甲公司应编制如下会计分录。

借：固定资产　　　　　　　　　　　　　　　　　　　　　　　　　　30 800

　　应交税费——应交增值税（进项税额）　　　　　　　　　　　　　3 900

　　贷：银行存款　　　　　　　　　　　　　　　　　　　　　　　　　　34 700

2. 不得抵扣进项税额的核算

（1）取得普通发票的购进货物的核算。一般纳税人在购入货物时（不包括购进免税农业产品），只取得普通发票的，应按发票累计全部价款入账，不得将增值税分离出来进行抵扣处理。在进行会计处理时，借记"在途物资""原材料""制造费用""管理费用""其他业务成本"等科目；贷记"银行存款""应付票据""应付账款"等科目。

（2）购入用于非应税项目的货物或劳务的核算。企业购入货物及接受应税劳务直接用于非应税项目，如用于不动产在建工程、职工福利等，按其专用发票上注明的增值税额，计入购入货物及接受劳务的成本，借记"在建工程""应付职工薪酬"等科目，贷记"银行存款"等科目。需要注意，纳税人购进用于交际应酬的货物不允许抵扣进项税额。

（3）购进货物过程中发生非正常损失的核算。企业在货物购进过程中，如果因管理不善造成货物被盗、发生霉烂、变质产生的损失，称为非正常损失，其进项税额不得抵扣。《中华人民共和国增值税暂行条例》规定非正常损失不再包括自然灾害造成的损失。

3. 进项税额转出的核算

已抵扣进项税额的购进货物或者应税劳务改变用途，用于免税项目、非增值税应税劳务、集体福利或个人消费的，应当将该项购进货物或者应税劳务的进项税额从当期的进项税额中扣减。

（1）将购进的货物用于非货币性福利。纳税人将外购的货物用于集体福利或个人消费的，其进项税额不得抵扣。企业以外购的货物作为非货币性福利提供给职工的，应当按照该产品的公允价值确定应付职工薪酬金额，其收入和成本的会计处理与正常商品销售相同，进项税额作转出处理。

【例2-36】2019年7月18日，甲公司所属的职工宿舍维修领用原材料6 000元，购入原材料时支付的增值税税额为780元。

借：应付职工薪酬——非货币性福利　　　　　　　　　　　　　　　6780

　　贷：原材料　　　　　　　　　　　　　　　　　　　　　　　　　　6 000

　　　应交税费——应交增值税（进项税额转出）　　　　　　　　　　　780

（2）发生非正常损失。购进的物资、在产品、产成品发生因管理不善造成的非正常损失，其进项税额应相应转入有关科目不得抵扣。借记"待处理财产损溢"科目，贷记"应交税费——应交增值税（进项税额转出）"科目。

【例2-37】2019年7月10日，甲公司的库存材料因意外火灾毁损一批，有关增值税专用发票确认的成本为20 000元，增值税额为2 600元。

借：待处理财产损溢——待处理流动资产损溢　　　　　　　　　　　22 600

　　贷：原材料　　　　　　　　　　　　　　　　　　　　　　　　　　20 000

　　　应交税费——应交增值税（进项税额转出）　　　　　　　　　　2 600

4. 待认证进项税额的核算

购进的货物已到达并验收入库，但尚未收到增值税扣税凭证的，应按货物清单或相关合同协议上的价格暂估入账。按应计入相关成本费用的金额，借记"原材料""库存商品"等科目，按未来可抵扣的增值税税额，借记"应交税费——待认证进项税额"科目，按应付或实际支付的金额，贷记"应付账款""应付票据""银行存款"等科目。待取得相关增值税扣税凭证并经认证后，借记"应交税费——应交增值税（进项税额）"或"应交税费——待抵扣进项税额"科目，贷记"应交税费——待认证进项税额"科目。

企业购进货物并取得防伪税控增值税专用发票后，如果在未到主管税务机关进行认证之前入账，其购进货物的进项税额还不能确认是否符合条件，可增设"应交税费——待认证进项税额"科目。

【例 2-38】创立公司于 2019 年 8 月购入材料一批并且已经验收入库，数量为 5 000 千克，价格为 11 元 / 千克，增值税进项税额为 7 150 元，但尚未取得增值税专用发票。

材料入库时：

借：原材料	55 000
应交税费——待认证进项税额	7 150
贷：应付账款	62 150

取得增值税专用发票并且已经认证后：

借：应交税费——应交增值税（进项税额）	7 150
贷：应交税费——待认证进项税额	7 150

5. 待抵扣进项税额的会计处理

（1）一般纳税人于 2016 年 5 月 1 日后取得在会计制度上按固定资产核算的不动产，以及 2016 年 5 月 1 日后发生的不动产在建工程，其进项税额应分 2 年从销项税额中抵扣，第一年抵扣比例为 60%，第二年抵扣比例为 40%。2016 年 5 月 1 日后购进货物和设计服务、建筑服务，用于新建不动产，或者用于改建、扩建、修缮、装饰不动产并增加不动产原值超过 50% 的，其进项税额依照规定分 2 年从销项税额中抵扣。

① 取得增值税专用发票认证当月做会计分录如下：

借：固定资产 / 在建工程
　　应交税费——应交增值税（进项税额）
　　应交税费——待抵扣进项税额
　　贷：银行存款（或应付账款）

② 第 13 个月做会计分录如下：

借：应交税费——应交增值税（进项税额）
　　贷：应交税费——待抵扣进项税

【例 2-39】某企业（一般纳税人）于 2016 年 8 月购进一项不动产，购入价为 1 110 万元，取得增值税专用发票。则：

进项税额 = 1 110 ÷（1 + 11%）× 11% = 110（万元）

取得扣税凭证的当期，即 2016 年 8 月可抵扣进项税额 = 110 × 60% = 66 万元。

取得扣税凭证的当月起第 13 个月，即 2017 年 8 月可抵扣进项税额 = 110 × 40% = 44 万元。

2016 年 8 月做会计处理如下：

借：固定资产   1 000

    应交税费——应交增值税（进项税额）   66

    应交税费——待抵扣进项税额   44

   贷：银行存款   1 110

2017 年 8 月做会计处理如下：

借：应交税费——应交增值税（进项税额）   44

   贷：应交税费——待抵扣进项税额   44

（2）购进时已全额抵扣进项税额的货物和服务，转用于不动产在建工程的，其已抵扣进项税额的 40% 部分，应于转用的当期从进项税额中扣减，计入待抵扣进项税额，并于转用的当月起第 13 个月从销项税额中抵扣。

① 转用当月做会计分录如下：

借：在建工程——×× 项目

    应交税费——待抵扣进项税额

   贷：原材料

       应交税费——应交增值税（进项税额）

② 转用的第 13 个月做会计分录如下：

借：应交税费——应交增值税（进项税额）

   贷：应交税费——待抵扣进项税额

【例 2-40】甲公司属于一般纳税人，于 2019 年 5 月购入了一批价值 113 万元的钢材用于生产经营，购进时该公司取得的增值税专用发票上注明的税额为 13 万元，并已于当期进行了抵扣，2019 年 6 月甲公司将该批钢材用于修建办公大楼。甲公司应如何进行会计处理？

2019 年 6 月，将 13 万元 × 0.4 = 5.2 万元转入待抵扣进项税项：

借：应交税费——待抵扣进项税额   5.2

   贷：应交税费——应交增值税（进项税额转出）   5.2

2020 年 7 月，可以抵扣 5.2 万元时：

借：应交税费——应交增值税（进项税额）   5.2

   贷：应交税费——待抵扣进项税额   5.2

（3）已抵扣进项税额的不动产发生非正常损失，或者改变用途，专用于简易计税方法计税项目、免征增值税项目、集体福利或者个人消费的，应将已抵扣的进项税额于当期全部转出。

① 发生非正常损失当月做会计分录如下：

借：固定资产清理

    累计折旧

   贷：固定资产

② 同时做进项税额转出（小于或等于已抵扣进项税额数）。

借：固定资产清理

   贷：应交税费——应交增值税（进项税额转出）（按实际计算的不得抵扣数额）

③ 同时做进项税额转出（大于已抵扣进项税额数）。

借：固定资产清理

  贷：应交税费——应交增值税（进项税额转出）（已抵扣数）

   应交税费——待抵扣进项税额（差）

（4）不动产在建工程发生非正常损失的，其所耗用的购进货物、设计服务和建筑服务已抵扣的进项税额应于当期全部转出；其待抵扣进项税额不得抵扣。

做会计处理如下：

借：待处理财产损溢

  贷：在建工程

   应交税费——应交增值税（进项税额转出）

   应交税费——待抵扣进项税额

（5）按照规定不得抵扣进项税额的不动产，发生用途改变，用于允许抵扣进项税额项目的，在改变用途的次月计算可抵扣进项税额。

① 根据改变用途次月计算的可抵扣税额做会计分录如下：

借：应交税费——应交增值税（进项税额）

  应交税费——待抵扣进项税额

  贷：固定资产

② 改变用途次月的第13个月做会计分录如下：

借：应交税费——应交增值税

  贷：应交税费——待抵扣进项税额

（三）一般纳税人已交增值税的会计核算

企业购销业务等发生的进项税额、销项税额，平时均在"应交税费——应交增值税"的明细科目有关专栏核算。月末，结出借、贷方合计和余额，计算企业当期应缴纳的增值税额，并在规定的期限内向税务机关申报缴纳。

$$当期应纳税额 =（销项税额 + 出口退税 + 进项税额转出）-（进项税额 + 期初留抵税额 + 已交税金 + 减免税款 + 出口抵减内销产品应纳税额）$$

企业按规定期限申报缴纳的增值税，根据银行退回的缴款书回执联，做会计分录如下：

借：应交税费——应交增值税（已交税金）

  贷：银行存款

（四）减免增值税的会计核算

减免增值税分先征收后返还、即征即退、直接减免三种形式，其会计处理也有所不同，但企业收到返还的增值税都应通过"营业外收入——政府补助"账户进行核算，作为企业利润总额的组成部分。

采用先征收后返还、即征即退办法进行减免的企业，在销售货物时，应按正常会计核算程序核算应纳增值税税额。当办理增值税退还手续，收到退税款时，直接做会计分录：

借：银行存款

  贷：营业外收入——政府补助

直接减免增值税不属于政府补助。如果是免税，在会计处理时，借记"应收账款"等，贷记"主营业务收入"，即不反映"应交税费"的贷项；若是减税，只按应交增值税的税额，贷记"应交税费"即可。

三、小规模纳税人增值税的会计核算

1. 小规模纳税人销售货物的核算

小规模纳税人销售货物实行简易征收方法，按征收率 3% 计算税额。以不含税销售额乘以征收率，计算其应缴增值税。小规模纳税人一般不得为购货方开具增值税专用发票，如果购货方特别提出开具专用发票的要求，小规模纳税人应持普通发票前往税务机关换开专用发票。无论是否开具专用发票，小规模纳税人均按实现的应税收入和征税率计算应纳税额，并计入"应交税费——应交增值税"账户。实现销售时，按价税合计数，借记"银行存款""应收账款"等科目，按不含税销售额，贷记"主营业务收入""其他业务收入"等科目，按规定收取的增值税，贷记"应交税费——应交增值税"科目。

2. 小规模纳税人购进货物的核算

按简易办法计算应纳增值税的小规模纳税人，购进货物或接受劳务时，不论是否取得增值税专用发票，其支付给销售方的增值税额都不得抵扣，而应计入购进货物或接受劳务的成本。依据这一特点，在会计处理时，应按全部价款和税款，借记"在途物资""原材料""库存商品""管理费用""主营业务成本""制造费用"等科目，贷记"银行存款""应付账款"等科目。

第四节　增值税发票管理

一、增值税专用发票概述

（一）专用发票的构成与限额管理

增值税专用发票由基本三联次构成，即发票联、抵扣联、记账联。

增值税专用发票最高开票限额由一般纳税人申请，区县税务机关审批。自 2014 年 5 月 1 日起，申请最高开票限额不超过 10 万元的，主管税务机关不需要事前进行实地查验。

（二）专用发票的初始发行

主管税务机关将一般纳税人的下列信息载入空白金税卡和 IC 卡：① 企业名称；② 税务登记代码；③ 开票限额；④ 购票限量；⑤ 购票人员姓名、密码；⑥ 开票机数量；⑦ 其他。

（三）专用发票领用管理

增值税专用发票的领用实行分类分级规范化管理。自 2014 年 5 月 1 日起，以下纳税人可一次领取不超过 3 个月的增值税专用发票用量，纳税人需要调整增值税专用发票用量，手续齐全，按照纳税人需要即时办理。

（1）纳税信用等级评定为 A 类的纳税人；

（2）地市税务局确定纳税信用好，税收风险等级低的其他类型纳税人。

上述纳税人 2 年内有涉税违法行为、移交司法机关处理的记录，或者正在接受税务机关立案稽查的，不适用上述规定。

（四）增值税专用发票的开具规定

财政部、国家税务总局发布的《营业税改征增值税试点有关事项的规定》中规定：

（1）试点纳税人提供有形动产融资性售后回租服务，向承租方收取的有形动产价款本金，不得开具增值税专用发票，可以开具普通发票。试点纳税人提供旅游服务，可以选择以取得的全部价款和价外费用，扣除向旅游服务购买方收取并支付给其他单位或者个人的住宿费、餐饮费、交通费、签证费、门票费和支付给其他接团旅游企业的旅游费用后的余额为销售额。选择上述办法计算销售额的试点纳税人，向旅游服务购买方收取并支付的上述费用，不得开具增值税专用发票，可以开具普通发票。

（2）提供建筑服务，纳税人自行开具或者税务机关代开增值税发票时，应在发票的备注栏注明建筑服务发生地县（市、区）名称及项目名称。

（3）销售不动产，纳税人自行开具或者税务机关代开增值税发票时，应在发票"货物或应税劳务、服务名称"栏填写不动产名称及房屋产权证书号码（无房屋产权证书的可不填写），"单位"栏填写面积单位，备注栏注明不动产的详细地址。

（4）出租不动产，纳税人自行开具或者税务机关代开增值税发票时，应在备注栏注明不动产的详细地址。

（5）个人出租住房适用优惠政策减按1.5%的征收率征收，纳税人自行开具或者税务机关代开增值税发票时，通过新系统中征收率减按1.5%征收开票功能，录入含税销售额，系统自动计算税额和不含税金额，发票开具不应与其他应税行为混开。

（6）税务机关代开增值税发票时，"销售方开户行及账号"栏填写税收完税凭证字轨及号码或系统税票号码（免税代开增值税普通发票可不填写）。系统税票号码是指税收征管系统自动赋予的税票号码。

（7）税务机关为跨县（市、区）提供不动产经营租赁服务、建筑服务的小规模纳税人（不包括其他个人）代开增值税发票时，在发票备注栏中自动打印"YD"字样。

（五）"营改增"纳税人发票的使用

（1）一般纳税人提供货物运输服务、开具货运专票的，使用货物运输业增值税专用发票税控系统（简称货运专票税控系统）。

（2）提供运输服务以外的其他增值税应税项目、开具增值税专用发票和增值税普通发票的，使用增值税防伪税控系统（简称防伪税控系统）。

不同税控系统专用设备及用途如表2-11所示。

表2-11　税控系统专用设备及用途表

税控系统	专用设备用途	
	开具发票	领购发票、抄报税
货运专票税控系统	税控盘	报税盘
增值税防伪税控系统	金税盘	报税盘

（3）增值税一般纳税人销售货物、提供加工修理修配劳务和应税行为，使用增值税发票管理新系统（以下简称新系统）开具增值税专用发票、增值税普通发票、机动车销售统一发票、增值税电子普通发票。

（4）增值税普通发票（卷式）启用前，纳税人可通过新系统使用税务机关发放的现有卷式发票。

（5）门票、过路（过桥）费发票、定额发票、客运发票和二手车销售统一发票继续使用。

（6）采取汇总纳税的金融机构，省、自治区所辖地市以下分支机构可以使用地市级机构统一领取的增值税专用发票、增值税普通发票、增值税电子普通发票；直辖市、计划单列市所辖区县及以下分支机构可以使用直辖市、计划单列市机构统一领取的增值税专用发票、增值税普通发票、增值税电子普通发票。

（7）税务机关使用新系统代开增值税专用发票和增值税普通发票。代开增值税专用发票使用六联票，代开增值税普通发票使用五联票。

二、专用发票的开具

1. 专用发票开具范围

一般纳税人有下列销售情形之一，不得开具专用发票：

（1）商业企业一般纳税人零售的烟、酒、食品、服装、鞋帽（不包括劳保专用部分）、化妆品等消费品。

（2）销售免税货物或提供免征增值税的应税服务，法律、法规及国家税务总局另有规定的除外。

（3）销售自己使用过的不得抵扣且未抵扣进项税额的固定资产。

（4）销售旧货。

（5）向消费者个人销售货物或者应税服务。

2. 红字专用发票开具

一般纳税人开具增值税专用发票后，若发生以下情形之一的，可按规定开具红字专用发票：

（1）销货退回；

（2）开票有误但不符合作废条件；

（3）销货部分退回及发生销售折让；

（4）销货开票后，由于买方在一定时期内累计购货达到一定数量而给予买方的价格优惠或补偿等折扣、折让。

三、专用发票的使用

1. 专用发票的认证

（1）经认证，有下列情形之一的，不得作为增值税进项税额的抵扣凭证，税务机关退还原件，购买方可要求销售方重新开具专用发票：① 无法认证。无法认证是指专用发票所列密文或者明文不能辨认，无法产生认证结果。② 纳税人识别号认证不符。纳税人识别号认证不符是指专用发票所列购买方纳税人识别号有误。③ 专用发票代码、号码认证不符。专用发票代码、号码认证不符是指专用发票所列密文解译后与明文的代码或者号码不一致。

（2）经认证，有下列情形之一的，暂不得作为增值税进项税额的抵扣凭证，税务机关扣留原件，查明原因，分别情况进行处理：① 重复认证。重复认证是指已经认证相符的同一张专用发票再次认证。② 密文有误。密文有误是指专用发票所列密文无法解译。③ 认证不符。认证不符是指纳税人识别号有误，或者专用发票所列密文解译后与明文不一致。④ 列为失控专用发票。列为失控专用发票是指认证时的专用发票已被登记为失控专用发票。

2. 专用发票缴销

纳税人在办理专用发票缴销手续时，应向主管税务机关提供以下材料：缴销的发票，发票购领证，购票人员的身份证、《办税员证》，注销或取消一般纳税人资格的纳税人的金税卡、IC卡（指已纳入防伪税控开票系统的纳税人）。

3. 丢失已开具专用发票的处理

若纳税人丢失了已开具的专用发票，可分三种具体情形进行处理。具体处理措施见表2-12。

表 2-12　丢失专用发票处理措施

具体情形		处理措施
丢失已开具专用发票的发票联和抵扣联	（1）丢失前已认证相符	购买方凭销售方提供的相应专用发票记账联复印件及销售方所在地主管税务机关出具的《丢失增值税专用发票已报税证明单》，经购买方主管税务机关审核同意后，可作为增值税进项税额的抵扣凭证
	（2）丢失前未认证	购买方凭销售方提供的相应专用发票记账联复印件到主管税务机关进行认证，认证相符的凭该专用发票记账联复印件及销售方所在地主管税务机关出具的《丢失增值税专用发票已报税证明单》，经购买方主管税务机关审核同意后，可作为增值税进项税额的抵扣凭证
丢失已开具专用发票的抵扣联	（1）丢失前已认证相符	可使用专用发票发票联复印件留存备查
	（2）丢失前未认证	可使用专用发票发票联到主管税务机关认证，专用发票发票联复印件留存备查
丢失已开具专用发票的发票联		可将专用发票抵扣联作为记账凭证，专用发票抵扣联复印件留存备查（只要是丢一个，都是以原件做记账凭证，以复印件作为留存备查）

四、税务机关代开增值税专用发票的管理规定

按规定，小规模纳税人不得领购和使用增值税专用发票。若一般纳税人向小规模纳税人购进货物，不能取得增值税专用发票，无法抵扣进项税额，会使小规模纳税人的销售受到一定影响。为了既有利于加强增值税专用发票的管理，又不影响小规模纳税人的销售，税法规定由税

务机关为小规模纳税人代开增值税专用发票。

凡是能够认真履行纳税义务的小规模纳税人，经县（市）税务局批准，其销售货物或应税劳务可由税务机关代开增值税专用发票。税务机关应将代开增值税专用发票的情况造册，详细登记备查。但销售免税货物或将货物、应税劳务销售给消费者以及小额零星销售，不得代开增值税专用发票。

小规模纳税人在税务机关代开增值税专用发票前，应先到税务机关临时申报应纳税额，持税务机关开具的税收缴款书，到其开户银行办理税款入库手续后，凭盖有银行转讫章的纳税凭证，税务机关方能代开增值税专用发票。

对于不能认真履行纳税义务的小规模纳税人，不能代开增值税专用发票。为小规模纳税人代开增值税专用发票，应在增值税专用发票"单价"栏和"金额"栏分别填写不含其本身应纳税额的单价和销售额；"税率"栏填写增值税征收率6%或4%；"税额"栏填写其本身的应纳税额，即销售额依照6%或4%的征收率计算的增值税额。一般纳税人取得由税务机关代开的增值税专用发票后，应以增值税专用发票上填写的税额为其进项税额。

本 章 小 结

增值税是我国现行开征税种中会计核算相对比较复杂的税种，这主要是由于增值税法规的复杂性决定的，本章主要介绍了以下四点。

（1）增值税的基本内容及申报，包括增值税纳税人的确定、增值税的概念及特点和增值税纳税义务人的划分。

（2）增值税征税范围的确定，包括：① 征税范围的一般规定、属于征税范围的几个特殊项目、属于征税范围的几个特殊行为；② 增值税税率的选择；③ 增值税优惠政策的运用，增值税法定免税项目、其他减免税的有关规定；④ 增值税纳税申报；⑤ 增值税的计算，包括增值税销项税额的计算、进项税额的计算、应纳税额的计算、简易计税方法应纳税额的计算等。

（3）增值税的会计处理，包括：① 增值税会计科目的设置；② 一般纳税人的会计核算，包括一般纳税人销项税额的会计核算、一般纳税人进项税额的会计核算、一般纳税人已交增值税的会计核算、减免增值税的会计核算；③ 小规模纳税人的会计核算、小规模纳税人销售货物的核算、小规模纳税人购进货物的核算。

（4）增值税发票管理，包括增值税专用发票概述、专用发票的开具、专用发票数据采集、专用发票缴销、丢失已开具专用发票、税务机关代开增值税专用发票管理的规定等。

复习思考题

1. 简述一般纳税人和小规模纳税人的认定。

2. 简述一般纳税人与小规模纳税人的区别。

3. 简述增值税专用发票的作用和征税范围。

4. 简述税务机关代开增值税专用发票的规定。

5. 不动产或不动产在建工程发生非正常损失，已抵扣的相关进项税额应如何处理？

6. 购进时已全额抵扣进项税额的货物和服务，转用于不动产在建工程的，进项税额是否需要转出？若要转出应该如何进行会计处理？

业务处理器

1. 甲企业为增值税一般纳税人，适用的增值税税率为 13%，原材料按计划成本核算，销售商品价格为不含增值税的公允价格。2020 年 8 月发生如下经济交易或事项。请编制甲企业相关的会计分录。

（1）5 日购入原材料一批，增值税专用发票上注明货款 120 000 元，增值税税额 15 600 元，货物尚未到达，货款和进项税额已用银行存款支付。用银行存款支付运输公司的运输费用 5 000 元（不含税金额），运输费用的进项税额税率为 11%。

（2）15 日，购入不需要安装设备一台，增值税专用发票上注明的价款为 180 000 元，增值税税额 23 400 元，款项尚未支付。

（3）20 日，购入一批免税农产品，价款 200 000 元，规定的扣除率为 9%，货物尚未到达，货款已用银行存款支付。

（4）25 日，生产车间委托外单位修理机器设备，增值税专用发票上注明修理费用 20 000 元，增值税税额 2 600 元，款项已用银行存款支付。

2. 乙企业 2020 年 8 月份发生如下进项税额转出事项。请编制相关的会计分录。

（1）10 日，库存材料因意外火灾毁损一批，有关增值税专用发票确认的成本为 20 000 元，增值税税额为 2 600 元。

（2）18 日，企业所属的职工宿舍维修领用原材料 6 000 元，购入原材料时支付的增值税税额为 780 元。

3. 丙企业 2020 年 8 月发生如下经济交易或事项。请编制丙企业相关的会计分录。

（1）15 日，销售产品一批，价款 500 000 元，按规定应收取增值税税额 65 000 元，提货单和增值税专用发票已交给买方，款项尚未收到。

（2）20 日，为外单位代加工电脑桌 500 个，每个收取加工费 80 元，加工完成，款项已收到并存入银行。

（3）25 日，该企业将自己生产的产品用于建造职工俱乐部。该批产品的成本为 150 000 元，计税价格为 260 000 元。

4. 丁企业为增值税小规模纳税人，适用增值税征收率为 3%，原材料按实际成本核算。该企业发生经济交易如下：购入原材料一批，取得的专用发票中注明货款 30 000 元，增值税 3 900 元，款项以银行存款支付，材料验收入库。销售产品一批，所开出的普通发票中注明的货款（含税）为 51 500 元，款项已存入银行。用银行存款交纳增值税 1 500 元。请编制相关的会计分录。

5. 某商场销售 M 牌的电视机 3 510 元／台，如客户交还同品牌旧电视机则作价 500 元，交差价 3 010 元就可以换回一台新的电视机。当月该商场通过该方式销售电视机 100 台。请编制相关的会计分录。

红星商场是增值税一般纳税人，商品销售利润率为 40%，也就是说，每销售 100 元商品，其成本为 60 元，商场购物均取得增值税专用发票。该商场为促销商品拟采用以下三种方式：一是商品以七折销售；二是"满百送三十"，即购物满 100 元赠送价值 30 元的商品（所赠送的商品成本为 18 元，均为含税价）；三是购物满 100 元返还 30 元现金。现假定消费者同样是购买一件价值 1 000 元的商品，对于商家来说，以上三种方式下的应纳税情况及利润情况是不同的。请分别进行计算分析，借以衡量哪种方式对商家更为有利（由于城建税和教育费附加对结果影响较小，计算时不予考虑）。

即 测 即 评

请扫描右侧二维码，进行随堂测试。

第三章 消费税会计

【思维导图】

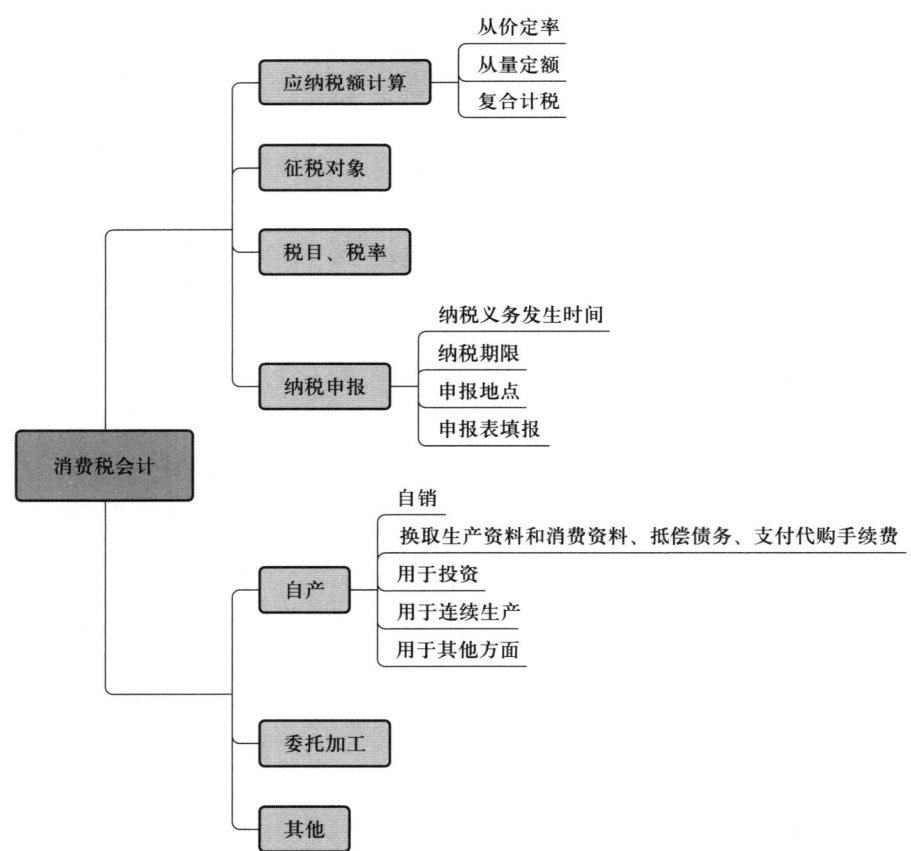

诺贝尔经济学奖获得者保罗·萨缪尔森曾说：消费税是对于烟酒及其他对健康有害的物品的征税。一种新型税收是对污染和其他有害的外部效应征税，这些税被称为绿税，因为它们旨在改善环境，同时增加收入。

消费税是我国在1994年税制改革中新设置的一个税种，是对税法规定的特定消费品或消费行为的流转额征收的一种税。目前，世界上已有一百多个国家开征了这一税种或类似税种。

第一节　消费税的基本内容

一、纳税义务人

《中华人民共和国消费税暂行条例》（以下简称《消费税暂行条例》）第1条规定：在中华人民共和国境内生产、委托加工和进口本条例规定的消费品的单位和个人，以及国务院确定的销售本条例规定的消费品的其他单位和个人，为消费税的纳税人，应当依照本条例缴纳消费税。

二、征税范围

现行消费税的征税范围包括以下五类消费品。

（1）过度消费会对人类健康、社会秩序、生态环境等造成危害的特殊消费品，如烟、酒、鞭炮、焰火。

（2）奢侈品、非生活必需品，如化妆品、贵重首饰及珠宝玉石。

（3）高能耗及高档消费品，如小汽车、摩托车。

（4）不可再生和替代的石油类消费品，如汽油、柴油。

（5）只具有财政意义的消费品，如汽车轮胎、护肤品。

三、税目及税率

按照《消费税暂行条例》，消费税分为以下税目。

（1）烟。凡是以烟叶为原料加工生产的产品，不论试用何种辅料，均属于本税目的征收范围，包括卷烟、雪茄烟和烟丝。

另外，税法规定，在卷烟批发环节加征一道从价税（在中华人民共和国境内从事卷烟批发业务的单位和个人，批发销售的所有牌号规格的卷烟，按其销售额不含税价征收5%的消费税），纳税人应将卷烟销售额与其他商品销售额分开核算，未分开核算的，一并征收消费税。纳税人销售给纳税人以外的单位和个人的卷烟于销售时纳税，纳税人之间销售卷烟不缴纳消费税。

（2）酒。酒是酒精度在1度以上的各种酒类饮料。

啤酒每吨出厂价（含包装物及包装物押金）在3 000元（含3 000元，不含增值税）以上的是甲类啤酒（吨税 250 元 / 吨），其他为乙类啤酒（吨税 220 元 / 吨）。对饮食业、商业、娱乐业举办的啤酒屋利用啤酒生产设备生产的啤酒，应当征收消费税。配制酒是指以发酵酒、蒸馏酒或食用酒精为酒基，加入可食用或药食两用的辅料或食品添加剂，进行调配、混合或再加工制成的并改变了其原酒基风格的饮料酒。酒类消费税征收的相关规定如下：① 以蒸馏酒或食用酒精为酒基，具有国家相关部门批准的国食健字或卫食健字文号并且酒精度低于 38 度（含 38 度）的配制酒，按照消费税税目税率表（见表 3-1）"其他酒" 10% 的适用税率征收消费税。② 以发酵酒为酒基，酒精度低于 20 度（含 20 度）的配制酒，按消费税税目税率表"其他酒" 10% 的适用税率征收消费税。③ 其他配制酒，按消费税税目税率表"白酒"的适用税率征收消费税。

（3）化妆品。化妆品税目包括各类美容、修饰类化妆品、高档护肤类化妆品和成套化妆品，不包括舞台、戏剧、影视演员化妆用的上妆油、卸装油、油彩。高档护肤类化妆品征收范围另行制定。

（4）贵重首饰及珠宝玉石。贵重首饰及珠宝玉石包括以金、银、珠宝玉石等高贵稀有物质以及其他金属、人造宝石等制作的各种纯金银及镶嵌饰物，以及经采掘、打磨、加工的各种珠宝玉石。出国人员免税商店销售的金银首饰也征收消费税（免税只在进口环节）。

（5）鞭炮、焰火。鞭炮、焰火不包括体育上用的发令纸、鞭炮药引线。

（6）成品油。成品油包括汽油、柴油、石脑油、溶剂油、航空煤油、润滑油、燃料油 7 个子目。2015 年新增的规定为：取消车用含铅汽油消费税；航空煤油暂缓征收；绝缘类油品不征收。

（7）小汽车、小轿车、中轻型商用客车。本税目不包括：① 电动汽车；② 车身长度大于 7 米（含）、座位 10～23 座（含）的商用客车；③ 沙滩车、雪地车、卡丁车、高尔夫车。

（8）摩托车。摩托车包括轻便摩托车和摩托车两种。

以下两种摩托车不征消费税：① 最大设计车速不超过 50 千米 / 时，发动机气缸总工作容量不超过 50 毫升的三轮摩托车不征收消费税；② 气缸容量 250 毫升（不含）以下的小排量摩托车消费税。

（9）高尔夫球及球具。高尔夫球及球具包括高尔夫球、高尔夫球杆、高尔夫球包（袋）。高尔夫球杆的杆头、杆身和握把属于本税目的征收范围。

（10）高档手表。高档手表是指销售价格（不含增值税）每只在 10 000 元（含）以上的各类手表。

（11）游艇。本税目征收范围包括艇长大于 8 米小于 90 米，内置发动机，可以在水上移动，一般为私人或团体购置，主要用于水上运动和休闲娱乐等非牟利活动的各类机动艇。

（12）木制一次性筷子。本税目征收范围包括各种规格的木制一次性筷子。未经打磨、倒角的木制一次性筷子属于本税目征收范围。

（13）实木地板。本税目征收范围包括各类规格的以木材为原料（包括实木复合地板）的地面装饰材料，包括独板（块）实木地板、实木指接地板、实木复合地板及用于装饰墙壁、天棚的侧端面为榫、槽的实木装饰板以及未经涂饰的素板。

（14）电池。电池包括原电池、蓄电池、燃料电池、太阳能电池和其他电池。其中，对无汞原电池、镍氢蓄电池、锂原电池、锂离子蓄电池、太阳能电池、燃料电池、全钒液流电池免征消费税。2015 年 12 月 31 日前对铅蓄电池缓征消费税；2016 年 1 月 1 日起，对铅蓄电池按 4% 的税率征收消费税。

（15）涂料。涂料是指涂于物体表面能形成具有保护、装饰或特殊性能的固态涂膜的一类液体或固体材料之总称。

自 2015 年 2 月 1 日起对涂料按 4% 的税率征收消费税。

表 3-1　消费税税目税率表

税目	税率
一、烟	
1. 卷烟	
（1）甲类卷烟（调拨价 70 元（不含增值税）/ 条以上（含 70 元））	56% 加 0.003 元 / 支（生产环节）
（2）乙类卷烟（调拨价 70 元（不含增值税）/ 条以下）	36% 加 0.003 元 / 支（生产环节）
	备注：烟类产品按照标准箱征收 150 元 / 箱，0.6 元 / 条
（3）批发环节	5%
2. 雪茄烟	36%（生产环节）
3. 烟丝	30%（生产环节）
二、酒	
1. 白酒	20% 加 0.5 元 /500 克（或者 500 毫升）
2. 黄酒	240 元 / 吨
3. 啤酒	
（1）甲类啤酒	250 元 / 吨
（2）乙类啤酒	220 元 / 吨
两类啤酒划定标准：每吨出厂价（含包装物及包装物押金，不包含重复使用的塑料固转箱押金）在 3 000 元（含 3 000 元，不含增值税）	
4. 其他酒	10%
5. 酒精	5%
三、化妆品	15%
四、贵重首饰及珠宝玉石	

税目	税率
1. 金银首饰、铂金首饰和钻石及钻石饰品	5%
2. 其他贵重首饰和珠宝玉石	10%
五、鞭炮、焰火	15%
六、成品油	
1. 汽油	
（1）含铅汽油	1.52 元 / 升
（2）无铅汽油	1.52 元 / 升
2. 柴油	1.20 元 / 升
3. 航空煤油	1.20 元 / 升
4. 石脑油	1.52 元 / 升
5. 溶剂油	1.52 元 / 升
6. 润滑油	1.52 元 / 升
7. 燃料油	1.20 元 / 升
七、摩托车	
1. 气缸容量（排气量，下同）在 250 毫升（含 250 毫升）以下的	3%
2. 气缸容量在 250 毫升以上的	10%
八、小汽车	
1. 乘用车	
（1）气缸容量（排气量，下同）在 1.0 升（含 1.0 升）以下的	1%
（2）气缸容量在 1.0 升以上至 1.5 升（含 1.5 升）的	3%
（3）气缸容量在 1.5 升以上至 2.0 升（含 2.0 升）的	5%
（4）气缸容量在 2.0 升以上至 2.5 升（含 2.5 升）的	9%
（5）气缸容量在 2.5 升以上至 3.0 升（含 3.0 升）的	12%
（6）气缸容量在 3.0 升以上至 4.0 升（含 4.0 升）的	25%

税目	税率
（7）气缸容量在 4.0 升以上的	40%
2. 中轻型商用客车	5%
九、高尔夫球及球具	10%
十、高档手表	20%
十一、游艇	10%
十二、木制一次性筷子	5%
十三、实木地板	5%
十四、铅蓄电池	4%（2016 年 1 月 1 日起实施）
无汞原电池、金属氢化物镍蓄电池、锂原电池、锂离子蓄电池、太阳能电池、燃料电池和全钒液流电池	免征
十五、涂料	4%
施工状态下挥发性有机物含量低于 420 克 / 升（含）	免征

注意：（1）税法规定，2014 年 12 月 1 日起，取消对酒精征收消费税，将税目酒及酒精修改为酒。

（2）2014 年 12 月 1 日起，取消对汽车轮胎、缸容量 250 毫升（不含）以下的小排量摩托车、车用含铅汽油、酒精征收消费税。

第二节　纳　税　申　报

一、纳税义务发生时间确认

纳税人生产的应税消费品于销售时纳税，进口消费品应当于应税消费品报关进口环节纳税，金银首饰、钻石及钻石饰品在零售环节纳税。消费税纳税义务发生的时间，以货款结算方式或行为发生时间分别确定。

二、纳税期限

按照《消费税暂行条例》消费税的纳税期限分别为 1 日、3 日、5 日、10 日、15 日、1 个月或 3 个月。纳税人的具体纳税期限由主管税务机关根据纳税人应纳税额的大小分别核定；不能按照固定期限纳税的，可以按次纳税。

纳税人进口应税消费品，应当自海关填发海关进口消费税专用缴款书之日起 15 日内缴纳税款。纳税人以 1 个月或者 3 个月为一期纳税的，自期满之日起 15 日内申报纳税；以 1 日、3 日、5 日、10 日、15 日为一期纳税的，自期满之日起 5 日内预缴税款，于次月 1 日起至 15 日内申报纳税并结清上月应纳税款。

三、申报地点

消费税的纳税地点主要是在核算地进行，其他具体情形纳税地点归纳如表 3-2 所示。

表 3-2　消费税纳税地点归纳表

情形	纳税地点
（1）纳税人销售的应税消费品，以及自产自用的应税消费品	除国务院财政、税务主管部门另有规定外，应当向纳税人机构所在地或者居住地的主管税务机关申报纳税
（2）委托加工的应税消费品	除委托个人加工外，由受托方向所在地主管税务机关代收代缴消费税税款
（3）进口的应税消费品	由进口人或者其代理人向报关地海关申报纳税
（4）纳税人到外县（市）销售或委托外县（市）代销自产应税消费品	于应税消费品销售后，向纳税人机构所在地或居住地主管税务机关申报纳税
（5）纳税人的总机构与分支机构不在同一县（市）的	应当分别向各自机构所在地的主管税务机关申报纳税，经批准，可以由总机构汇总向总机构所在地的主管税务机关申报纳税

四、填制消费税申报表

（1）在我国境内生产、委托加工、进口属于征税范围的应税消费品的单位和个人，应按规定到主管税务机关办理消费税纳税申报。

（2）生产石脑油、溶剂油、航空煤油、润滑油、燃料油的纳税人在办理纳税申报时，还应提供"生产企业生产经营情况表"和"生产企业产品销售明细表（油品）"。

（3）纳税人在办理纳税申报时，如需办理消费税税款抵扣手续，除应按有关规定提供纳税申报所需材料外，还应当提供以下资料：① 外购应税消费品连续生产应税消费品的，提供外购应税消费品增值税专用发票（抵扣联）原件及其复印件；② 委托加工收回应税消费品连续生产应税消费品的，提供"代扣代收税款凭证"原件及其复印件；③ 进口应税消费品连续生产应税消费品的，提供"海关进口消费税专用缴款书"原件及其复印件。

（4）消费税纳税人应按规定及时办理纳税申报，无论是否应缴消费税，都应该如实填写纳税申报表（见表 3-3）。

表 3-3 消费税纳税申报表

纳税人识别号 □□□□□□

纳 税 编 码 □□□□

纳税人名称:

税款所属时期: 年 月 日至 年 月 日

填表日期: 年 月 日

应税消费品名称	适用税目	应税销售额（数量）	适用税率（单位税额）	当期准予扣除外购应税消费品买价（数量）				当期准予扣除外购应税消费品已纳税款
				期初库存外购应税消费品买价（数量）	当期购进外购应税消费品买价（数量）	期末库存外购应税消费品买价（数量）	外购应税消费品适用税率（单位税额）	
应纳消费税 本期								累计
合计								

当期准予扣除委托加工应税消费品已纳税款				合计
期初库存委托加工应税消费品已纳税款	当期收回委托加工应税消费品已纳税款	期末库存委托加工应税消费品已纳税款		

已纳消费税	本期应补（退）税金额	上期结算税金额	补交本年度欠税	补交以前年度欠税
本期	累计			

73

截至上年底累计欠税额	本年度新增欠税额		减免税额	预缴税额	多缴税额
	本期	累计			
					备注

如纳税人填报，由纳税人填写以下各栏		如委托代理人填报，由代理人填写以下各栏	
纳税人		代理人名称	代理人
		代理人地址	
（签章）		经办人	（公章）
会计主管：			电话

以下由税务机关填写

	接收人
收到申报表日期	

填表说明：请扫描以下二维码获取。

74

第三节　消费税的计算

一、消费税从价定率计算

用从价定率方法计算消费税的公式为：

$$应纳税额 = 应税消费品的销售额 \times 适用税率$$

从这个公式中可以发现，应纳税额的多少取决于应税消费品的销售额和适用税率两个因素。

销售额为纳税人销售应税消费品向购买方收取的全部价款和价外费用。全部价款和价外费用含消费税税款，但不含增值税税款；价外费用的内容与增值税规定相同，均为价外向购买方收取的手续费、补贴、基金、集资费、返还利润、奖励费、违约金（延期付款利息）、包装费、包装物租金、储备费、优质费、运输装卸费、代收款项、代垫款项及其他各种性质的价外收费。下列项目不包括在内：① 同时符合下列两项条件的代垫运输费用：承运部门的运费发票开具给购货方的；纳税人将该项发票转交给购货方的。② 同时符合下列三项条件的代为收取的政府性基金或者行政事业性收费：由国务院或者财政部批准设立的政府性基金，由国务院或者省级人民政府及其财政、价格主管部门批准设立的行政事业性收费；收取时开具省级以上财政部门印制的财政票据；所收款项全额上缴财政。其他价外费用，无论是否属于纳税人的收入，均应并入销售额计算征税。

1. 包装物

（1）应税消费品连同包装销售的，并入应税消费品的销售额中征收消费税。

（2）包装物不作价随同产品销售而是收取押金且单独核算的，此项押金不应并入应税消费品的销售额中征税。

（3）包装物既作价随同产品销售又收取押金，凡逾期未归还的，均并入销售额中纳税。

2. 含增值税销售额的换算

应税消费品在缴纳消费税的同时，与一般货物一样，还应缴纳增值税。《中华人民共和国消费税暂行条例实施细则》规定，应税消费品的销售额，不包括应向购货方收取的增值税税款。如果纳税人应税消费品的销售额中未扣除增值税税款或者因不得开具增值税专用发票而发生价款和增值税税款合并收取的，在计算消费税时，应将含增值税的销售额换算成不含增值税税款的销售额。公式为：

$$应税消费品销售额 = 含增值税的销售额 \div （1 + 增值税税率或征收率）$$

注：公式中一般纳税人增值税适用 13% 的税率，小规模纳税人适用 3% 的征收率。

二、消费税从量定额计算

在从量定额的计算方法下，消费税的计算公式为：

$$应纳税额 = 销售数量 \times 单位税额$$

由计算公式可以看出，应纳税额的多少取决于销售数量和单位税额两个因素，销售数量的确定参见表3–4，单位税额参见表3–1。

表 3-4　销售数量的确定

具体情况	销售数量确定
（1）销售应税消费品的	应税消费品的销售数量
（2）自产自用应税消费品的	应税消费品的移送使用数量
（3）委托加工应税消费品的	纳税人收回的应税消费品数量
（4）进口的应税消费品	海关核定的应税消费品的进口数量

三、消费税复合计税的计算

按照消费税征收法规，只有卷烟、白酒采用复合计税的方法。公式为：

应纳税额＝应税消费数量 × 定额税率＋应税销售额 × 比例税率

【例 3-1】某卷烟厂 1 月购买已税烟丝 1 000 千克，每千克 50 元，未扣增值税。加工成卷烟 200 个标准箱，每标准箱调拨价格 20 000 元，全部售出。应纳消费税计算如下：

烟丝不含增值税销售额＝1 000×50÷（1＋13%）＝44 248（元）

应纳消费税额＝200×150＋200×20 000×56%－44 248×30%＝2 256 726（元）

四、计税依据的特殊规定

（1）纳税人通过自设非独立核算门市部销售的自产应税消费品，应当按照门市部对外销售额或销售数量征收消费税。

（2）纳税人用于换取生产资料和消费资料、投资入股和抵偿债务等方面的应税消费品，应当以纳税人同类应税消费品的最高销售价格为依据计算消费税。

（3）白酒生产企业向商业销售单位收取的"品牌使用费"应并入白酒的销售额中缴纳消费税。

（4）兼营不同税率应税消费品的税务处理：① 纳税人兼营不同税率应税消费品，未分别核算各自销售额的，从高适用税率；② 纳税人将不同税率应税消费品组成成套消费品销售的，从高适用税率（即使分别核算也从高适用税率）。例如，某酒厂生产税率为 10% 的调制酒，也生产税率为 20% 的白酒，若未单独核算销售额，则均按照白酒的税率 20% 进行计算纳税；若该厂生产的白酒和其他调制酒组成礼品套酒进行销售，则均按照 20% 的税率进行征税。

第四节　消费税的会计处理

消费税是价内税，不实行税款抵扣。依据这一特点，会计处理上只需对应缴纳以及已缴纳消费税进行核算。

一、生产后直接销售

企业生产的应税消费品直接用于出售的，应于出售后做如下分录：

借：税金及附加

贷：应交税费——应交消费税

发生销售退回及退税时做相反会计处理，企业出口应税消费品，按规定不予免税或退税时，应视同国内销售，其会计处理方法同上。

【例3-2】某白酒生产企业为增值税一般纳税人，2020年11月份销售粮食白酒10吨，取得不含增值税的销售额50万元，货款尚未收到。请对该白酒生产企业11月应缴纳的消费税进行核算。

税法规定，白酒适用比例税率为20%，定额税率每500克0.5元，1吨白酒按照2 000斤[①]进行估计，该厂销售白酒应纳消费税总额为：

$10 \times 2\ 000 \times 0.5 + 500\ 000 \times 20\% = 110\ 000$（元）

会计处理为：

借：应收账款 585 000

贷：应交税费——应交增值税（销项税额） 85 000

主营业务收入 500 000

借：税金及附加 110 000

贷：应交税费——应交消费税 110 000

开出转账支票实际缴纳时：

借：应交税费——应交消费税 110 000

贷：银行存款 110 000

二、以生产的应税消费品换取生产资料和消费资料、抵偿债务、支付代购手续费等

税法规定，纳税人生产的于销售时纳税的应税消费品，除正常销售方式外，企业用应税消费品换取生产资料和消费资料、抵偿债务、支付代购手续费等业务，也需要缴纳消费税。企业应做如下分录：

借：税金及附加

贷：应交税费——应交消费税

【例3-3】某公司（增值税一般纳税人）以自产中轻型商用客车（消费税税率5%）10辆偿还某客运公司债务，双方协议，每辆车含税价113 000元，按照成本价80 000元进行计量。请进行核算。

消费税税额 $= 113\ 000 \div (1 + 13\%) \times 10 \times 5\% = 50\ 000$（元）

借：应付账款 980 000

贷：应交税费——应交消费税 50 000

应交税费——应交增值税（销项税额） 130 000

主营业务收入 800 000

---

① 1斤＝500克。

三、以生产的消费品用于投资

税法规定，企业以应税消费品作为投资，视同销售，也应缴纳消费税。企业应做如下会计分录：

借：长期股权投资
  贷：应交税费——应交消费税
    应交税费——应交增值税（销项税额）

【例3-4】某公司（增值税一般纳税人）以自产中轻型商用客车（消费税税率5%）10辆投资于某客运公司，双方协议，每辆车含税价113 000元，按照成本价80 000元进行投资。请进行核算。

消费税税额 = 113 000 ÷（1 + 13%）× 10 × 5% = 50 000（元）

借：长期股权投资——其他股权投资   980 000
  贷：应交税费——应交消费税   50 000
    应交税费——应交增值税（销项税额） 130 000
    主营业务收入   800 000

四、自产自用消费品用于连续生产

纳税人自产自用的应税消费品，用于连续生产应税消费品的，不缴纳消费税。这里的应税消费品指的是作为生产最终应税消费品的直接材料并构成最终产品实体的消费品。例如，卷烟厂用自产烟丝生产卷烟，对于用于连续生产卷烟的这部分烟丝就不需要缴纳消费税，而是对最终产品——卷烟征税。

五、自产自用消费品用于其他方面

税法规定，企业将生产的应税消费品用于其他方面的，即用于生产非应税产品、在建工程、管理部门、非生产机构、提供劳务及馈赠、赞助、集资、广告、样品、职工福利、奖励等，应做如下核算：

借：固定资产（在建工程、营业外支出、销售费用）
  贷：应交税费——应交消费税

【例3-5】某石化工厂将本企业生产的柴油（售价10 000元/吨，成本价4 000元/吨）在厂内进行分配使用，用于基建工程车辆、设备10吨，分配给管理部门使用2吨，消费税税率为1.0元/升，柴油1吨 = 1 176升。

消费税税额 =（10 + 2）× 1 176 × 1.0 = 14 112（元）

借：在建工程   51 760
  管理费用   10 352
  贷：应交税费——应交消费税   14 112
    产成品   48 000

六、包装物的会计处理

税法规定，针对包装物的处理有以下几种情况：① 连同产品销售的包装物，应同产品一起征收消费税；② 对于包装物只收取押金的情况，对逾期未收回的包装物不再退还已收取一年以上的押金，应并入消费品征收消费税；③ 黄酒、啤酒以外的酒类产品收取押金，在收取时并入消费额征收消费税。

【例 3-6】某企业向外销售 42 度白酒 100 吨，收取价款 300 000 元，随同产品出售的单独计价包装物价值 10 000 元（税法规定 38 度以上白酒消费税税率为 20%），请进行核算。

① 计算销售粮食白酒的消费税税额。

消费税税额 = 300 000 × 20% + 100 × 2 000 × 0.5 = 160 000（元）

借：税金及附加   160 000

  贷：应交税费——应交消费税   160 000

② 计算单独计价包装物的消费税税额。

消费税税额 = 10 000 × 20% = 2 000（元）

借：税金及附加   2 000

  贷：应交税费——应交消费税   2 000

【例 3-7】假设逾期未退还包装物押金为 3 390 元，公司进行转账处理，增值税税率为 13%，消费税税率为 20%，请进行核算。

没收押金不含税收入 = 3 390 ÷（1 + 13%）= 3 000（元）

增值税税额 = 3 000 × 13% = 390（元）

消费税税额 = 3 000 × 20% = 600（元）

① 因为收取的包装物押金为含税价格，故应转出增值税，并记收入。

借：其他应付款   3 390

  贷：其他业务收入   3 000

    应交税费——应交增值税（销项税额转出） 390

② 补交消费税。

借：其他业务成本   600

  贷：应交税费——应交消费税   600

七、委托加工

税法规定，委托加工应税消费品是指委托方提供原料和主要材料，受托方只收取加工费和代垫部分辅助材料加工的应税消费品。由受托方提供原材料或其他情形的一律不能视同委托加工应税消费品。委托加工应税消费品有以下两种处理方式。

（1）若是收回后直接用于销售，则销售时不再缴纳消费税，委托方只需将受托方代收代缴的消费税随同应付加工费一并计入委托加工应税消费品成本即可。借记"委托加工物资"或"生产成本"科目，贷记"应付账款""银行存款"等科目。

（2）委托加工应税消费品收回后，再继续用于生产应税消费品销售且符合现行政策规定的，其加工环节缴纳的消费税款可以扣除（即由受托方代扣代缴的消费税款）。

【例3-8】甲公司委托乙公司加工应税消费品，甲公司提供原材料50 000元，加工费20 000元（不含增值税），消费税税率为5%，甲公司为一般纳税人，增值税税率为13%，乙公司为小规模纳税人，增值税征收率为3%。

应税消费品组成计税价格 =（50 000 + 20 000）÷（1 − 5%）= 73 684（元）

代扣代缴消费税 = 73 684 × 5% = 3 684.2（元）

乙公司应缴纳增值税 = 20 000 × 3% = 600（元）

乙公司作为受托方，会计处理如下：

借：应收账款　　　　　　　　　　　　　　　　　　　　　24 284.2
　　贷：应交税费——应交消费税　　　　　　　　　　　　　3 684.2
　　　　应交税费——应交增值税　　　　　　　　　　　　　　600
　　　　主营业务收入　　　　　　　　　　　　　　　　　　20 000

甲公司收回货物，如果直接用于销售，将代扣的消费税计入委托加工的应税消费品成本，则

借：委托加工物资　　　　　　　　　　　　　　　　　　　24 284.2
　　贷：应交税费——应交消费税　　　　　　　　　　　　　24 284.2

甲公司收回货物，如果用于连续生产应税消费品，则代缴的消费税按规定准予抵扣，不计入委托加工材料成本，则

借：委托加工物资　　　　　　　　　　　　　　　　　　　20 600
　　应交税费——应交消费税　　　　　　　　　　　　　　3 684.2
　　贷：应付账款　　　　　　　　　　　　　　　　　　　24 284.2

本 章 小 结

消费税作为增值税的补充，是对特定消费行为进行计税。它的主要特点体现在单一环节纳税，因此，确定消费税的纳税环节非常重要。在纳税实务中，消费税的计算、缴纳、会计处理往往是与增值税同步进行的，尤其在委托加工应税消费品的计算、会计核算中需要谨慎对待。

通过本章的学习，我们主要掌握了：

（1）消费税的基本知识和有关规定，了解税目、税率、纳税对象、纳税人、纳税时间、纳税地点等税制要素。

（2）作为税务会计对消费税应纳税额进行计算、纳税申报的方法。

（3）消费税会计常见的对于① 生产后直接销售② 企业从生产的应税消费品换取生产资料和消费资料、抵偿债务、支付代购手续费③ 企业以生产的消费品用于投资的会计处理④ 自产自用消费品用于连续生产⑤ 自产自用消费品用于其他方面⑥ 包装物的会计处理⑦ 委托加工等问题的会计处理。

1. 总结消费税与增值税的异同点？
2. 总结消费税会计与增值税会计的异同点？
3. 为什么消费税是价内税而增值税是价外税？
4. 试分析我国消费税的改革方向？
5. 如何区分混合销售行为和兼营非应税行为？
6. 委托加工应税消费品用于直接销售与连续生产在会计核算上有何不同？

计 算 题

1. 某企业是增值税一般纳税人，2020 年 1 月从国外进口一批烟丝，海关核定的关税完税价格为 150 000 元（关税税率为 40%，消费税税率为 30%），已取得海关开具的完税凭证。2 月该企业把其中的一部分烟丝在国内市场销售，取得不含税销售收入 400 000 元。

假定该企业没发生其他增值税业务，要求计算该企业当月应缴纳的进口增值税税额和进口消费税税额、销售进口应税消费品的应纳增值税税额。

2. 某金银珠宝专卖店为增值税一般纳税人，2020 年 1 月发生以下业务：

（1）零售金银首饰与镀金首饰组成的套装礼盒，取得收入 200 万元，其中金银首饰收入 100 万元，镀金首饰收入 100 万元；

（2）采取"以旧换新"方式向消费者销售金项链 3 000 条，新项链每条零售价 1 万元，旧项链每条作价 0.37 万元，每条项链取得差价款 0.05 万元；

（3）用 600 条银基项链抵偿债务，该批项链账面成本为 60 万元，零售价 120 万元；

（4）外购金银首饰一批，取得的普通发票上注明的价款 2 000 万元；外购镀金首饰一批，取得经税务机关认可的增值税专用发票，注明价款 320 万元。

要求：计算该首饰商城当月应缴纳的消费税。

3. 某化妆品生产企业为增值税一般纳税人。2020 年 1 月 1 日向某大型商场销售化妆品一批，开具增值税专用发票，取得不含增值税销售额 10 万元，增值税额 1.3 万元；2 月 20 日向某单位销售化妆品一批，开具普通发票，取得含增值税销售额 5.1 万元。计算该化妆品生产企业上述业务应缴纳的消费税额并进行会计核算。

4. A 酒厂为增值税一般纳税人，某年 1 月发生如下经济业务：

（1）2 日，销售甲种粮食白酒 10 吨，每吨含税单价 245 700 元，销售已种粮食白酒 5 吨，每吨含税单价 444 600 元，款项存入银行；

（2）4 日，销售白酒 3 吨，每吨含税单价 17 000 元，收取包装物押金 2 340 元，款项全部存入银行；

（3）10 日，委托某酒厂为其加工高度白酒 6 吨，粮食由委托方提供，发出粮食成本 17 000 元，支付加工费 1 000 元，银行付款支付。收回的白酒部分用于连续生产套装礼品白酒 10 吨，每吨含税单位售价 35 100 元；另 3 吨价值 50 000 元的部分用于职工福利；

根据以上业务，计算本月应交消费税并进行会计核算。

案 例 一

某日用化妆品厂，将生产的化妆品、护肤护发品、小工艺品等组成成套消费品销售。每套消费品由下列产品组成：化妆品包括一瓶香水 30 元、一瓶指甲油 10 元、一支口红 15 元；护肤护发品包括两瓶浴液 25 元、一瓶摩丝 8 元、一块香皂 2 元；化妆工具及小工艺品 10 元、塑料包装盒 5 元。化妆品消费税税率为 30%，护肤护发品 17%，上述价格均不含税。

方案一：将产品包装后再销售给商家。

方案二：将产品先分别销售给商家，再由商家包装后对外销售。

试讨论，两种方案下，厂家需要交纳消费税是否相同？哪种更合适？

案 例 二

位于某市的金星酒业公司，接到一张生产 200 吨粮食白酒的订单，合同销售金额为 2 000 万元。根据不同的生产组织方式，将得到不同的税款承担情况：

方案一：由委托加工环节直接加工成定型产品收回后直接销售。

金星酒业公司将价值 500 万元的酿酒原料交给另一家白酒生产企业红星酒厂，由红星酒厂完成所有的制作程序，即金星酿酒厂从红星酒厂收回的产品就是指定的某品牌粮食白酒，协议加工费为 440 万元。产品运回后以合同协议价格直接销售。当金星酒业公司收回委托加工产品时，向红星酒厂支付加工费，同时支付由其代扣代缴的消费税。

方案二：由金星酒业公司自己完成该品牌的粮食白酒的生产制作过程。

试讨论，两种方案下，厂家需要交纳消费税是否相同？哪种更合适？

请扫描右侧二维码，进行随堂测试。

第四章 关税会计

学习目标

1. 了解关税的概念和基本内容
2. 熟悉关税的税率和税前价格的确定
3. 掌握关税纳税筹划的有效方法

【思维导图】

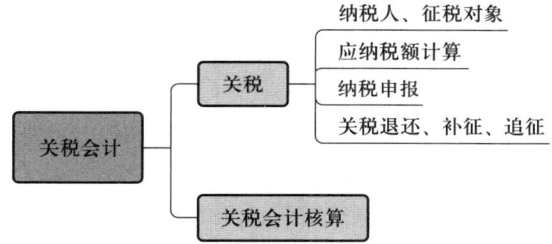

【引言】

关税是海关对进出境货物和物品征收的一种税。我国关税税目规定明晰、税率的适用对象具体、税基减免优惠等方面的规定相当详尽，因此，关税税务筹划不像其他税种那样有较大的弹性空间。但确定关税税率的依据不是唯一的，有多种方案可供纳税人选择，这就为纳税人在进出口关税条例规定的范围内，选择税负最轻的方法来计算和缴纳关税、进行关税的税务筹划提供了条件。

第一节 关税的基本法规规定

一、纳税人和征税对象的确定

关税是海关对进出境货物、物品征收的一种税。所谓"境"指关境，又称"海关境域"或

"关税领域"，是一国海关法全面实施的领域。关税的纳税人据不同情况而有所不同，具体如表4-1所示。

表 4-1　关税纳税人

具体情况	纳税人
进口货物	收货人
出口货物	发货人
进出境物品	所有人和推定所有人（持有人、收件人等）

关税征收的对象是准许进出境的货物和物品。其中，货物是指贸易性的进出口商品；物品是指入境旅客随身携带的行李物品、个人邮递物品、各种运输工具上的服务人员携带进口的自用物品、馈赠物品以及以其他方式进境的个人物品。

二、关税的税率及其运用

关税税则，又称海关税则，是根据国家关税政策和经济政策，通过一定的方法程序制定和公布实施的、对进出口的应税商品和免税商品加以系统分类的一览表。

（一）进口关税税率

进口关税税率有：最惠国税率、协定税率、特惠税率、普通税率、关税配额税率。对进口货物在一定期限内可实行暂定税率。

特别关税包括：报复性关税、反倾销关税、反补贴关税、保障性关税。报复性关税是指任何国家或地区对其进口的原产于我国的货物征收歧视性关税或者给予其他歧视性待遇的，我国对产于该国或地区的进口货物，可以征收报复性关税；反倾销关税与反补贴关税则是为保护我国产业，根据《中华人民共和国反补贴条例》的规定，进口产品经过初裁确定倾销或补助行为成立，并由此对国内产业造成损害的，可以采取临时反倾销或反补贴措施；保障性关税是当某种商品进口量剧增，对我国相关产业带来巨大威胁或损害时，按照WTO有关规则，可以启动一般保障措施。

（二）出口关税税率

我国出口关税只有一栏税率，即出口税率。出口货物税率没有通税率和优惠税率之分。目前我国对绝大部分出口货物不征收出口关税，只对少数产品征收出口关税。

（三）优惠政策的运用

首先，法定减免税是税法中明确列出的减税或免税。对《中华人民共和国海关法》（以下简称《海关法》）和《中华人民共和国进出口关税条例》明确规定的进口货物、物品予以关税法定减免。

其次，特定减免也称政策性减免税，是指在法定减免税以外，由国务院或国务院授权的机关颁布的法规、规章特别规定的减免。特定减免税货物一般有地区、企业和用途的限制，海关需要进行后续管理，并进行减免税统计。这主要包括科教用品、残疾人专用品、扶贫慈善性捐赠物资、加工贸易用品、边境贸易加工物资、保税区进出口货物、出口加工区进出口货物、进口设备、特定行业或用途的减免税政策。

最后，临时减免税指以上法定和特定减免税以外的其他减免税，即由国务院根据《海关法》对某个单位、某类商品、某个项目或某批进出口货物的特殊情况，给予特别照顾，一案一批，专文下达的减免税。

减免税优惠政策的具体运用情形有以下 10 种。

（1）关税税额在人民币 50 元以下的一票货物，可免征关税。

（2）无商业价值的广告样品和货样，可免征关税。

（3）外国政府、国际组织无偿赠送的物资，可免征关税。

（4）进出境运输工具装载的途中必需的燃料、物料和饮食用品，可免征关税。

（5）经海关批准暂时进境或暂时出境并在 6 个月内复运出境或复运进境的货物，可暂免征收关税。

（6）为境外厂商加工、装配成品和制造产品而进口的原材料、辅料、零件、部件、配套件和包装物料，海关按照实际加工出口的成品数量免征进口关税；或对进口料件先征进口关税，再按照实际加工出口的成品数量予以退税。

（7）因故退还的中国出口货物，经海关审查属实，可予以免征进口关税，但已征收的出口关税不予退还。

（8）因故退还的境外进口货物，经海关审查属实，可予以免征出口关税，但已征收的进口关税不予退还。

（9）进口货物如有以下情形，经海关审查属实，可酌情减免进口关税：① 在境外运输途中或者在起卸时，遭受损坏或者损失的；② 起卸后海关放行前，因不可抗拒力遭受损毁或者损失的；③ 海关查验时已经破漏、损坏或者腐烂，经证明不是保管不慎造成的。

（10）我国缔结或参加的国际条约规定减征、免征关税的货物、物品，按照规定予以减免关税。

第二节　关税的计算

一、关税完税价格的确定

关税完税价格是海关计征关税所使用的计税价格，是海关以进出口货物或物品的实际交易价格为基础审定的价格。实际交易价格是一般贸易项目下进口或出口货物的买方为购买该项货物向卖方实际支付或应当支付的价格。

（一）进口货物完税价格的确定

1. 进口货物的成交价格

进口货物的成交价格因不同的成交条件而有不同的价格形势，常用的价格条款有 FOB（离岸价格）、CFR（离岸价格加运费）、CIF（到岸价格）三种。

2. 一般进口货物完税价格的确定

进口货物以海关审定的交易价格为基础的到岸价格为完税价格。到岸价格包括货物价格及货物运抵我国关境内输入地点起卸前的包装费、运费、保险费和其他劳务费等。

使用到岸价格作为完税价格的注意事项如下。

首先，货物交易价格之外如果发生下列费用，应一并计入完税价格：① 货物进口人以在国内生产、制造、使用或出版、发行为目的而向境外的货物卖方支付的与该进口货物有关的商标权、专利权、专有技术、著作权、计算机软件和资料等费用；② 货物交易过程中进口人向卖方支付的佣金；③ 货物运抵我国关境内输入地点起卸前由买方支付的包装费、运费、保险费及其他劳务费用。

其次，若在货物交易价格之内已包括下列费用，且能单独分列，应从完税价格中扣除：① 进口人向其境外采购代理人支付的买方佣金；② 卖方付给买方的正常价格回扣；③ 机械设备、工业设施类货物进口后发生的基建、安装、调试、技术指导等费用。

最后，在确定进口货物完税价格中的运费和保险费时：海运进口货物应计算至货物运抵我国境内的卸货口岸；陆运进口货物应计算至货物运抵我国关境的第一口岸为止，若交易价格中所包括的运费、保险费、杂费计算至内地到达口岸的，关境的第一口岸至内地到达口岸的以上费用，不予扣除；空运进口货物应计算至进入境内的第一口岸，若交易价格为进入关境的第一个口岸外的其他口岸，则应计算至目的地口岸。

3. 特殊进口货物完税价格的确定

首先，运往境外加工的货物，出境时向海关报明，并在海关规定时限内复运进境的，确定其完税价格应该按照以下几个步骤：① 以加工后的货物进入关境时的到岸价格与原出境货物相同或类似的货物在进入关境时的到岸价格的差额作为完税价格。② 若无法得到原出境货物在进入关境时的到岸价格，可用原出境货物申报出境时的离岸价格替代。③ 若上述方法均不能确定，可用该出口货物在境外加工时支付的工料费，加上运抵我国关境输入地点起卸前的包装费、运费、保险费和其他劳务费等一切费用作为完税价格。

其次，运往境外修理的机械器具、运输工具或其他货物，出境时已向海关报明，并在海关规定期限内复运出境的，按审查后的修理费和料件费作为完税价格。

最后，以租赁和租借方式进入关境的货物，以海关审查确定进境货物的租金作为完税价格。如租赁进境的货物是一次性支付租金，则可以海关审定进口货物的交易价格作为完税价格。

4. 进口关税应纳税额的计算

（1）从价应纳税额的计算。

① 以国外口岸离岸价格或国外口岸到岸价格成交的，应另加从发货口岸或国外交货口岸运到我国口岸以前的运杂费和保险费作为完税价格。应纳关税的计算公式为：

$$关税税额 =（FOB + 运杂费 + 保险费）\times 关税税率$$

② 以国外口岸离岸价格加运费（CFR 价格）成交的，应另加保险费作为完税价格。其计算公式为：

$$关税税额 =（CFR + 保险费）\times 关税税率$$

（2）从量应纳税额的计算公式为：

$$关税税额 = 应税进口货物数量 \times 单位货物税额$$

（3）复合税应纳税额的计算公式为：

$$关税税额 = 应税进口货物数量 \times 单位货物税额 + 应税进口货物数量 \times$$
$$单位完税价格 \times 税率$$

（二）出口货物完税价格的确定

1. 以交易价格为基础的完税价格

出口货物的完税价格，由海关以货物向境外销售的交易价格为基础审查确定，并应包括货物运至我国境内输出地点装载前的运输及相关费用、保险费，但其中包括的出口关税税额应当扣除。

2. 出口货物海关估价方法

出口货物的交易价格不能确定时，完税价格由海关依次使用下列方法估定：

（1）同时或大约同时向同一国家或地区出口的相同货物的交易价格；

（2）同时或大约同时向同一国家或地区出口的类似货物的交易价格；

（3）根据境内生产相同或类似货物的成本、利润和一般费用、境内发生的运输及其相关费用、保险费计算所得的价格。

3. 出口货物应纳关税的计算

（1）从价应纳税额的一般性计算公式为：

$$关税税额 = 应税出口货物数量 \times 单位完税价格 \times 税率$$

具体分以下几种情况：

① 以我国口岸离岸价格（FOB）成交的出口关税计算公式为：

$$关税税额 = FOB \div (1 + 关税税率) \times 关税税率$$

② 以国外口岸到岸价格（CIF）成交的出口关税计算公式为：

$$关税税额 = (CIF - 保险费 - 运费) \div (1 + 关税税率) \times 关税税率$$

③ 以国外口岸价格加运费价格（CFR）成交的出口关税计算公式为：

$$关税税额 = (CFR - 运费) \div (1 + 关税税率) \times 关税税率$$

（2）从量应纳税额的计算公式为：

$$出口关税税额 = 应税出口货物数量 \times 单位货物税额$$

（3）我国目前实行的复合税都是先计征从量税，再计征从价税。复合税应纳税额的计算公式为：

$$出口关税税额 = 应税出口货物数量 \times 单位货物税额 + 应税出口货物数量 \times$$
$$单位完税价格 \times 税率$$

二、进出口货物无法得到运输及相关费用金额时的处理

当进出口货物无法得到运输费用及相关费用金额时，可用以下计算公式来计算完税价格。

$$完税价格 = (FOB + 运费) \times (1 + 保险费率)$$

其中：运费按该货物进出口同期运输行业公布的运费率（额）计算；按照货价加运费两者总额的3‰计算保险费。即：

$$保险费 = (货价 + 运费) \times 3‰$$

【例4-1】河豚进出口公司从加拿大进口某商品800吨，离岸价格为52 000美元，运费每吨为40美元，保险费率为3‰，当日的外汇牌价为1美元=6.30元人民币，关税税率为20%。试计算该批进口商品应纳关税税额。

运费 = $800 \times 40 \times 6.30 = 201\ 600$（元）

关税完税价格 = $(52\ 000 \times 6.30 + 201\ 600) \times (1 + 3‰) = 530\ 787.60$（元）

应纳关税税额＝530 787.60×20%＝106 157.52（元）

【例4-2】恒远贸易公司从美国进口某商品3 000件，单件商品的到岸价格（CIF）为人民币600元，该类商品的进口关税税率为20%，试计算该批商品的应纳关税税额。

关税完税价格＝3 000×600＝1 800 000（元）

应纳关税税额＝1 800 000×20%＝360 000（元）

第三节　关税的会计核算

一、关税核算的账户设置

为了正确地反映和核算企业缴纳关税的情况，企业在"应交税费"账户下设置"应交税费——应交关税"二级账户。该账户贷方反映企业应该缴纳的关税税额，借方反映企业已经缴纳的关税税额；余额一般在贷方，表示企业应缴而未缴的关税税额。同时，企业负担的关税税额根据具体情况，分别在"材料采购""在建工程""税金及附加"等账户列支。

二、关税的会计处理

（一）自营进口业务关税的会计处理

【例4-3】某外贸企业从国外自营进口排气量2.2升以上的小轿车一批，CIF价格折合人民币为200万元，进口关税税率为25%，代征消费税率为9%，增值税税率为13%，根据海关开出的税款缴纳凭证，以银行转账支票付讫税款。计算相关税费并写出会计分录。

应交关税＝2 000 000×25%＝500 000（元）

应交消费税＝（2 000 000＋500 000）÷（1－9%）×9%＝2 747 253×9%＝247 253（元）

应交增值税＝2 747 253×13%＝357 142（元）

向国外卖家付款时：

借：材料采购　　　　　　　　　　　　　　　　　　　　　2 000 000

　　贷：应付账款　　　　　　　　　　　　　　　　　　　　　2 000 000

计提税费时：

借：材料采购　　　　　　　　　　　　　　　　　　　　　　747 253

　　贷：应交税费——应交消费税　　　　　　　　　　　　　　247 253

　　　　应交税费——应交关税　　　　　　　　　　　　　　　500 000

实际缴纳消费税、关税和增值税时：

借：应交税费——应交关税　　　　　　　　　　　　　　　　500 000

　　　　——应交增值税（进项税额）　　　　　　　　　　　357 142

　　　　——应交消费税　　　　　　　　　　　　　　　　　247 253

　　贷：银行存款　　　　　　　　　　　　　　　　　　　　1 104 395

商品验收入库时：

借：库存商品　　　　　　　　　　　　　　　　　　　　　2 747 253

　　　　贷：材料采购　　　　　　　　　　　　　　　　　　　　　2 747 253

（二）代理进口业务关税的会计处理

　　工业企业通过外贸企业代理进口原材料应支付的进口关税，不通过"应交税费"账户核算，而是将其与进口原材料的货款、国外运费、保险费、国内费用等一并计入进口原材料的采购成本。

　　商业企业通过外贸企业代理进口原材料应支付的国内费用在"销售费用"账户中列支。

　　企业根据与外商签订的加工装配和补偿贸易合同而引进的国外设备，所支付的关税在"固定资产""在建工程"账户中列支。

　　【例4-4】某进出口公司受某单位委托代理一批进口商品，进口货款2 050 000元已汇入进出口公司的开户银行。该进口商品我国口岸CIF价为240 000美元，当日的人民币市场汇价为100美元＝700元人民币，进口关税税率为20%，代理手续费按货价的2%收取，该批商品已运达指定口岸，公司与委托单位办理有关结算。计算关税并写出会计分录。

　　该批商品的人民币货价＝240 000×7＝1 680 000（元）

　　进口关税＝1 680 000×20%＝336 000（元）

　　代理手续费＝1 680 000×2%＝33 600（元）

　　收到委托方划来的货款时：

　　借：银行存款　　　　　　　　　　　　　　　　　　　　　　2 050 000

　　　　贷：应付账款　　　　　　　　　　　　　　　　　　　　　2 050 000

　　进口关税结算时：

　　借：应付账款　　　　　　　　　　　　　　　　　　　　　　　336 000

　　　　贷：应交税费——应交关税　　　　　　　　　　　　　　　　336 000

　　借：应交税费——应交关税　　　　　　　　　　　　　　　　　336 000

　　　　贷：银行存款　　　　　　　　　　　　　　　　　　　　　　336 000

　　将进口商品交付委托单位并收取手续费时：

　　借：应付账款　　　　　　　　　　　　　　　　　　　　　　1 713 600

　　　　贷：代购代销收入（手续费）　　　　　　　　　　　　　　　33 600

　　　　　　应收账款　　　　　　　　　　　　　　　　　　　　1 680 000

　　将委托单位余款收回时：

　　借：应付账款　　　　　　　　　　　　　　　　　　　　　　　　400

　　　　贷：银行存款　　　　　　　　　　　　　　　　　　　　　　　400

第四节　关税的申报与缴纳

一、关税的申报

　　进口货物的纳税义务人应当自运输工具申报进境之日起14日内，出口货物的纳税义务人应当在货物运抵海关监管区后、装货的24小时前，向货物的进出境地海关申报（海关特准的除外）。进出口货物转关运输的，按照海关总署的规定执行。进口货物到达前，纳税义务人经海关核准可以先行申报，具体办法由海关总署另行规定。

二、关税的缴纳

纳税义务人应当自海关填发税款缴款书之日起 15 日内向指定银行缴纳税款。纳税义务人未按期缴纳税款的，从滞纳税款之日起，按日加收滞纳金。金额为滞纳税款的万分之五。纳税义务人应当自海关填发滞纳金缴款书之日起 15 日内向指定银行缴纳滞纳金。缴款期限届满日为休息日或者法定节假日时，顺延至休息日或者法定节假日之后的第一个工作日。国务院临时调整休息日与工作日的，海关应当按照调整后的情况计算缴款期限。海关以人民币计征关税、滞纳金等。

三、关税退还、补征和追征

（一）关税退还

海关发现多征税款的，应当立即通知纳税义务人办理退还手续。

纳税义务人发现多缴税款的，自缴纳税款之日起 1 年内，可以以书面形式要求海关退还多缴的税款并加算银行同期活期存款利息；海关应当自受理退税申请之日起 30 日内查实并通知纳税义务人办理退还手续。纳税义务人应当自收到通知之日起 3 个月内办理有关退税手续。

（二）关税的补征和追征

进出口货物进境或出境后，海关发现少征或者漏征税款的，应当自缴纳税款或者货物进出境之日起 1 年内，向纳税义务人补征税款。因纳税义务人违反规定造成少征或者漏征税款的，海关可以自缴纳税款或者货物进出境之日起 3 年内追征税款，并从缴纳税款或者货物进出境之日起按日加收滞纳金，金额为少征或者漏征税款的万分之五。

需由海关监管使用的减免税进口货物，在监管年限内转让或者移作他用需要补税的，海关应当根据该货物进口时间折旧估价，补征进口关税。

本 章 小 结

关税在世界各国均为中央税。关税的征收不仅可以保护和促进国民经济发展；又可以作为合法使用的一种经济斗争工具，扩大国际间合作，维护国家权益；也可以为国家建设积累资金。我国加入世界贸易组织后，关税总水平不断降低。关税这一章的一些概念比较特殊，如关税税则、关税完税价格等。进口关税的计算是计算进口环节增值税和消费税的重要基础。

本章主要介绍了如下内容：

（1）关税的基本法规规定，包括：① 纳税人和征税对象的确定；② 关税的税率及其运用，其中有进口关税税率和出口关税税率；③ 优惠政策的运用。

（2）关税的计算包括：① 关税完税价格的确定，其中有进口货物完税价格的确定和出口货物的完税价格的确定；② 进出口货物无法得到运输及相关费用金额时的处理。

（3）关税的会计核算，包括关税核算的账户设置和关税的会计处理。

（4）关税的申报、关税的缴纳和关税退还、补征和追征。

1. 什么是关税，它有何作用？它分为哪些种类？

2. 关税有哪些减免规定？

3. 进口货物的完税价格和出口货物的完税价格是怎样确定的？

计 算 题

1. 某服装公司为增值税一般纳税人，某年3月份从国外进口一批服装布料，海关审定的完税价格为50万元，关税税率为5%，增值税税率为13%，已交税并取得了相关完税凭证。该批服装布料运到服装公司发生国内运费3万元并取得运费发票，当月生产加工成服装后全部在国内销售，取得销售收入200万元（不含增值税）。

要求：

（1）计算该公司当月进口服装布料应缴纳的关税税额。（2）计算该公司当月允许抵扣的增值税进项税额。（3）计算该公司当月销售服装应缴纳的增值税税额。

2. 某具有进出口经营权的外贸公司，2020年3月经批准从境外进口小轿车30辆，每辆小轿车货款15万元，运抵我国海关前发生运输费用9万元、保险费用1.38万元。向海关缴纳了相关税款，并取得完税凭证。公司委托运输公司将小轿车从海关运回本单位，支付运输费用9万元，取得了运输公司开具的普通发票。当月售出24辆，每辆取得含税销售额40.95万元。公司自用2辆并作为本公司固定资产。已知：小轿车关税税率为60%、消费税税率为8%。

要求：

（1）计算小轿车在进口环节应缴纳的关税、消费税和增值税。（2）计算国内当月应缴纳的增值税。

3. 龙腾公司出口商品一批，离岸价为288 000元，出口关税税率为20%，计算应纳的出口关税税额。

4. 某钢铁厂将钢铁废料500吨报关离境出口，离岸价每吨720美元，汇率为1∶6.5，出口关税税率为30%。

要求：计算应交关税税额。

5. 某广播电视局从国外进口4台录像机，到岸价为2 500美元/台。关税税率为：每台从量税4 374元，加3%的从价税；增值税税率为13%。当日汇率为1∶7.0。

要求：计算进口关税税额及增值税税额。

即 测 即 评

请扫描右侧二维码，进行随堂测试。

第五章 出口退税会计

学习目标

1. 理解出口退税的概念及规定
2. 掌握出口退税的计算、会计处理和纳税筹划
3. 了解进出口关税纳税申报表和关税专用缴款书的填制

【思维导图】

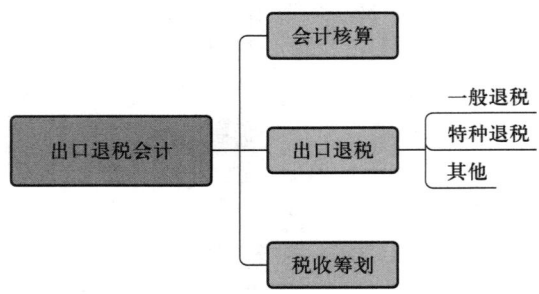

【引言】

张某在一家外贸公司工作，积累了不少骗取出口退税的"门道"。2008年5月，他注册成立了深圳市隆泰祥进出口有限公司，据其后来向公安机关交代，成立隆泰祥公司的目的就是用来骗税的，隆泰祥接收的发票都是虚开的。

张某骗取出口退税的手法有多种，产品主要以服装、电子产品和家具为主。举例来说，A从河南农民手中收购棉花，但农民没发票只能写收据，价格高低随意写，A拿收据去税务机关抵扣，开出棉花的发票，税收成本大约为3%，B则从A处收购棉花后，加工成纱线，税收成本约为5%，隆泰祥公司再以6%~7%的税收成本，从B手里大量购买增值税发票。

从纱线到服装，中间还需大量的工序，隆泰祥公司要从这些中间环节生产企业处购票，操作起来很麻烦。因此，在隆泰祥公司提供的生产服装的原材料发票中，纱线的原材料发票就占九成，这个明显的作假痕迹，一经检查则被暴露。

张某团伙操控了17家服装生产企业和7家外贸公司。张某与服装企业之间达成协议，由

其为企业支付场地租金，或者每虚开 100 万元的增值税发票给企业 1% 的好处费，企业则为张某虚开增值税发票提供条件。

财务方面由其亲属王某负责，伪造购销合同、记账凭证、账本账册以及划拨资金，对外大量虚开增值税发票到张某控制的隆泰祥等 7 家外贸公司，再伪造外贸合同、接受境外资金入境、获取空白外汇核销，勾结货代"配货配票"，虚假报关出口以骗取国家税款。

由此可见，出口退税显得至关重要，本章的目标就是帮助读者更好地了解出口退税并解决实际的出口退税问题。

第一节　出口退税的基本概念及规定

一、基本概念

出口货物退免税，简称出口退税，其基本含义是指对出口货物退还其在国内生产和流通环节实际缴纳的增值税、消费税。

出口货物退税制度是一个国家税收的重要组成部分。出口退税主要是通过退还出口货物的国内已纳税款来平衡国内产品的税收负担，使本国产品以不含税成本进入国际市场，与国外产品在同等条件下进行竞争，从而增强竞争能力，扩大出口的创汇。

二、出口退税的原则

（一）税收中性原则

税收中性原则指政府课税不应干扰或扭曲市场机制的正常运行，或者说不影响私人经济部门原有的资源配置状况。

（二）零税率

零税率即纳税人出口产品不仅可以不缴纳本环节增值额的应纳税额，而且可以退还以前各环节增值额的已缴纳税款。增值税的免税规定，只是免除纳税人本环节增值额的应纳税额，纳税人购进的货物和劳务中仍然是含税的。对出口产品实行零税率，目的在于奖励出口，使我国产品在国际市场上以完全不含税的价格参与竞争。

三、出口退税的规定

（一）一般退税货物适用范围

国家规定外贸企业出口的货物必须要同时具备以下四个条件才予以退税。

（1）必须是增值税、消费税征收范围内的货物。增值税、消费税的征收范围，包括除直接向农业生产者收购的免税农产品以外的所有增值税应税货物，以及烟、酒、化妆品等 11 类列举征收消费税的消费品。

（2）必须是报关离境出口的货物。所谓出口，即输出关口。区别货物是否报关离境出口，是确定货物是否属于退（免）税范围的主要标准之一。

（3）必须是在财务上做出口销售处理的货物。

（4）必须是已收汇并经核销的货物。按照现行规定，出口企业申请办理退（免）税的出口货物，必须是已收外汇并经外汇管理部门核销的货物。

（二）特准退税货物适用范围

下列特定的货物，虽然不同时具备上述四个条件，但经国家特准，可退还或免征增值税、消费税。

（1）对外承包工程公司运出境外用于对外承包项目的货物；

（2）对外承接修理修配业务的企业用于对外修理修配的货物；

（3）外轮供应公司、远洋运输供应公司销售给外轮、远洋国轮而收取外汇的货物；

（4）企业在国内采购并运往境外作为在国外投资的货物；

（5）援外企业利用中国政府的援外优惠贷款和合资合作项目基金方式下出口的货物；

（6）外商投资企业特定投资项目采购的部分国产设备；

（7）利用国际金融组织或国外政府贷款，采用国际招标方式，由国内企业中标销售的机电产品；

（8）境外带料加工装配业务企业的出境设备、原材料及散件；

（9）外国驻华使（领）馆及其外交人员、国际组织驻华代表机构及其官员购买的中国产物品。

（三）免征增值税、消费税但不予退税货物适用范围

出口下列货物，免征增值税、消费税但不予退税。

（1）来料加工复出口的货物，即原材料进口免税，加工自制的货物出口不退税；避孕药品和用具、古旧图书，内销免税，出口也免税。

（2）出口卷烟在生产环节免征增值税、消费税的，出口环节不办理退税，其他非计划内出口的卷烟照章征收增值税和消费税，出口一律不退税。

（3）军品以及军队系统企业出口军需工厂生产或军需部门调拨的货物免税。

（4）国家现行税收优惠政策中享受免税的货物，如饲料、农药等货物出口。

（5）一般物资援助项下实行实报实销结算的援外出口货物。

（四）给予免税，但不予退税的货物适用范围

下列企业出口的货物，除另有规定外，给予免税，但不予退税。

（1）属于生产企业的小规模纳税人自营出口或委托外贸企业代理出口的自产货物。

（2）外贸企业从小规模纳税人购进并持普通发票的货物出口，免税但不予退税。但对下列出口货物考虑其占出口比重较大及其生产、采购的特殊因素，特准退税：抽纱、工艺品、香料油、山货、草柳竹藤制品、渔网渔具、松香、五倍子、生漆、鬃尾、山羊板皮、纸制品。

（3）外贸企业直接购进国家规定的免税货物（包括免税农产品）出口的，免税但不予退税。

除经批准属于进料加工复出口贸易以外，下列出口货物不免税也不退税：① 国家计划外出口的原油。② 国家禁止出口的货物，包括天然牛黄、麝香、铜及铜基合金。

第二节　出口退税的计算、会计处理

一、出口货物的退税率

出口货物的退税率是指出口货物的实际退税额与退税计税依据的比例。我国现行出口货物退税率主要有 16%、13%、10%、6%、零税率几种。但是从小规模纳税人收购的出口应退税货物的出口退税率视情况而定。

（1）凡财税〔2003〕222 号文件规定出口退税率为 5% 的货物，按 5% 的退税率执行；

（2）凡财税〔2003〕222 号文件规定出口退税率高于 5% 的货物，按 6% 的退税率执行；

（3）从属于增值税小规模纳税人的商贸公司购进征收率为 4% 的货物出口，按 4% 的退税率执行。

二、出口退税的计算

（一）外贸企业出口货物免退增值税的计算

1. 一般外贸企业应退增值税的计算

一般外贸企业出口货物退还增值税，应根据购进货物的增值税专用发票所注明的进项金额和出口货物所对应的退税率进行计算，主要的方法有加权平均法及单票对应法。

2. 兼营出口与内销货物时应退增值税的计算（出口货物不能单独设账）

先计算内销货物销项税额并扣除当期进项税额，再按以下公式计算出口货物的应退税额。

（1）出口货物 FOB 价格 × 人民币外汇牌价 × 退税率 ≥ 未抵扣完的进项税额，则应退税额等于未抵扣完的进项税额。

（2）出口货物 FOB 价格 × 人民币外汇牌价 × 退税率 < 未抵扣完的进项税额，则应退税额等于出口货物 FOB 价格 × 人民币外汇牌价 × 退税率。

3. 进料加工复出口货物应退增值税的计算

进料加工是出口企业利用外汇从国外购进原材料，经过生产加工后复出口的一种贸易方式。

（1）作价加工复出口货物应退增值税的计算公式为：

$$出口货物退税额 = 出口货物的应退税额 - 销售进口料件的应纳税额$$

$$销售进口料件应纳税额 = 销售进口料件金额 × 复出口货物退税率 - 海关对已进口料件的实征增值税税额$$

$$复出口货物退税率 = MIN\{进口料件的征税税率，复出口货物退税率\}$$

（2）进料委托加工复出口货物应退增值税的计算公式为：

$$应退税额 = 购进原辅材料增值税专用发票注明的金额 × 原辅材料适用退税率 + 增值税专用发票注明的加工费金额 × 复出口货物退税率 + 海关对进口料件实征增值税额$$

4. 外贸企业收购小规模纳税人货物出口应退增值税的计算

（1）外贸企业从小规模纳税人购进并持普通发票的货物出口，免税但不退税（税法明确列举的 12 类出口货物特准退税除外）。

（2）取得税务机关代开的增值税专用发票的货物出口应退税的计算。其计算公式为：

$$应退税额 = 专用发票列明销售额 \times 退税率$$

5. 外贸企业出口应税消费品应退消费税的计算

（1）实行从价定率征收的应税消费品，其应退税额的计算公式为：

$$应退消费税税额 = 出口货物的工厂销售额 \times 消费税税率$$

（2）实行从量定额征收的应税消费品，其应退税额的计算公式为：

$$应退消费税税额 = 出口数量 \times 单位税额$$

（3）采用复合计征方法的应税消费品，其应退税额的计算公式为：

$$应退消费税税额 = 出口货物的工厂销售额 \times 消费税税率 + 出口数量 \times 单位税额$$

（4）委托加工的应税消费品，其应退税额的计算公式为：

$$应退消费税税额 = 组成计税价格 \times 消费税税率$$

（二）生产企业出口货物免抵退增值税的计算

1. 当期应纳税额的计算

$$当期应纳税额 = 当期销项税额 - 当期进项税额 - 当期不得免征和抵扣税额$$

当期不得免征和抵扣税额 = 当期出口货物离岸价 \times 外汇人民币折合率 \times（出口货物适用税率 - 出口货物退税率）- 当期不得免征和抵扣税额抵减额

当期不得免征和抵扣税额抵减额 = 当期免税购进原材料价格 \times（出口货物适用税率 - 出口货物退税率）

2. 当期免抵退税额的计算

当期免抵退税额 = 当期出口货物离岸价 \times 外汇人民币折合率 \times 出口货物退税率 - 当期免抵退税额抵减额

$$当期免抵退税额抵减额 = 当期免税购进原材料价格 \times 出口货物退税率$$

3. 当期应退税额和免抵税额的计算

（1）当期期末留抵税额 ≤ 当期免抵退税额时：

$$当期应退税额 = 当期期末留抵税额$$

$$当期免抵税额 = 当期免抵退税额 - 当期应退税额$$

（2）当期期末留抵税额 > 当期免抵退税额时：

$$当期应退税额 = 当期免抵退税额$$

$$当期免抵税额 = 0$$

4. 组成计税价格的计算

当期免税购进原材料价格包括当期国内购进的无进项税额且不计提进项税额的免税原材料的价格和当期进料加工保税进口料件的价格，其中，当期进料加工保税进口料件的价格为组成计税价格。当期进料加工保税进口料件的组成计税价格有以下两种计算方法。

（1）实耗法。其计算公式为：

当期进料加工保税进口料件的组成计税价格 = 当期进料加工出口货物离岸价 ×

外汇人民币折合率 × 计划分配率

（2）购进法。当期进料加工保税进口料件的组成计税价格为当期实际购进的进料加工进口料件的组成计税价格。

【例5-1】某工厂是一家有进出口经营权的生产企业，兼营国际贸易和国内贸易，从事塑料制品的生产，适用的增值税税率为13%。10月发生以下业务：

（1）当月从国内购入原材料，取得增值税专用发票上注明的价款为86万元，增值税款为11.18万元，本月已通过税务机关的认证。

（2）为购进货物支付运保费用，取得的运输发票上注明的运费为4.454 6万元，保险费为0.6万元，运输发票已经税务机关比对。

（3）9月有尚未抵扣完的进项税额5.4万元。

（4）本月内销塑料制品取得不含税收入32万元，报关出口货物离岸价21.3万美元，折算汇率为1：6，假定出口退税率为10%，已经收汇核销。

请计算当期免抵退税额、免抵税额和结转下期抵扣的进项税额。

【答案】

当期进项税额 = 11.18 + 4.454 6×9% = 11.58（万元）

当期免抵退税不得免征和抵扣税额 = 21.3×6×(13% − 10%) = 3.83（万元）

当期应纳税额 = 32×13% −(11.58 − 3.83)− 5.4 = −8.99（万元）

当期免抵退税额 = 21.3×6×10% = 12.78（万元）

由于当期期末留抵税额8.99万元 < 当期免抵退税额12.78万元，所以

当期应退税额 = 当期期末留抵税额 = 8.99（万元）

当期免抵税额 = 当期免抵退税额 − 当期应退税额

$$= 12.78 − 8.99$$

$$= 3.79（万元）$$

当月没有留抵下月的进项税额。

【例5-2】继例5-1，该企业11月发生以下经济业务：

（1）购入原材料已认证的增值税专用发票上注明的价款为247万元，增值税税款为32.11万元。

（2）为销售货物支付运保费用12万元，取得的运输发票上注明的运费为6.681 9万元，保险费为0.7万元，运输发票已经税务机关比对认证。

（3）本月内销塑料制品取得不含税收入61万元。

（4）报关出口货物离岸价19.5万美元，折算汇率为1：6，适用出口退税率为10%，已经收汇核销。

请计算当期免抵退税额、免抵税额和结转下期抵扣的进项税额。

【答案】

当期进项税额 = 32.11 + 6.681 9×9% = 32.71（万元）

当期免抵退税不得免征和抵扣税额 = 19.5×6×(13% − 10%) = 3.51（万元）

当期应纳税额 = 61 × 13% − (32.71 − 3.51) = −21.27（万元）

当期免抵退税额 = 19.5 × 6 × 10% = 11.7（万元）

由于当期期末留抵税额 21.27 万元 > 当期免抵退税额 11.7 万元，所以

当期应退税额 = 当期免抵退税额 = 11.7（万元）

当期免抵税额 = 0

当月结转下期抵扣的进项税额 = 21.27 − 11.7 = 9.57（万元）

【例 5-3】继例 5-2，该企业 12 月发生以下经济业务：

（1）国内购入的原材料，已认证的增值税专用发票上注明的价款为 68 万元，增值税税款为 8.84 万元。

（2）为销售货物支付运保费用 3.118 2 万元（含保险费 0.3 万元），运输发票尚未交税务机关比对认证。

（3）本月内销塑料制品取得不含税收入 200 万元。

（4）报关出口货物离岸价 12.2 万美元，折算汇率为 1∶6，适用出口退税率为 10%，已经收汇核销。

请计算当期免抵退税额、免抵税额和结转下期抵扣的进项税额。

【答案】

当期进项税额 = 8.84（万元）

当期免抵退税不得免征和抵扣税额 = 12.2 × 6 × (13% − 10%) = 2.196（万元）

当期应纳税额 = 200 × 13% − (8.84 − 2.196) − 9.57 = 9.786（万元）

5. 出口退税方法的选择

生产企业出口货物劳务可以在免抵退税方法与免（征）税方法之间选择。企业应根据其具体情况，如外销产品价格与内销产品价格的高低、外销产品与内销产品的比重、预计未来几年的变化趋势等，事先分析测算，选定某一种比较有利的出口退税方法。

【例 5-4】DT 公司是一家经营玻璃纤维及制品生产、销售的生产型出口企业，为增值税一般纳税人。当月购进材料 37 000 元，内销产品销售额 46 000 元，外销产品销售额 31 250 元，实行免抵税方法，退税率为 5%。当月增值税申报纳税及退免税计算分析如下。

（1）采用免抵退税方法。

销项税额 = 46 000 × 13% = 5 980（万元）

进项税额 = 37 000 × 13% − 31 250 × (13% − 5%) = 4 810 − 2 500 = 2 310（万元）

应交增值税 = 5 980 − 2 310 = 3 670（万元）

免抵退税额 = 31 250 × 5% = 1 562.5（万元）

因此，退税额为 0，免抵税额为 1 562.5 万元。

（2）采用免（征）税办法。

销项税额 = 46 000 × 13% = 5 980（万元）

出口免税部分的进项税额不能抵扣，内销应分摊予以抵扣的进项税额，准予抵扣应分摊进项税额 = 4 810 × 46 000 ÷ (46 000 + 31 250) = 2 864（万元）

应交增值税 = 5 980 − 2 864 = 3 116（万元）

根据上述计算，可知采用免（征）税方法比采用免抵退税方法少交税 554（3 670 − 3 116）

万元。

在预计企业以后几年内销比例将会逐步增加且外销价格不会高于内销价格时，企业选择免（征）税方法比较有利。

（三）生产企业进料加工复出口免抵退增值税的计算

生产企业进料加工与一般外贸企业免抵退税的计算不同，主要是海关保税进口料件的组成计税价格不得参与免抵退税计算，并通过两项指标做出调整：一是当期不得免征和抵扣税额的抵减额；二是当期免抵退税额的抵减额。因此，抵减额的计算也分购进法和实耗法两种。

购进法是根据进口原材料总额，一次性确定免抵退税不得免征和抵扣税额的抵减额。实耗法是根据每次实际耗用的进口原材料数量，分期确定免抵退税不得免征和抵扣税额的抵减额，相关计算公式如下：

$$当期应纳税额 = 当期内销货物的销项税额 - （当期进项税额 -$$
$$当期免抵退税不得免征和抵扣税额）$$

$$免抵退税不得免征和抵扣税额 = 出口货物离岸价 × 外汇人民币牌价 × （出口货物征税率 -$$
$$出口货物退税率） - 免抵退税不得免征和抵扣税额抵减额$$

$$免抵退税不得免征和抵扣税额抵减额 = 免税购进原材料价格 × （出口货物征税率 -$$
$$出口货物退税率）$$

【例 5-5】某家具有进出口经营权的生产企业 10 月份发生以下经济业务：

（1）进口一批料件的组成计税价格折合人民币为 1 560 万元。

（2）当月进料加工出口货物的销售额（FOB 价）折合人民币为 2 550 万元，其中 1 950 万元单证收齐并且信息齐全，600 万元单证未收齐。

（3）从国内购入乙材料的进项税额为 102 万元，取得增值税专用发票并认证。

（4）内销货物的销项税额为 76.5 万元，假设本月无上期留抵税额。

已知进料加工出口货物的税率为 13%，退税率为 10%，进口料件的计划进口总值为 1 365 万元，计划出口总值为 1 950 万元，采用实耗法计算当期免抵退税额。

【答案】

（1）计算当期保税进口料件组成计税价格。

$$当期保税进口料件组成计税价格 = 当期进料加工出口货物 FOB 价（单证收齐且信息齐全）×$$
$$外汇人民币折合率 × 计划分配率$$
$$= 1 950 × 70\% = 1 365（万元）$$

（2）计算当期应纳税额。

$$当期不得免征和抵扣税额抵减额 = 当期保税进口料件组成计税价格 × （出口货物适用税率 -$$
$$出口货物退税率）$$
$$= 1 365 × （13\% - 10\%）= 40.95（万元）$$

$$当期不得免征和抵扣税额 = 当期出口货物 FOB 价 × 外汇人民币折合率 × （出口货物适用税率 -$$
$$出口货物退税率） - 当期不得免征和抵扣税额抵减额$$
$$= 2 550 × （13\% - 10\%）- 40.95 = 35.55（万元）$$

$$当期应纳税额 = 当期销项税额 - （当期进项税额 - 当期不得免征和抵扣税额）$$
$$= 76.5 - （102 - 35.55）= 10.05（万元）$$

（3）计算当期免抵退税额。

当期免抵退税额抵减额＝当期保税进口料件组成计税价格 × 出口货物退税率
$$= 1\ 365 \times 10\% = 136.5\ （万元）$$

当期免抵退税额＝当期出口货物 FOB 价（单证收齐且信息齐全）× 外汇人民币折合率 ×
出口货物退税率 － 当期免抵退税额抵减额
$$= 1\ 950 \times 10\% - 136.5 = 58.5\ （万元）$$

由于当期应纳税额大于 0，所以，当期应退税额为 0，当期免抵税额＝当期免抵退税额＝58.5 万元。

三、出口退税的会计处理

（一）外贸企业出口货物免退增值税的会计处理

【例 5-6】A 外贸企业从 B 企业购进一批原料，以作价销售的形式将原料卖给 C 企业委托加工，收回后报关出口。已知出口退（免）税率为 10%，原料征税率为 13%，不考虑国内运费及所得税等其他税费因素，其 1—4 月发生的相关业务及其会计处理如下：

（1）1 月初，A 企业购入 B 企业原料，收到增值税专用发票计税金额为 100 000 元，进项税额 13 000 元，当月购货款已通过银行转账支付。

借：库存商品——服装面料   100 000
  应交税费——应交增值税（进项税额）   13 000
   贷：银行存款   113 000

（2）国内作价销售服装面料 110 000 元，此外 1 月份无其他业务。

作价销售时：

借：银行存款   124 300
   贷：主营业务收入——内销收入   110 000
     应交税费——应交增值税（销项税额） 14 300

结转销售成本时：

借：主营业务成本——内销商品   100 000
   贷：库存商品——服装面料   100 000

月末结转未缴增值税时：

借：应交税费——应交增值税（销项税额） 14 300
   贷：应交税费——应交增值税（进项税额） 13 000
      ——应交增值税（未交增值税） 1 300

（3）2 月，申报上月应缴增值税税额。同时，A 企业收回 C 企业加工完成的服装，取得增值税专用发票的计税价格为 150 000 元（含加工费），进项税额为 19 500 元，并在当月全部报关出口，其离岸价折合人民币的价格为 180 000 元。

申报缴纳增值税时：

借：应交税费——应交增值税（已交税金） 1 300
   贷：银行存款   1 300

结转已缴税金时：

借：应交税费——应交增值税（未交增值税）　　　　　　　　　1 300
　　贷：应交税费——应交增值税（已交税金）　　　　　　　　　　　1 300

购进服装时：

借：库存商品——出口商品（服装）　　　　　　　　　　　　　150 000
　　应交税费——应交增值税（进项税额）　　　　　　　　　　19 500
　　贷：银行存款　　　　　　　　　　　　　　　　　　　　　　169 500

确认外销收入时：

借：应收账款——应收外汇账款（客户）　　　　　　　　　　　180 000
　　贷：主营业务收入——外销收入（服装）　　　　　　　　　　180 000

注：在下月初时，应将出口销售额填入增值税纳税申报表中的"免税货物销售额"栏进行纳税申报。

根据取得的增值税专用发票上列明的计税金额计算退税额，并提取出口退税和结转成本。

应退税额 = 150 000 × 10% = 15 000（元）

结转成本额 = 150 000 + 150 000 ×（13% − 10%）= 154 500（元）

借：应交税费——应交增值税（出口退税）　　　　　　　　　　15 000
　　主营业务成本——出口商品（服装）　　　　　　　　　　　154 500
　　贷：应交税费——应交增值税（进项税额转出）　　　　　　　　19 500
　　　　库存商品——出口商品（服装）　　　　　　　　　　　　150 000

结转应缴增值税（出口退税）：

借：其他应收款——应收出口退税（增值税）　　　　　　　　　15 000
　　贷：应交税费——应交增值税（出口退税）　　　　　　　　　　15 000

2 月末结转科目余额：

借：应交税费——应交增值税（进项税额转出）　　　　　　　　19 500
　　贷：应交税费——应交增值税（进项税额）　　　　　　　　　　19 500

（4）3 月，A 企业收齐出口货物报关单和其他单证，并向主管税务机关申报出口退（免）税。

（5）4 月，收到出口退税款时：

借：银行存款　　　　　　　　　　　　　　　　　　　　　　　15 000
　　贷：其他应收款——应收出口退税（增值税）　　　　　　　　　15 000

注：直接外购货物出口会计处理参照上述第（3）—（5）步进行。

【例 5-7】某外贸出口企业以进料加工方式免税进口化工原料一批，该批进口原料报关进口的到岸价格折合人民币 420 000 元，货款及税金均已通过银行存款支付。进口后企业采用作价加工方式将原料销售给某工厂加工成成品，转售加工时履行了"计算税金但不入库"手续，所售原料价款为 50 万元，当月工厂加工完毕后，外贸企业以不含税价 85 万元全部收购。收回后外贸企业将该批货物全部出口，取得货款折合人民币 90 万元。该种货物的退税率为 11%。企业申请退税的单证齐全。

（1）料件报关进口并入库时：

借：在途物资——进料加工 420 000
　　贷：银行存款 420 000
借：库存商品——进料加工 420 000
　　贷：在途物资——进料加工 420 000

（2）料件作价加工销售，依进料加工贸易免税证明开具增值税专用发票时：

借：银行存款 565 000
　　贷：主营业务收入——进料加工 500 000
　　　　应交税费——应交增值税（销项税额） 65 000

（3）收回成品时：

借：库存商品——进料加工 850 000
　　应交税费——应交增值税（进项税额） 110 500
　　贷：银行存款 960 500

（4）报关出口并结转商品成本时：

借：应收外汇账款 900 000
　　贷：主营业务收入——进料加工 900 000
借：主营业务成本——进料加工 850 000
　　贷：库存商品——进料加工 850 000

（5）申报退税时：

出口退税额＝应退税额－进料加工应抵退税额

　　　　　　＝回购出口货物增值税专用发票所列金额 × 退税率－销售进口料件金额 × 退税率－海关实征增值税额

　　　　　　＝850 000×11%－500 000×11%＝38 500（元）

当期不予退税的税额＝回购出口货物增值税专用发票所列金额－销售进口料件金额 ×（征税率－退税率）

　　　　　　＝（850 000－500 000）×（13%－11%）＝7 000（元）

借：主营业务成本——进料加工 7 000
　　贷：应交税费——应交增值税（进项税额转出） 7 000
借：应收出口退税——应退增值税 38 500
　　贷：应交税费——应交增值税（出口退税） 38 500

（6）收到出口退税时：

借：银行存款 38 500
　　贷：应收出口退税——应退增值税 38 500

（二）生产企业出口货物免抵退增值税的会计处理

情形一：期末留抵税额为 0，则

当期应退税额＝0

当期免抵税额＝当期免抵退税额

【例5-8】某企业生产 A 产品，1 月共销售 7 吨，其中 4 吨出口给 N 客户，出口额为 CIF

102

价 117 000 美元，货款未收到，预计出口运费 1 000 美元，保险费 500 美元，汇率为 100 美元 = 600 元人民币；内销量为 3 吨，内销金额 600 000 元，销项税额 78 000 元。当月取得增值税进项税额合计 80 000 元，上月期末留抵税额为 0 元。增值税税率为 13%，退税率为 10%。

【答案】

出口货物 FOB 价格 = CIF 价格 − 运费 − 保险费

$$= 117\ 000 − 1\ 000 − 500 = 115\ 500（美元）$$

免税出口销售额 = 115 500 × 6 = 693 000（元）

当期免抵退税不得免缴和抵扣税额 = 693 000 ×（13% − 10%）= 20 790（元）

当期应纳税额 = 78 000 −（80 000 − 20 790）− 0 = 18 790（元）

期末留抵税额 = 0

当期应退税额 = 0

当期免抵税额 = 当期免抵退税额 = 693 000 × 10% = 69 300（元）

（1）货物出口时：

借：应收账款——N 客户　　　　　　　　　　　　　　　　702 000

　　贷：主营业务收入——出口（A 产品）　　　　　　　　　　693 000

　　　　预提费用——出口从属费用　　　　　　　　　　　　　9 000

借：主营业务成本——出口退税差额（A 产品）　　　　　　20 790

　　贷：应交税费——应交增值税（进项税额转出）　　　　　20 790

（2）内销时：

借：应收账款或银行存款　　　　　　　　　　　　　　　　678 000

　　贷：主营业务收入——内销（A 产品）　　　　　　　　　600 000

　　　　应交税费——应交增值税（销项税额）　　　　　　　78 000

（3）计算应纳增值税时：

借：应交税费——应交增值税（转出未交增值税）　　　　　18 790

　　贷：应交税费——未交增值税　　　　　　　　　　　　　18 790

（4）申报出口免抵退税时：

借：应交税费——应交增值税（出口退税抵减应纳税额）　　69 300

　　贷：应交税费——应交增值税（出口退税）　　　　　　　69 300

情形二：当期免抵退税额 ≥ 当期期末留抵税额 > 0，则

当期应退税额 = 当期期末留抵税额

当期应免抵税额 = 当期免抵退税额 − 当期应退税额

【例 5-9】沿用例 5-8 的资料，假设内销量为 1 吨，内销金额 200 000 元，销项税额 26 000 元。其他条件不变。

当期免抵退税不得免缴和抵扣税额 = 115 500 × 6 ×（13% − 10%）= 20 790（元）

当期应纳税额 = 0

当期期末留抵税额 =（80 000 − 20 790）− 26 000 = 33 210（元）

当期免抵退税额 = 115 500 × 6 × 10% = 69 300（元）

由于，当期期末留抵税额 < 当期免抵退税额

所以，当期应退税额＝当期期末留抵税额＝33 210（元）

当期免抵税额＝69 300－33 210＝36 090（元）

（1）货物出口时：

借：应收账款——N 客户 702 000

    贷：主营业务收入——出口（A产品） 693 000

        预提费用——出口从属费用 9 000

借：主营业务成本——出口退税差额（A产品） 20 790

    贷：应交税费——应交增值税（进项税额转出） 20 790

（2）内销时：

借：应收账款或银行存款 226 000

    贷：主营业务收入——内销（甲产品） 200 000

        应交税费——应交增值税（销项税额） 26 000

（3）申报出口免抵退税时：

借：应收出口退税 33 210

    应交税费——应交增值税（出口退税抵减应纳税额） 36 090

    贷：应交税费——应交增值税（出口退税） 69 300

情形三：当期期末留抵税额＞当期免抵退税额，则

$$当期应退税额＝当期免抵退税额$$

$$当期应免抵税额＝0$$

【例5-10】沿用例5-9的资料，假设当期取得进项税额合计180 000元，其他条件不变。

当期免抵退税不得免缴和抵扣税额＝115 500×6×（13%－10%）＝20 790（元）

当期期末留抵税额＝（180 000－20 790）－26 000＝133 210（元）

当期应纳税额＝0

当期免抵退税额＝115 500×6×10%＝69 300（元）

（1）货物出口时：

借：应收账款——N 客户 702 000

    贷：主营业务收入——出口（A产品） 693 000

        预提费用——出口从属费用 9 000

借：主营业务成本——出口退税差额（A产品） 20 790

    贷：应交税费——应交增值税（进项税额转出） 20 790

（2）内销时：

借：应收账款或银行存款 226 000

    贷：主营业务收入——内销（甲产品） 200 000

        应交税费——应交增值税（销项税额） 26 000

（3）申报出口免抵退税时：

借：应收出口退税 69 300

    贷：应交税费——应交增值税（出口退税） 69 300

结转下期继续留抵的税额＝133 210－69 300＝63 910（元）

第三节　出口退税的税收筹划

一、选择经营方式

现行的出口退税政策对不同的经营方式规定了不同的出口退税政策，纳税人可以利用政策之间的税收差异，选择合理的经营方式，减低自己的税负。

目前生产企业出口货物主要有两种方式，即自营出口（含进料加工）和来料加工，分别按"免、抵、退"办法和"不征不退"的免税方法处理。

（一）退税率小于征收率时的税收筹划

【例 5-11】某出口型生产企业采用进料加工方式为国外 NE 公司加工配件一批，进口保税料价值为 100 万元，加工完成后返销给 NE 公司售价 180 万元，为加工该产品耗用其他辅料等的进项税额为 2 万元，该产品征税率为 13%，退税率为 10%。

（1）免抵退税额抵减额 = 100 × 10% = 10（万元）

（2）免抵退税额 = 180 × 10% − 10 = 8（万元）

（3）免抵退税不得免征和抵扣税额 = 180 ×（13% − 10%）− 100 ×（13% − 10%）= 2.4（万元）

（4）应纳税额 = 0 −（2 − 2.4）= 0.4（万元）

企业应纳税额为 0.4 > 0，应缴纳增值税 0.4 万元。如果该企业改为来料加工，因为来料加工实行免税政策（不征不退），则比进料加工少交 0.4 万元，应选择来料加工。

通过以上案例我们可以看出，对于利润率较低、出口退税率较高及耗用的国产辅助材料较多（进项税额较大）的货物出口宜采用进料加工方式，对于利润率较高的货物出口宜采用来料加工方式。

目前在大幅度提高出口退税率的情况下，使用"免、抵、退"的方法还是"不征不退"的免税方法的基本思路就是如果出口产品不得抵扣的进行税额小于为生产该出口产品而取得的全部进项税额，则应采用"免、抵、退"办法，否则应采用"不征不退"的免税办法。

（二）退税率等于征税率时的税收筹划

对于退税率等于征税率的产品，无论其利润率高低，采用"免、抵、退"的自营出口方式均比采用材料加工等"不征不退"免税方式更优惠，因为两种方式出口都不征税，但采用"免、抵、退"方式可以退还全部的进项税额，而"不征不退"免税方式则要把进项税额计入成本。

二、选择出口方式

对于有出口经营权的企业来说，出口方式有两种：一种是自营出口；另一种是通过外贸代理出口自产货物。以上两种方式出口货物都可以获得免税并退税。

【例 5-12】某中外合资企业将采购国内原材料生产的产品全部用于出口，某年自营出口产品的价格为 200 万元，可抵扣进项税额为 20 万元。增值税税率为 13%，出口退税率为 10%。上期无留抵税额。

企业自营出口免抵退税额 = 200 × 10% − 0 = 20（万元）

出口不得免征和抵扣的税额 = 200 × (13% − 10%) − 0 = 6（万元）

当期应纳税额 = 0 − (20 − 6) = −14（万元）

则该企业应收出口退税额为 14 万元。

若该合资企业以同样价格 200 万元（含税）将货物出售给外贸企业，外贸企业再以同样价格出口，则

合资企业应纳增值税 = 200 ÷ (1 + 13%) × 13% − 20 = 3（万元）

外贸企业应收出口退税额 = 200 ÷ (1 + 13%) × 10% = 17.7（万元）

则有两企业合计退税 14.7（17.7 − 3）万元。

由此得出：在退税与征税率不等的情况下，企业选择自营出口还是委托外贸企业代理出口，两者税负不同。即自营出口的退税额小于委托外贸企业代理出口的退税额时，选择委托外贸企业代理出口。

三、选择生产经营地

2000 年 6 月，国务院正式下发《中华人民共和国海关对出口加工区监管的暂行办法》，国家决定在北京、深圳、天津等地设立 15 个出口加工区的试点。凡是进入出口加工区内的加工企业在购买国内生产设备和原材料时，这些设备和原材料均可以视同出口，享受有关出口退税政策。

因此，对于出口企业，在出口加工区建立关联企业，或将出口加工业务从企业分离出去，或将出口加工业务迁到出口加工区去。企业用来生产出口加工业务的机器、设备、办公用品都能视同出口，享受退税的好处。

另外，充分利用出口加工区和保税区的税收优惠政策，获得递延纳税或提前退税的好处。在出口加工区或保税区建立关联企业，如进口料件时先由保税区企业进口，获得免税优惠，等"区外"企业实际使用时，即由"区内"企业转"区外"企业纳税。根据有关规定，保税区所有进口料件免税，保税区内所有进口设备、原材料和办公用品也可免税，因此可获得递延纳税的好处。另外，"区外"企业可先将产品销售给"区内"企业，再由"区内"企业进口，有关税法规定，进入出口加工区即视同出口，因此可以享受提前退税的好处。

第四节　进出口关税纳税申报表和关税专用缴款书的填制

进口货物自运输工具申报进境之日起 14 天内，出口货物在货物运抵海关监管区后装货的 24 小时以前，应由进口货物的纳税人填写《关税专用缴款书》（见图 5-1）和《中华人民共和国海关进出口货物报关单》（见表 5-1），向货物进出口海关申报。

海关 进口关税 专用缴款书

收入系统　海关系统　　　填发日期　2009年 9 月 1 日　　　　　号码 NO.7766171

收款单位	收入机关	中央金库			缴款单位	名　称	北京建发有限责任公司
	科　目	海关关税	预算级次	中央		帐　号	02003171711616457941
	收款国库	建设银行				开户银行	建行阜成门支行

税号	货物名称	数量	单位	完税价格(¥)	税率(%)	税款金额(¥)
1639157845	工业原料	100000.00	千克	1366160.00	10%	136610.00

金额人民币(大写)壹拾叁万陆仟陆佰壹拾元整	合计(¥)	¥136610.00

申请单位编号	3765771	报关单编号	776781	填制单位	收款国库(银行)
合同批文号	W17498	运输工具(号)	WAK31	（盖章）	
缴款期限	2009年 9 月16日	提/装单号	KK01		
备注	一般贸易　照章征税 国际代码：31074963789			制单人：_____ 复核人：_____	

从填发缴款书之日起限15日内缴纳(期末遇法定节假日顺延)，逾期按日征收税款总额万分之五的滞纳金。

第一联（收据）国库收款签章后交缴款单位或缴纳人

图 5-1　关税专用缴款书

表 5-1　中华人民共和国海关出口货物报关单

预录入编号：　　　　　　　　　　　　　　　　　海关编号：

出口口岸	备案号		出口日期	申报日期
经营单位	运输方式		运输工具名称	提运单号
发货单位	贸易方式		征免性质	结汇方式
许可证号	运抵国（地区）		指运港	境内货源地
批准文号	成交方式	运费	保费	杂费
合同协议号	件数	包装种类	毛重（公斤）	净重（公斤）

集装箱号	随附单据			生产厂家
标记唛码及备注				
项号　商品编号　商品名称、规格型号　数量及单位　最终目的国（地区）单价　总价　币制　征免				
税费征收情况				
录入员	录入单位	兹声明以上申报无讹并 承担法律责任	海关审单批注及放行日期（签章）	
报关员			审单	审价
			征税	统计
		申报单位 （签章）		
			查验	放行
单位地址				
邮编		电话	填制日期	

本章小结

（1）出口退税的重要性体现在：首先可以平衡国内产品的税收负担，使本国产品以不含税成本进入国际市场；其次与国外产品在同等条件下进行竞争，从而增强竞争能力；最后扩大出口的创汇。

（2）国家对出口退税的相关范围做出明确的规定，并规定了两种出口货物应退增值税的核算办法：其一是生产企业自营或委托企业代理出口自产货物实行"免、抵、退"办法；其二是主要用于收购货物出口的外贸企业的"先征后退"办法。

（3）对出口退税的计算方法、会计处理和纳税收筹划做了系统全面的解释。

1. 什么是出口退税，出口退税作用有哪些？
2. 国家对出口退税做了哪些方面的规定？
3. 出口退税款是补贴性质的款项吗，为什么？
4. 简述"免、抵、退"的基本程序。

计 算 题

1. 某外贸企业从某厂（小规模纳税人）购进钛板一批出口，税务机关代开增值税专用发票，注明金额 6 万元，征收率为 6%，税额为 0.36 万元，钛板退税率为 5%；从某贸易公司（小规模纳税人）购进服装一批用于出口，税务机关代开增值税专用发票，注明金额 20 万元，征收率为 4%，税额 0.8 万元，服装退税率为 16%；从某公司（一般纳税人）购进涤纶坯布一批，取得增值税专用发票，注明金额 20 万元，税额 3.4 万元，涤纶坯布退税率为 16%，试计算应退税额。

2. 某自营出口生产企业是增值税一般纳税人，出口货物的征税率为 13%，退税率为 10%。2019 年 8 月购原材料一批，取得的增值税专用发票注明的价款为 300 万元，进项税额 39 万元已通过认证。当月进料加工免税进口料件的组成计税价格为 150 万元。上期末留抵税款 22 万元。本月内销售货物不含税销售额为 120 万元。本月出口货物销售额折合人民币 260 万元。计算该企业当月应退的增值税。

案例讨论题

改变经营方式以利出口退税

一、改变货物收购方式

一般地，对退税率小于征税率的货物，出口企业从小规模纳税人（工业企业）进货比从一般纳税人进货所实现的出口盈利高，这是因为从小规模纳税人进货，征税率为 6%，退税率也是 6%，不会因征退税率不同而产生增值税差额，从而增大出口成本；而从一般纳税人进货，货物退税率低于征税率，其产生的增值税差额要计入出口成本中。两者相比，前者进货方式下出口成本较低，盈利高。

二、改变贸易方式

出口企业发生国外料件加工复出口货物业务，可采取三种贸易方式：一是国外料件正常报关进口，缴纳进口环节的增值税或消费税；二是进料加工方式，加工货物复出口后，可申请办理加工及生产环节已交增值税的出口退税；三是来料加工方式，免交加工费的增值税，对其耗用的国产辅料也不办理出口退税。

三、改变货物出口方式

现行出口货物退（免）税政策规定，没有出口经营权的生产企业委托（只能委托）出口自产货物，并未规定实行何种退税管理办法；但属消费税征税范围内的货物，实行先征后退管理办法。有出口经营权的生产企业自营出口或委托出口的自产货物，除另有规定者外，一律实行"免、抵、退"税管理办法；属消费税征税范围内的货物，免交消费税。有出口经营权的生产企业和外贸企业，既可自营出口货物，也可委托出口货物，而且在这两种方式下都可办理出口货物的增值税退税（不能退税的货物除外）；同时，出口企业也可采取货物买断方式或将货物再调拨销售给其他外贸企业出口的方式出口货物，货物出口后不影响出口退税。

请分析讨论：

（1）外贸出口企业，在加工复出口货物耗用的国产料件少且货物的退税率小于征税率的情况下，应选择什么加工方式？

（2）作为外贸出口企业，对退税率小于征税率的货物，在进料加工贸易方式下，又可因料件进口后是委托加工还是作价加工两种方式的不同，出现不同的结果。一般而言，在进料加工贸易方式下，选择委托加工比作价加工好。为什么？

（3）作为外贸企业，采购的货物是自己出口，还是委托他人出口，或是再调拨销售给他人由他人出口？

（4）作为生产企业，是这样出口还是委托出口自产货物，或将自产货物销售给外贸企业由外贸企业出口？（以上问题，并未考虑成本、费用等）

即测即评

请扫描右侧二维码，进行随堂测试。

第六章　企业所得税会计

学习目标

1. 掌握企业所得税的基本内容
2. 重点掌握企业所得税的计算方法及资产负债表债务法的处理程序与会计核算
3. 了解企业所得税的纳税申报

【**思维导图**】

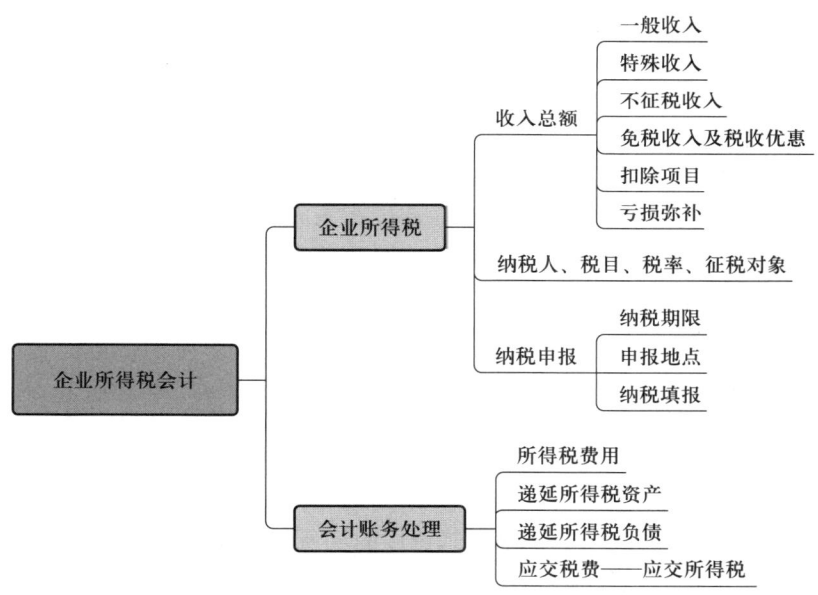

【**引言**】

　　企业所得税会计是税务会计的重要内容之一。它主要解决对企业所得税涉税事项的确认、计量、记录和报告的问题，保证税收征纳双方的合法权益。由于会计与税法的目标、原则不同，导致统一会计期间会计利润与应税所得存在差异，因此，需要在会计利润的基础上，按照税法规定调整计算应纳税所得额和应纳税额，并在会计上做出适当的反映。企业所得税会计所涉及的内容比较广泛，包括所得税的应税收入与成本的确认、所得的计算及所得税的计算和申报等内容。

第一节　企业所得税的基本内容

企业所得税是对我国境内的企业和其他取得收入的组织的生产经营所得和其他所得征收的所得税。

一、纳税义务人

企业所得税的纳税义务人是指除个人独资企业和合伙企业以外的企业和其他取得收入的组织。

企业所得税的纳税人分为居民企业和非居民企业，这是基于不同企业承担的纳税义务不同，也是为了更好地保障我国的税收管辖权的有效行使和避免双重课税。税收管辖权是一国政府在征税方面的主权，是国家主权的重要组成部分。根据国际上的通行做法，我国选择了地域管辖权和居民管辖权的双重管辖权标准，最大限度地维护了我国的税收利益。

（一）居民企业

居民企业是指依法在中国境内成立，或者依照外国（地区）法律成立但实际管理机构在中国境内的企业。这里的企业包括国有企业、集体企业、私营企业、联营企业、股份制企业、外商投资企业、外国企业以及有生产、经营所得和其他所得的其他组织。其中，有生产、经营所得和其他所得的其他组织，是指经国家有关部门批准，依法注册、登记的事业单位、社会团体等组织。由于我国的一些社会团体组织、事业单位在完成国家事业计划的过程中，开展多种经营和有偿服务活动，取得除财政部门各项拨款、财政部和国家物价部门批准的各项规费收入以外的经营收入，具有了经营的特点，应纳入征税范围。

注意：个人独资企业、合伙企业缴纳的是个人所得税。

（二）非居民企业

非居民企业是指依照外国（地区）法律成立且实际管理机构不在中国境内，但在中国境内设立机构、场所，或者在中国境内未设立机构、场所，但有来源于中国境内所得的企业。上述所称机构、场所，指在中国境内从事生产经营活动的机构、场所，包括：① 管理机构、营业机构、办事机构；② 工厂、农场、开采自然资源的场所；③ 提供劳务的场所；④ 从事建筑、安装、装配、修理、勘探等工程作业的场所；⑤ 其他从事生产经营活动的机构、场所。

非居民企业委托营业代理人在中国境内从事生产经营活动的，包括委托单位或者个人经常代其签订合同，或者储存、交付货物等，营业代理人被视为非居民企业在中国境内设立的机构、场所。

二、征税对象

企业所得税的征税对象是指企业取得的生产经营所得、其他所得和清算所得。

（一）居民企业的征税对象

居民企业应以来源于中国境内、境外的所得作为征税对象。所得包括销售货物所得、提供劳务所得、转让财产所得、股息红利等权益性投资所得、利息所得、租金所得、特许权使用费所得、接受捐赠所得和其他所得。

（二）非居民企业的征税对象

非居民企业在中国境内设立机构、场所的，应当就其所设机构、场所取得的来源于中国境内的所得，以及发生在中国境外但与其所设机构、场所有实际联系的所得，缴纳企业所得税。非居民企业在中国境内未设机构、场所，或者虽设立机构、场所，但取得的所得与其所设机构、场所没有实际联系的，应当就其来源于中国境内的所得缴纳企业所得税。

上述所称实际联系，是指非居民企业在中国境内设立的机构、场所拥有的据以取得所得的股权、债权，以及拥有、管理、控制据以取得所得的财产。

（三）所得来源地的确定

依据《中华人民共和国企业所得税法》（以下简称《企业所得税法》）及其实施条例，所得来源地的确定有如下方法：

（1）销售货物所得，按照交易活动发生地确定。

（2）提供劳务所得，按照劳务发生地确定。

（3）转让财产所得：① 不动产转让所得按照不动产所在地确定。② 动产转让所得按照转让动产的企业或者机构、场所所在地确定。③ 权益性投资资产转让所得按照被投资企业所在地确定。

（4）股息、红利等权益性投资所得，按照分配所得的企业所在地确定。

（5）利息所得、租金所得、特许权使用费所得，按照负担、支付所得的企业或者机构、场所所在地确定，或者按照负担、支付所得的个人的住所地确定。

（6）其他所得，由国务院财政、税务主管部门确定。

三、税率

我国企业所得税实行比例税率。比例税率简便易行，透明度高，不会因征税而改变企业间收入分配比例，有利于促进效率的提高。现行规定是：

（1）基本税率为25%。适用于居民企业和在中国境内设有机构、场所且所得与机构、场所有关联的非居民企业（认定为境内常设机构）。

（2）低税率为20%。适用于在中国境内未设立机构、场所，或者虽设立机构、场所但取得的所得与其所设机构、场所没有实际联系的非居民企业。但对这类企业实际征税时适用10%的税率。

四、收入总额

收入总额是指企业在生产经营活动中以及其他行为取得的各项收入的总和。包括以货币形式和非货币形式取得的来源于中国境内、境外的生产经营收入和其他收入。

（一）一般收入的确认

（1）销售货物收入，是指企业销售商品、产品、原材料、包装物、低值易耗品以及其他存货取得的收入。除另有规定外，企业移送资产应按照被移送资产的公允价值确定销售收入。

企业将资产移送他人，发生下列情形之一的，因资产所有权属已发生改变而不属于内部处置资产，应按规定视同销售、确定收入：用于市场推广或销售；用于交际应酬；用于职工奖励或福利；用于股息分配；用于对外捐赠；其他改变资产所有权属的用途。

用于交际应酬的部分，属于企业自制的资产，应按企业同类资产同期对外销售价格确定销售收入；属于外购的资产，可按购入时的价格确定销售收入。

用于职工奖励或福利的部分，企业处置外购资产按购入时的价格确定销售收入，是指企业处置该项资产不是以销售为目的，而是具有替代职工福利等费用支出性质，且购买后一般在一个纳税年度内处置。

（2）提供劳务收入，是指企业从事建筑安装、修理修配、交通运输、仓储租赁、金融保险、邮电通信、咨询经纪、文化体育、科学研究、技术服务、教育培训、餐饮住宿、中介代理、卫生保健、社区服务、旅游、娱乐、加工以及其他劳务服务活动取得的收入。

（3）转让财产收入，是指企业转让固定资产、生物资产、无形资产、股权、债权等财产取得的收入。企业转让股权收入，应于转让协议生效且完成股权变更手续时，确认收入的实现。

股权转让所得为转让股权收入扣除为取得该股权所发生的成本，但不得扣除被投资企业未分配利润等股东留存收益中按该项股权所可能分配的金额。

被清算企业的股东分得的剩余资产的金额，其中相当于被清算企业累计未分配利润和累计盈余公积中按该股东所占股份比例计算的部分，应确认为股息所得；剩余资产减除股息所得后的余额，超过或低于股东投资成本的部分，应确认为股东的投资转让所得或损失。

（4）股息、红利等权益性投资收益，是指企业因权益性投资从被投资方取得的收入。应于被投资企业股东大会做出利润分配或转股决定的日期，确认收入的实现。

（5）利息收入，是指企业将资金提供他人使用但不构成权益性投资，或者因他人占用本企业资金取得的收入，包括存款利息、贷款利息、债券利息、欠款利息等收入。应按照合同约定的债务人应付利息的日期确认收入的实现。

（6）租金收入，是指企业提供固定资产、包装物或者其他有形资产的使用权取得的收入。应按照合同约定的承租人应付租金的日期确认收入的实现。

如果交易合同或协议中规定租赁期限跨年度，且租金提前一次性支付的，根据收入与费用配比原则，出租人可对上述已确认的收入，在租赁期内分期均匀计入相关年度收入。

（7）特许权使用费收入，是指企业提供专利权、非专利技术、商标权、著作权以及其他特许权的使用权取得的收入。应按照合同约定的特许权使用人应付特许权使用费的日期确认收入的实现。

（8）接受捐赠收入，是指企业接受的来自其他企业、组织或者个人无偿给予的货币性资产、非货币性资产。接受捐赠收入，应按照实际收到捐赠资产的日期确认收入的实现。自2016年1月1日后企业向公益性社会团体实施的股权捐赠，应按规定视同转让股权，股权转让收入额以企业所捐赠股权取得时的历史成本确定，不包括企业向中华人民共和国境外的社会组织或团体实施的股权捐赠行为。

（9）其他收入，是指企业取得的除上述收入外的其他收入，包括企业资产溢余收入、逾期未退包装物押金收入、确实无法偿付的应付款项、已做坏账损失处理后又收回的应收款项、债务重组收入、补贴收入、违约金收入、汇兑收益等。

（二）特殊收入的确认

（1）销售商品采用托收承付方式的，在办妥托收手续时确认收入。

（2）销售商品采用预收款方式的，在发出商品时确认收入。

（3）销售商品需要安装和检验的，在购买方接受商品以及安装和检验完毕时确认收入。如果安装程序比较简单，可在发出商品时确认收入。

（4）销售商品采用支付手续费方式委托代销的，在收到代销清单时确认收入。

（5）以分期收款方式销售货物的，按照合同约定的收款日期确认收入的实现。

（6）销售产品采用分成方式取得收入的，按照企业分得产品的日期确认收入的实现，其收入额按照产品的公允价值确定。

（7）企业受托加工制造大型机械设备、船舶、飞机，以及从事建筑、安装、装配工程业务或者提供其他劳务等，持续时间超过 12 个月的，按照纳税年度内完工进度或者完成的工作量确认收入的实现。

（8）企业发生非货币性资产交换，以及将货物、财产、劳务用于捐赠、偿债、赞助、集资、广告、样品、职工福利或者利润分配等用途的，应当视同销售货物、转让财产或者提供劳务。

（9）采用售后回购方式销售商品的，销售的商品按售价确认收入，回购的商品作为购进商品处理。有证据表明不符合销售收入确认条件的，如以销售商品方式进行融资，收到的款项应确认为负债，回购价格大于原售价的，差额应在回购期间确认为利息费用。

（10）销售商品以旧换新的，销售商品应当按照销售商品收入确认条件确认收入，回收的商品作为购进商品处理。

（11）企业为促进商品销售而在商品价格上给予的价格扣除属于商业折扣，商品销售涉及商业折扣的，应当按照扣除商业折扣后的金额确定销售商品收入金额。

债权人为鼓励债务人在规定的期限内付款而向债务人提供的债务扣除属于现金折扣。销售商品涉及现金折扣的，应当按扣除现金折扣前的金额确定销售商品收入金额，现金折扣在实际发生时作为财务费用扣除。

企业因售出商品的质量不合格等原因而在售价上给予的减让属于销售折让，企业因售出商品质量、品种不符合要求等原因而发生的退货属于销售退回。企业已经确认销售收入的售出商品发生销售折让和销售退回，应当在发生当期冲减当期销售商品收入。

（12）企业以"买一赠一"等方式组合销售本企业商品的，不属于捐赠，应将总的销售金额按各项商品的公允价值的比例来分摊确认销售收入。

（13）采用产品分成方式取得收入，按照企业分得产品的日期确认收入的实现，其收入额按照产品的公允价值确定。

（14）对企业投资者持有的 2019—2023 年发行的铁路债券取得的利息收入，减半征收企业所得税。

五、不征税收入

（1）财政拨款，是指各级人民政府对纳入预算管理的事业单位、社会团体等组织拨付的财政资金，但国务院和国务院财政、税务主管部门另有规定的除外。

（2）依法收取并纳入财政管理的行政事业性收费、政府性基金。对企业依照法律、法规及国务院有关规定收取并上缴财政的政府性基金和行政事业性收费，准予作为不征税收入，于上缴财政的当年在计算应纳税所得额时从收入总额中减除；未上缴财政的部分，不得从收入总额中减除。

（3）国务院规定的其他不征税收入，是指企业取得的，由国务院财政、税务主管部门规定专项用途并经国务院批准的财政性资金。

企业取得的不征税收入，应按照《财政部国家税务总局关于专项用途财政性资金企业所得税处理问题的通知》（财税〔2011〕70号）的规定进行处理。凡未按照文件规定进行管理的，应作为企业应税收入计入应纳税所得额，依法缴纳企业所得税。

六、免税收入

（1）国债利息收入。为鼓励企业积极购买国债，支援国家建设，税法规定，企业因购买国债所得的利息收入，免征企业所得税。

（2）符合条件的居民企业之间的股息、红利等权益性收益，是指居民企业直接投资于其他居民企业取得的投资收益。

（3）非营利组织的下列收入为免税收入：① 接受其他单位或者个人捐赠的收入；② 除《企业所得税法》第7条规定的财政拨款以外的其他政府补助收入，不包括因政府购买服务而取得的收入；③ 按照省级以上民政、财政部门规定收取的会费；④ 不征税收入和免税收入孳生的银行存款利息收入；⑤ 财政部、国家税务总局规定的其他收入。

（4）对企业取得的2009年及以后年度发行的地方政府债券利息所得，免征企业所得税。地方政府债券是指经国务院批准，以省、自治区、直辖市和计划单列市政府为发行和偿还主体的债券。

（5）在中国境内设立机构、场所的非居民企业从居民企业取得与该机构、场所有实际联系的股息、红利等权益性投资收益。

七、各项扣除

（一）扣除项目的范围

企业实际发生的与取得收入有关的、合理的支出，包括成本、费用、税金、损失和其他支出，准予在计算应纳税所得额时扣除。

但还应注意三方面的内容：① 企业发生的支出应当区分收益性支出和资本性支出。收益性支出在发生当期直接扣除；资本性支出应当分期扣除或者计入有关资产成本，不得在发生当期直接扣除。② 企业的不征税收入用于支出所形成的费用或者财产，不得扣除或者计算对应的折旧、摊销扣除。③ 除《企业所得税法》及其实施条例另有规定外，企业实际发生的成本、费用、税金、损失和其他支出，不得重复扣除。

（二）扣除项目及其标准

1. 工资、薪金支出

企业发生的合理的工资、薪金支出准予据实扣除。工资、薪金支出是企业每一纳税年度支

116

付给在本企业任职或与其有雇佣关系的员工的所有现金或非现金形式的劳动报酬，包括基本工资、奖金、津贴、补贴、年终加薪、加班工资以及与任职或者是受雇有关的其他支出。

2. 职工福利费、工会经费、职工教育经费

（1）企业发生的职工福利费支出，超过工资、薪金总额14%的部分准予扣除，超出标准的部分不得扣除，也不得在以后年度结转扣除。

（2）企业拨缴的工会经费，超过工资、薪金总额2%的部分准予扣除，超出标准的部分不得扣除，也不得在以后年度结转扣除。

（3）企业发生的职工教育经费支出，不超过工资、薪金总额2.5%的部分准予扣除，超过部分准予结转以后纳税年度扣除。

【例6-1】某企业为居民企业，2021年实际发生的工资、薪金总额为100万元，会计核算计提三项经费20.5万元，其中职工福利费本期发生11万元，拨缴的工会经费为2万元，已经取得工会拨缴收据，实际发生职工教育经费5万元。该企业2021年计算应纳税所得额时，应调增应纳税所得额多少万元？

职工福利费扣除限额＝100×14%＝14（万元），实际发生11万元，准予扣除11万元；

工会经费扣除限额＝100×2%＝2（万元），实际发生2万元，可以据实扣除；

职工教育经费扣除限额＝100×2.5%＝2.5（万元），实际发生5万元，可以扣除2.5万元。

因此，应调增应纳税所得额＝20.5－（11＋2＋2.5）＝5（万元）

3. 社会保险费

（1）企业依照国务院有关主管部门或者省级人民政府规定的范围和标准为职工缴纳的"五险一金"，即基本养老保险费、基本医疗保险费、失业保险费、工伤保险费、生育保险费等基本社会保险费和住房公积金，准予扣除。企业职工因公出差乘坐交通工具发生的人身意外保险费支出，准予企业在计算应纳税所得额时扣除。

（2）企业为在本企业任职或受雇的全体员工支付的补充养老保险费、补充医疗保险费，分别在不超过职工工资总额5%标准内的部分，准予扣除。超过部分，不得扣除。

（3）企业为投资者或者职工支付的商业保险费，不得扣除。但企业依照国家有关规定为特殊工种职工支付的人身安全保险费和符合国务院财政、税务主管部门规定可以扣除的商业保险费准予扣除。

（4）企业参加财产保险，按照规定缴纳的保险费，准予扣除。

4. 利息费用

企业在生产经营活动中发生的利息费用，应按照下列规定扣除：

（1）非金融机构向金融机构借款的利息支出、金融企业的各项存款利息支出和同业拆借利息支出、企业经批准发行债券的利息支出可据实扣除。

（2）非金融机构向非金融机构借款的利息支出，不超过按照金融企业同期同类贷款利率计算的数额的部分可据实扣除，超过部分不得扣除。

其中，金融机构指各类银行、保险公司及经中国人民银行批准从事金融业务的非银行金融机构。包括国家专业银行、区域性银行、股份制银行、外资银行、中外合资银行以及其他综合性银行；还包括全国性保险企业、区域性保险企业、股份制保险企业、中外合保险企业以及其他专业性保险企业；城市、农村信用社、各类财务公司以及其他从事信托投资、租赁等业务的

专业和综合性非银行金融机构。非金融机构是指除上述金融机构以外的所有企业、事业单位以及社会团体等企业或组织。同期同类贷款利率是指在贷款期限、贷款金额、贷款担保以及企业信誉等条件基本相同时，金融企业提供贷款的利率。

但还应注意，企业在生产经营活动中发生的合理的利息费用，符合资本化条件的，应计入相关资产成本；不符合资本化条件的，应作为财务费用，准予在企业所得税前据实扣除。

【例6-2】某鞋业公司2021年度实际会计利润总额30万元。经税务师审核，"财务费用"账户中列支两笔利息费用：向银行借入生产用资金400万元，借款期限3个月，支付借款利息5万元；经过批准向其他企业借入生产用资金120万元，借款期限5个月，支付借款利息5.5万元。假定该公司无其他纳税调整事项，则该公司2021年度的企业所得税应纳税所得额为多少万元？

向银行借款年利率 = (5 ÷ 400) × (12 ÷ 3) × 100% = 5%

向金融企业借款的利息支出5万元，可据实扣除；

向其他企业借款准予扣除利息 = 120 × 5% × 5 ÷ 12 = 2.5（万元），实际支付5.5万元，税前可以扣除2.5万元；

应纳税所得额 = 30 + 5.5 - 2.5 = 33（万元）

5. 业务招待费

企业发生的与生产经营活动有关的业务招待费支出，按照发生额的60%扣除，最高不得超过当年销售（营业）收入的5‰。当年销售（营业）收入包括《企业所得税法实施条例》第25条规定的视同销售（营业）收入额。

【例6-3】某居民企业，2021年度实际会计利润总额为15万元，其中全年产品销售收入8 005万元，业务招待费45万元。假设不存在其他纳税调整事项，计算该公司2021年度的应纳税所得额。

业务招待费扣除限额 = 8 005 × 5‰ = 40.03（万元）

业务招待费发生额的60% = 45 × 60% = 27万元 < 40.03万元，因此当年企业所得税税前准予扣除的业务招待费为27万元。

应纳税所得额 = 15 + 45 - 27 = 33（万元）

6. 广告费和业务宣传费

企业发生的广告费和业务宣传费支出，不超过当年销售（营业）收入15%的部分，准予扣除；超过部分，准予结转以后纳税年度扣除。当年销售（营业）收入包括《企业所得税法实施条例》第25条规定的视同销售（营业）收入额。

7. 公益性捐赠支出

公益性捐赠是指企业通过公益性社会团体或者县级以上人民政府及其部门，用于《中华人民共和国公益事业捐赠法》规定的公益事业的捐赠。

企业发生的公益性捐赠支出，不超过年度利润总额12%的部分，准予扣除。超过年度利润总额，准予结转以后三年内在计算应纳税所得额时扣除。

公益性捐赠支出的具体范围包括：① 救助灾害、救济贫困、扶助残疾人等困难的社会群体和个人的活动；② 教育、科学、文化、卫生、体育事业；③ 环境保护、社会公共设施建设；④ 促进社会发展和进步的其他社会公共和福利事业。

公益性社会团体包括中国青少年发展基金会、希望工程基金会、宋庆龄基金会、减灾委员会、中国红十字会、中国残疾人联合会、全国老年基金会以及经民政部门批准成立的非营利公益性组织等。

【例6-4】某生产性居民企业2021年度实现会计利润总额100万元，当年"营业外支出"账户中列支了通过当地民政部门向东北灾区捐赠15万元；企业直接向海啸灾区捐赠5万元；通过四川当地某关联企业向灾区捐赠5万元。假设除此之外没有其他纳税调整事项。计算该公司2021年度的应纳税所得额。

公益性捐赠的扣除限额 $= 100 \times 12\% = 12$ 万元 < 15 万元，因此税前准予扣除的公益性捐赠为12万元。

直接捐赠和通过其他企业捐赠的不能税前扣除。

应纳税所得额 $= 100 + 15 - 12 + 5 + 5 = 113$（万元）

8. 汇兑损失

企业在货币交易中以及纳税年度终了时将人民币以外的货币性资产、负债按照期末即期人民币汇率中间价折算为人民币时产生的汇兑损失，除已经计入有关资产成本以及与向所有者进行利润分配相关的部分外，准予扣除。

9. 资产损失

企业当期发生的固定资产和流动资产盘亏、毁损净损失，由其提供清查盘存资料经向主管税务机关备案后，准予扣除；企业因存货盘亏、毁损、报废等原因不得从销项税金中抵扣的进项税金，视同企业财产损失，准予同存货损失一起在所得税前按规定扣除。

房地产开发企业按规定对开发项目进行土地增值税清算后，当年企业所得税汇算清缴出现亏损且有其他后续开发项目的，该亏损应按照税法规定向以后年度结转，用以后年度所得弥补。后续开发项目是指正在开发以及中标的项目；企业按规定对开发项目进行土地增值税清算后，当年企业所得税汇算清缴出现亏损，且没有后续开发项目的，可就该项目由于土地增值税原因导致的项目开发各年度多缴的企业所得税税款申请退税。

10. 租赁费

企业根据生产经营活动的需要租入固定资产支付的租赁费，按照以下方法扣除：

（1）以经营租赁方式租入固定资产发生的租赁费支出，按照租赁期限均匀扣除。其中经营性租赁是指所有权不转移的租赁。

（2）以融资租赁方式租入固定资产发生的租赁费支出，按照规定构成融资租入固定资产价值的部分应当提取折旧费用，分期扣除。其中融资租赁是指在实质上转移与一项资产所有权有关的全部风险和报酬的一种租赁。

11. 劳动保护费

（1）企业发生的合理的劳动保护支出，准予扣除。

（2）企业根据其工作性质和特点，由企业统一制作并要求员工工作时统一着装所发生的工作服饰费用，可以作为企业合理的支出给予税前扣除。

12. 固定资产的折旧

固定资产是指企业为生产产品、提供劳务、出租或者经营管理而持有的、使用时间超过12个月的非货币性资产，包括房屋、建筑物、机器、机械、运输工具以及其他与生产经营活动有关的设备、器具、工具等。

（1）固定资产的计税基础。① 外购的固定资产，以购买价款和支付的相关税费以及直接归属于使该资产达到预定用途发生的其他支出为计税基础；② 自行建造的固定资产，以竣工结算前发生的支出为计税基础；③ 盘盈的固定资产，以同类固定资产的重置完全价值为计税基础；④ 通过捐赠、投资、非货币性资产交换、债务重组等方式取得的固定资产，以该资产的公允价值和支付的相关税费为计税基础；⑤ 改建的固定资产，除已足额提取折旧的固定资产和租入的固定资产以外的其他固定资产，以改建过程中发生的改建支出增加计税基础。

（2）固定资产的折旧范围。下列固定资产不得计算折旧扣除：① 房屋、建筑物以外未投入使用的固定资产；② 已足额提取折旧仍继续使用的固定资产；③ 与经营活动无关的固定资产；④ 单独估价作为固定资产入账的土地；⑤ 以经营租赁方式租入的固定资产；⑥ 以融资租赁方式租出的固定资产；⑦ 其他不得计算折旧扣除的固定资产。

（3）固定资产折旧的计提年限。固定资产计算折旧的最低年限如下：① 房屋、建筑物，为20年；② 飞机、车、轮船、机器、机械和其他生产设备，为10年；③ 与生产经营活动有关的器具、工具、家具等，为5年；④ 飞机、火车、船以外的运输工具，为4年；⑤ 电子设备，为3年。

但应当注意的是：如果固定资产的折旧年限长于税法规定的最低折旧年限，其折旧应按会计折旧年限计算扣除。

（4）固定资产折旧的计提方法。① 企业应当自固定资产投入使用月份的次月起计算折旧；停止使用的固定资产，应当自停止使用月份的次月起停止计算折旧。② 企业应当根据固定资产的性质和使用情况，合理确定固定资产的预计净残值。固定资产的预计净残值一经确定，不得变更。③ 固定资产按照直线法计算的折旧，准予扣除。但企业按税法规定实行加速折旧的，其按加速折旧办法计算的折旧额在税前全额扣除。④ 企业按会计规定提取的固定资产减值准备，不得税前扣除，其折旧仍按税法确定的固定资产计税基础计算扣除。

13. 无形资产的摊销

无形资产是指企业长期使用但没有实物形态的资产，包括专利权、商标权、著作权、土地使用权、非专利技术、商誉等。

（1）无形资产的计税基础。无形资产按照以下方法确定计税基础：① 外购的无形资产，以购买价款和支付的相关税费以及直接归属于使该资产达到预定用途发生的其他支出为计税基础；② 自行开发的无形资产，以开发过程中该资产符合资本化条件后至达到预定用途前发生的支出为计税基础；③ 通过捐赠、投资、货币性资产交换、债务重组等方式取得的无形资产，以该资产的公允价值和支付的相关税费为计税基础。

（2）无形资产摊销的范围。下列无形资产不得计算摊销费用扣除：① 自行开发的支出已在计算应纳税所得额时扣除的无形资产；② 自创商誉；③ 与经营活动无关的无形资产；④ 其他不得计算摊销费用扣除的无形资产。

（3）无形资产的摊销年限。无形资产的摊销年限不得低于10年。作为投资或者受让的无形资产，有关法律规定或者合同约定了使用年限的，可以按照规定或者约定的使用年限分期摊销。

（4）无形资产的摊销方法。① 无形资产的摊销，采取直线法计算。② 外购商誉的支出，在企业整体转让或者清算时，准予扣除。

14. 长期待摊费用的摊销

长期待摊费用是指企业发生的应在一个年度以上或几个年度进行摊销的费用。

（1）长期待摊费用摊销的范围。在计算应纳税所得额时，企业发生的下列支出作为长期待摊费用，按照规定摊销的，准予扣除：① 已足额提取折旧的固定资产的改建支出；② 租入固定资产的改建支出；③ 固定资产的大修理支出；④ 其他应当作为长期待摊费用的支出。其中，大修理支出是指同时符合下列条件的支出：修理支出达到取得固定资产时的计税基础50% 以上；修理后固定资产的使用年限延长 2 年以上。

（2）长期待摊费用的摊销方法。

① 企业的固定资产修理支出可在发生当期直接扣除。

② 固定资产的改建支出，是指改变房屋或者建筑物结构、延长使用年限等发生的支出。已足额提取折旧的固定资产的改建支出，按照固定资产预计尚可使用年限分期摊销；租入固定资产的改建支出，按照合同约定的剩余租赁期限分期摊销；改建的固定资产延长使用限的，除已足额提取折旧的固定资产、租入固定资产的改建支出外，其他的固定资产发生改建支出，应当适当延长折旧年限。

③ 其他应当作为长期待摊费用的支出，自支出发生月份的次月起，分期摊销，摊销年限不得低于 3 年。

15. 研发费用扣除

（1）折旧费用。企业用于研发活动的仪器、设备，符合税法规定且选择加速折旧优惠政策的，在享受研发费用税前加计扣除时，就已经进行会计处理计算的折旧、费用的部分加计扣除，但不得超过按税法规定计算的金额。

（2）多用途对象费用的归集。企业从事研发活动的人员和用于研发活动的仪器、设备、无形资产，同时从事或用于非研发活动的，应对其人员活动及仪器设备、无形资产使用情况做必要记录，并将其实际发生的相关费用按实际工时占比等合理方法在研发费用和生产经营费用间分配，未分配的不得加计扣除。

（3）其他相关费用。与研发活动直接相关的其他费用，如技术图书资料费、资料翻译费、专家咨询费、高新科技研发保险费，研发成果的检索、分析、评议、论证、鉴定、评审、评估、验收费用，知识产权的申请费、注册费、代理费，差旅费、会议费等，总额不得超过可加计扣除研发费用总额的 10%。

（4）委托研发的税务处理。企业委托境内机构或个人开展研发活动发生的费用，可按规定税前扣除；加计扣除时按照研发活动发生费用的 80% 作为加计扣除基数，受托方不得再进行加计扣除。

（5）企业共同合作开发的项目，由合作各方就自身实际承担的研发费用分别计算加计扣除。

（6）集团集中研发的税务处理。企业集团根据生产经营和科技开发的实际情况，对技术要求高、投资数额大，需要集中研发的项目，其实际发生的研发费用可以按照权利和义务相一致、费用支出和收益分享相配比的原则，合理确定研发费用的分摊方法，在受益成员企业间进行分摊，由相关成员企业分别计算加计扣除。

16. 环境保护专项资金

企业参照法律、行政法规有关规定提取的用于环境保护、生态恢复等方面的专项资金，准予扣除。上述专项资金提取后改变用途的，不得扣除。

17. 企业维简费支出

企业实际发生的维简费支出，属于收益性支出的，可作为当期费用税前扣除；属于资本性支出的，应计入有关资产成本，并计提折旧或摊销费用在税前扣除。

18. 企业参与政府组织的统一棚户区改造支出

企业参与政府统一组织的工矿（含中央下放煤矿）棚户区改造、林区棚户区改造、垦区危房改造并符合一定条件的棚户区改造支出，准予税前扣除。

19. 手续费及佣金支出

（1）企业发生的与生产经营有关的手续费及佣金支出，不超过规定计算限额以内的部分，准予扣除，超过部分不得扣除。

（2）企业不得将手续费及佣金支出计入回扣、业务提成、返利、进场费等费用。

（3）企业应与具有合法经营资格的中介服务企业或个人签订代办合同或协议，并按国家有关规定计入手续费及佣金。除委托个人代理外，企业以现金等非转账方式支付的手续费不得在税前扣除。

（4）从事代理服务、主营业务收入为手续费及佣金的企业（如保险代理、证券、期货），其为取得该类收入而实际发生的营业成本（包括手续费及佣金支出），准予企业在所得税前据实扣除。

20. 金融企业涉农贷款和中小企业贷款损失准备金税前扣除

（1）金融企业根据《贷款风险分类指引》，对其涉农贷款和中小企业贷款进行风险分类后，按照比例计提的贷款损失准备金，准予在计算应纳税所得额时扣除。

（2）中小企业贷款，指金融企业对年销售额和资产总额均不超过2亿元的企业贷款。

（3）金融企业发生的符合条件的涉农贷款和中小企业贷款损失，应先冲减税前扣除的贷款损失准备金，不足冲减部分可据实在计算应纳税所得额时扣除。

（三）不得扣除的项目

（1）向投资者支付的股息、红利等权益性投资收益款项。

（2）企业所得税税款。

（3）税收滞纳金。税收滞纳金是指纳税人违反税收法规，税务机关处以的滞纳金。

（4）罚金、罚款和被没收财物的损失。罚金、罚款和被没收财物的损失是指纳税人违反国家有关法律、法规规定，被有关部门处以的罚款，以及被司法机关处以的罚金和被没收财物。

（5）超过规定标准的捐赠支出。

（6）赞助支出。赞助支出是指企业发生的与生产经营活动无关的各种非广告性质支出。

（7）未经核定的准备金支出。未经核定的准备金支出是指除财政部和国家税务总局核准计提的准备金外，其他行业、企业计提的各项资产减值准备、风险准备等准备金支出。

（8）与取得收入无关的其他支出。

（9）企业之间支付的管理费、企业内营业机构之间支付的租金和特许权使用，以及非银行企业内营业机构之间支付的利息，不得扣除。

八、亏损弥补

（1）企业某一纳税年度发生的亏损可以用下一年度的所得弥补，下一年度的所得不足以弥补的，可以逐年延续弥补，最长不得超过5年。

（2）亏损是指企业依照《企业所得税法》及其实施条例的规定，每一纳税年度的收入总额减除不征税收入、免税收入和各项扣除后小于零的数额。

（3）"亏损逐年连续弥补，最长不得超过5年"是指某一年度当年实际发生亏损（不包括结转上年度的亏损），自下一年度算起，连续5年作为该年度实际亏损的弥补期。在5年亏损弥补期内，不论哪个年度发生盈利或者亏损，都作为一个弥补年度。在连续5年内仍不足弥补的亏损，自第6年起不能再予弥补。

【例6-5】假设某企业一直执行5年亏损弥补期，2015—2021年的应纳税所得额如表6-1所示。请分步说明如何弥补亏损。

表6-1　2015—2021年应纳税所得额　　　　　　　　　　单位：万元

年度	2015年	2016年	2017年	2018年	2019年	2020年	2021年
应纳税所得额	−165	−56	30	30	40	60	60

① 2015年亏损165万元，其弥补期为2016、2017、2018、2019、2020年（5年）。

$-165+30+30+40+60=-5$（万元）

至2020年仍有5万元未弥补完，不能再予弥补。

② 2016年亏损56万元，其弥补期为2017、2018、2019、2020、2021年（5年）。

$-56+60=4$（万元）

至2021年弥补了亏损后余4万元，需缴纳企业所得税。

九、税收优惠

（一）对于从事农、林、牧、渔业的税收优惠

（1）企业从事下列项目的所得，征企业所得税：① 蔬菜、谷物、类、油料、豆类、棉花、麻类、糖料、水果、坚果的种植；② 农作物新品种的选育；③ 中药材的种植；④ 林木的培育和种植；⑤ 牲畜、家禽的饲养；⑥ 林产品的采集；⑦ 灌溉、农产品初加工、兽医、农技推广、农机作业和维修等农、林、牧、渔服务业项目；⑧ 远洋捕捞。

（2）企业从事下列项目的所得，减半征收企业所得税：① 花卉、茶以及其他饮料作物和香料作物的种植；② 海水养殖、内陆养殖。

（二）对于从事国家重点扶持的公共基础设施项目的税收优惠

国家重点扶持的公共基础设施项目是指港口码头、机场、铁路、公路、电力、水利等项目。

企业从事国家重点扶持的公共基础设施项目投资经营的所得，自项目取得第一笔生产经营收入所属纳税年度起，第1年至第3年免征企业所得税，第4年至第6年减半征收企业所得税。

（三）对于从事符合条件的环境保护、节能节水、综合利用资源项目的税收优惠

（1）对于从事符合条件的环境保护、节能节水项目的所得，自项目取得第一笔生产经营收入所属纳税年度起，第1年至第3年免征企业所得税，第4年至第6年减半征收企业所得税。

符合条件的环境保护、节能节水项目，包括公共污水处理、公共垃圾处理、沼气综合开发利用、节能减排技术改造、海水淡化等。

（2）企业综合利用资源，生产符合国家产业政策规定的产品所取得的收入，减按90%计入收入总额。

综合利用资源是指企业以《资源综合利用企业所得税优惠目录》规定的资源作为主要原材料，生产国家非限制和禁止并符合国家和行业相关标准的产品。

（四）对于促进技术创新、科技进步的税收优惠

（1）从事符合条件的技术转让所得免征、减征企业所得税。一个纳税年度内，居民企业转让技术所有权所得不超过500万元的部分，免征企业所得税；超过500万元的部分，减半征收企业所得税。

（2）对于国家需要重点扶持的高新技术企业减按15%的税率征收企业所得税，高新技术企业申报材料核验单如表6-2所示。

表6-2　高新技术企业申报材料核验单

序号	所需材料	说明	完成
1	项目立项报告	必要	
2	项目经费预算报告	包含了立项报告里	
3	PS（需要专利，检测报告，鉴定证书，销售合同、发票等）	必要	
4	RD（需要有专利，获奖证书、外部检测报告，销售合同等证明此RD的研发效果，公司内部需要立项报告，经费预算报告，项目验收或完结报告）	必要	
5	企业创新能力	必要	
6	高新技术产品（服务）所属技术领域情况及主要产品（服务）对应知识产权情况说明	必要	
7	企业年度研究开发费用结构明细表	以审计提供为主	
8	知识产权 专利扫描件（Ⅱ类专利只能用一次）	必要（包含著作权等）	
9	知识产权摘要（国家知识产权局查询）	必要	
10	专利最近一年的缴费证明	必要	
11	参与制定的标准	有的，就提供	

序号	所需材料	说明	完成
12	成果鉴定	可选	
13	查新报告	可选	
14	检测报告	尽量与项目对应及 ps 产品对应。若不能足够提供,可补充 16、17(尽量有)	
15	用户意见	用以证明项目完成(必要)	
16	销售合同	用以证明项目完成(必要)	
17	发票	用以证明项目完成(必要)	
18	项目验收报告	必要(包含项目完成鉴定、经费决算、绩效考核)	
小注:08 项至 18 项为研发项目及 PS 的支撑材料。			
19	企业营业执照副本	三证合一	
20	企业职工数,学历结构以及研发人员占企业职工比例的说明		
21	全体员工名单		
22	研发人员名单		
23	社保处缴费证明	社保处盖章(待确认)	
24	三年研发费用专项审计或鉴证报告	审计公司提供	
25	近一年高新技术产品专项审计或鉴证报告		
26	20×3 年财务报表(审计报告)	审计公司提供	
27	20×4 年财务报表(审计报告)		
28	20×5 年财务报表(审计报告)		
29	20×3 年企业所得税年度纳税报表(主表及附表)	企业提供(税务系统打印)	
30	20×4 年企业所得税年度纳税报表(主表及附表)		
31	20×5 年企业所得税年度纳税报表(主表及附表)		
32	设立研发机构的证明	公司技术中心成立文件	
33	研发设备、设施清单		
34	产学研的证明	产学研协议	

序号	所需材料	说明	完成
35	研发组织管理制度	研发项目管理文件	
36	建立研发投入核算体系	研发投入核算文件（预算）	
37	具有研发人员绩效考核体系		
38	科技成果转化管理及激励奖励制度		
39	科技人员培训、人才引进、绩效考核制度		
40	成立省市级研发中心的上级文件		
41	上级对项目立项及拨款的批准文件		
42	科技获奖证书		
43	原高新技术企业证书、		
44	公司获得的一些荣誉		
45	信用等级		
46	ISO9001 证书		
47	企业名牌、专利明星企业等		
48	其他荣誉等		

（3）企业开展研发活动中实际发生的研发费用，未形成无形资产计入当期损益的，在按规定据实扣除的基础上，在 2018 年 1 月 1 日至 2020 年 12 月 31 日期间，按照实际发生额的 75% 在税前加计扣除；形成无形资产的，在上述期间按照无形资产成本的 175% 在税前摊销。

（4）创业投资企业从事国家需要重点扶持和鼓励的创业投资，采取股权投资方式投资于未上市的中小高新技术企业 2 年以上的，以按照其投资额的 70% 在股权持有满 2 年的当年抵扣该创业投资企业的应纳税所得额；当年不足抵扣的，在以后纳税年度结转抵扣。

在京津冀、上海、广东、安徽、四川、武汉、西安、沈阳 8 个全面创新改革试验地区和苏州工业园区开展试点。从 2017 年 1 月 1 日起，对创投企业投资种子期、初创期科技型企业的，可享受按投资额 70% 抵扣应纳税所得额的优惠政策；自 2017 年 7 月 1 日起，将享受这一优惠政策的投资主体由公司制和合伙制创投企业的法人合伙人扩大到个人投资者。政策生效前 2 年内发生的投资也可享受前述优惠。

（5）企业的固定资产由于技术进步等原因，确需加速折旧的，可以缩短折旧年限或者采取加速折旧的方法。可采用缩短折旧年限或加速折旧方法的固定资产是指：① 由于技术进步，品更新换代较快的固定资产；② 常年处于强震动、高腐蚀状态的固定资产。

采取缩短折旧年限方法的，低折旧年限不得低于规定折旧年限的 60%；采取加速折旧方法的，可以采取双倍余额递减法或者年数总和法。

（五）对于企业安置残疾人员的税收优惠

企业安置残疾人员的，在按照支付给残疾职工工资据实扣除的基础上，按照支付给残疾职工工资的 100% 加计扣除。残疾人员的范围适用《中华人民共和国残疾人保障法》的有关规定。

（六）对于小型微利企业的税收优惠

小型微利企业减按 20% 的税率征收企业所得税。小型微利企业的条件如下：

（1）工业企业，年度应纳税所得额不超过 50 万元，从业人数不超过 100 人，资产总额不超过 3 000 万元。

（2）其他企业，年度应纳税所得额不超过 30 万元，从业人数不超过 80 人，资产总额不超过 1 000 万元。

（3）科技型中小企业研发费用加计扣除比例为 75%。

上述"从业人数"按企业全年平均从业人数计算，"资产总额"按企业年初和年末的平均资产总额计算。

对小型微利企业年应纳税所得额不超过 100 万元的部分，减按 25% 计入应纳税所得额，按 20% 的税率缴纳企业所得税；对年应纳税所得额超过 100 万元但不超过 300 万元的部分，减按 50% 计入应纳税所得额，按 20% 的税率缴纳企业所得税。

（七）企业或个人以技术成果投资税收优惠政策

企业或个人以技术成果投资入股到境内居民企业，被投资企业支付的对价全部为股票（权）的，企业或个人可选择继续按现行有关税收政策执行，也可选择适用递延纳税优惠政策。

选择技术成果投资入股递延纳税政策的，经向主管税务机关备案，投资入股当期可暂不纳税，允许递延至转让股权时，按股权转让收入减去技术成果原值和合理税费后的差额计算缴纳所得税。

十、纳税地点

（1）除税收法律、政法规另有规定外，居民企业以企业登记注册地为纳税地点；但登记注册地在境外的，以实际管理机构所在地为纳税地点。企业注册登记地是指企业依照国家有关规定登记注册的住所地。

（2）居民企业在中国境内设立不具有法人资格的营业机构的，应当汇总计算并缴纳企业所得税。企业汇总计算并缴纳企业所得税时，应当统一核算应纳税所得额，具体办法由国务院财政、税务主管部门另行制定。

（3）非居民企业在中国境内设立机构、场所的，应当就其所设机构、场所取得的来源于中国境内的所得，以及发生在中国境外但与其所设机构、场所有实际联系的所得，以机构、场所所在地为纳税地点。非居民企业在中国境内设立两个或者两个以上机构、场所的，经税务机关审核批准，可以选择由其主要机构、场所汇总缴纳企业所得税。非居民企业经批准汇总缴纳企业所得税后，需要增设、合并、迁移、关闭机构、场所或者停止机构、场所业务的，应当事先由负责汇总申报缴纳企业所得税的主要机构、场所向其所在地税务机关报告；需要变更汇总缴纳企业所得税的主要机构、场所的，依照前款规定办理。

（4）非居民企业在中国境内未设立机构、场所，或者虽设立机构、场所但取得的所得与其所设机构、场所没有实际联系的，以扣缴义务人所在地为纳税地点。

（5）除国务院另有规定外，企业之间不得合并缴纳企业所得税。

十一、纳税期限

企业所得税按年计征，分月或者分季预缴，年终汇算清缴，多退少补。

企业所得税的纳税年度，自公历1月1日起至12月31日止。企业在一个纳税年度的中间开业，或者由于合并、关闭等原因终止经营活动，该纳税年度的实际经营期不足12个月的，当以其实际经营期为一个纳税年度。企业清算时，应当以清算期间作为一个纳税年度。

正常情况下，应当自月份或者季度终了之日起15日内，向税务机关报送预缴企业所得税纳税申报表，预缴税款。自年度终了之日起5个月内，向税务机关报送年度企业所得税纳税申报表，并汇算清缴，结清应缴应退税款。企业在年度中间终止经营活动的，当自实际经营终止之日起60日内，向税务机关办理当期企业所得税汇算清缴。企业清算时，应当自清算结束之日起15日内，向主管税务机关报送企业所得税纳税申报表，并结清税款。

第二节　企业所得税的计算及会计处理

一、居民企业应纳税所得额的计算

在实际过程中，应纳税所得额的计算一般有两种方法。

（一）直接计算法

在直接计算法下，企业每一纳税年度的收入总额减除不征税收入、免税收入、各项扣除以及允许弥补的以前年度亏损后的余额为应纳税所得额。

直接计算法的计算公式为：

应纳税所得额＝收入总额－不征税收入－免税收入－各项扣除－以前年度亏损

（二）间接计算法

间接计算法下，在会计利润总额的基础上加或减按照税法规定调整的项目金额后，即为应纳税所得额。现行企业所得税年度纳税申报表采取该方法。计算公式为：

应纳税所得额＝会计利润总额 ± 纳税调整项目金额

纳税调整项目金额包括两方面的内容：一是企业财务会计制度规定的项目范围与税收法规规定的项目范围不一致应予以调整的金额；二是企业财务会计制度规定的扣除标准与税法规定的扣除标准不一致应予以调整的金额。

【例6-6】假定某居民企业2021年的经营业务为：

（1）取得主营业务收入8 000万元；

（2）主营业务成本为4 800万元；

（3）销售费用为1 800万元（其中广告费为1 500万元）；管理费用为800万元（其中业务招待费为90万元，新产品研发费用为120万元）；财务费用为350万元（其中向自然人借款的利息超过税法扣除标准 10 万元）。

（4）销售税金为 200 万元，含增值税 150 万元；

（5）已计入成本、费用中的全年实发工资总额为 400 万元（属于合理限度的范围），实际发生工会经费 6 万元、职工福利费 60 万元、职工教育经费 15 万元。

（6）营业外收入为 160 万元，营业外支出为 150 万元（包括：通过当地民政局向贫困山区捐款 130 万元，违反工商管理规定被工商部门罚款 6 万元）。

（7）购置并投入使用安全生产专用设备 400 万元。

要求：计算该企业 2021 年度实际应纳的企业所得税税额。

（1）会计利润总额 = 8 700 + 160 − 4 800 − 1 800 − 800 − 350 −（200 − 150）− 150 = 910（万元）

（2）广告费调增所得额 = 1 500 − 8 700 × 15% = 195（万元）

（3）由于 8 700 × 5‰ = 43.5 万元 < 90 × 60% = 54 万元，

所以业务招待费调增所得税额 = 90 − 43.5 = 46.5（万元）

（4）研究开发费用可以加计扣除 90 万元（120 × 75%），可以调减所得税额 90 万元。

（5）捐赠支出调增所得税额 = 130 − 910 × 12% = 20.8（万元）

（6）利息支出应调增应纳税所得额 10 万元。

（7）三项经费的处理：

① 工会经费的扣除限额 = 400 × 2% = 8（万元）> 实际发生额 6 万元，据实扣除；

② 职工福利费的扣除限额 = 400 × 14% = 56（万元）< 实际发生额 60 万元，所以应调增应纳税所得额 4 万元；

③ 职工教育经费扣除限额 = 400 × 2.5% = 10（万元）< 实际发生额 15 万元，所以应调增应纳税所得额 5 万元。

（8）应纳税所得额 = 910 + 195 + 46.5 − 90 + 20.8 + 10 + 4 + 5 = 1 101.3（万元）

（9）该企业 2021 年应纳企业所得税 = 1 101.3 × 25% − 400 × 10% = 282.83 − 40 = 235.33（万元）

二、居民企业应纳税额的计算

企业的应纳税所得额乘以适用税率，减除按税收优惠规定的减免税额和抵免税额后的余额为应纳所得税。其计算公式为：

应纳税额 = 应纳税所得额 × 适用税率 − 减免税额 − 抵免税额

公式中的减免税额和抵免税额是指根据企业所得税法和国务院的税收优惠规定减征、免征和抵免的应纳税额。

三、境外所得抵扣税额的计算

企业取得的下列所得已在境外缴纳的所得税税额，可以从其当期应纳税额中抵免，抵免限额为该项所得依照我国税法规定计算的应纳税额；超过抵免限额的部分，可以在以后连续 5 个年度内，用每年度抵免限额抵免当年应抵免税额后的余额进行抵补。

（1）居民企业来源于中国境外的应税所得。

（2）非居民企业在中国境内设立机构、场所，取得发生在中国境外但与该机构、场所有实际联系的应税所得。

抵免限额采用分国不分项的计算原则，其计算公式为：

某国（地区）所得税抵免限额 = 中国境内、境外所得依照《企业所得税法》及其实施条例的规定计算的应纳税总额 × 来源于某国（地区）的应纳税所得额 ÷ 中国境内、境外应纳税所得总额

即：某国（地区）所得税抵免限额 = 来源于某国（地区）的应纳税所得额 ×25%

【例6-7】某企业2021年度境内应纳税所得额为100万元，适用25%的企业所得税税率。另外，该企业分别在A、B两国设有分支机构（我国与A、B两国已经缔结避免双重征税协定），在A国分支机构的应纳税所得额为50万元，A国的企业所得税税率为20%；在B国的分支机构的应纳税所得额为30万元，B国的企业所得税税率为30%。假设该企业在A、B两国所得按我国税法计算的应纳税所得额和按A、B两国税法计算的应纳税所得额一致，两个分支机构在A、B两国分别缴纳了10万元和9万元的企业所得税。两个分支机构的所得税抵免情况如表6-3所示。

表6-3　分支机构所得税抵免计算表

来自A国所得的所得税抵免："分国（地区）不分项"	抵免限额A = 50×25% = 12.5（万元）	在境外A国已纳税 = 50×20% = 10（万元）
来自B国所得的所得税抵免："分国（地区）不分项"	抵免限额B = 30×25% = 7.5（万元）	在境外B国已纳税 = 30×30% = 9（万元）

企业当年实际在我国应缴纳的企业所得税税额 = 100×25% +（12.5 - 10）= 27.5（万元）

来自B国的所得在境外已纳所得税额超过抵免限额的1.5万元，当年不得抵免，结转到以后连续5个年度抵补。（境外所得涉及的税款，少交必补，多交当年不退，以后五年抵免）

四、非居民企业应纳税额的计算

对于在中国境内未设立机构、场所，或者虽设立机构、场所但取得的所得与其所设机构、所没有实际联系的非居民企业的所得，按照下列方法计算应纳税所得额：

（1）股息、红利等权益性投资收益和利息、租金、特许权使用费所得，以收入全额为应纳税所得额。

（2）转让财产所得，以收入全额减除财产净值后的余额为应纳税所得额。财产净值是指财产的计税基础减除已经按照规定扣除的折旧、折耗、摊销、准备金等后的余额。

（3）其他所得，照前两项规定的方法计算应纳税所得额。

扣缴义务人在每次向非居民企业支付或者到期应支付所得时，应从支付或者到期应支付的款项中扣缴企业所得税。其计算公式为：

扣缴企业所得税应纳税额 = 应纳税所得额 × 实际征收率

五、会计处理

（一）所得税会计处理方法

我国企业所得税会计采用资产负债表债务法，要求企业从资产负债表出发，通过比较资产负债表上列示的资产、负债按照会计准则规定确定的账面价值与按照税法规定确定的计税基础，对于两者之间的差异分为应纳税暂时性差异与可抵扣暂时性差异，确认相关的递延所得税负债与递延所得税资产，并在此基础上确定每一会计期间利润表中的所得税费用。

（二）所得税会计的一般程序

在采用资产负债表债务法核算所得税的情况下，企业一般应于每一资产负债表日进行所得税的核算。企业进行所得税核算一般应遵循以下程序：

1. 确定资产和负债项目的账面价值

它是指按照我国具体会计准则规定确定的资产负债表中除递延所得税资产和递延所得税负债以外的其他资产和负债项目的账面价值。即在资产负债表上直接列示的项目金额，包括计提过减值准备后的资产净额。例如，企业持有的应收账款账面余额为 1 000 万元，企业对该应收账款计提了 50 万元的坏账准备，其账面价值为 950 万元。

2. 确定资产和负债项目的计税基础

它是指在我国具体会计准则中确定的资产和负债的基础上，以现行税法为准绳，计算确定资产负债表中有关资产、负债项目的计税基础。这是资产负债表债务法的计算关键。

3. 计算账面价值与计税基础之间的差额

分析资产、负债的账面价值与其计税基础之间的差异是应纳税暂时性差异还是可抵扣暂时性差异，从而确定资产负债表日递延所得税负债和递延所得税资产的应有余额，并与起初递延所得税资产和递延所得税负债的余额相比，确定当期应予进一步确认的递延所得税资产和递延所得税负债金额或应予转销的金额。

4. 计算应纳税所得额、应缴所得税

就企业当期发生的交易或事项，按照适用的税法规定计算确定当期应纳税所得额，将应纳税所得额与适用的所得税税率计算的结果确认为当期应交所得税，作为当期所得税。即：

$$应缴所得税 = 应纳税所得额 \times 适用所得税税率$$

5. 计算利润表上的所得税费用

利润表中的所得税费用包括当期所得税（当期应交所得税）和递延所得税两个组成部分，企业在计算确定了当期所得税和递延所得税后，两者之和（或之差）是利润表中的所得税费用。即：

$$所得税费用 = 当期所得税 + 递延所得税$$

（三）所得税会计的基本概念

1. 资产的计税基础

资产的计税基础是指企业收回资产账面价值过程中，计算应纳税所得额时按照税法规定可以自应税经济利益中抵扣的金额，即某一资产在未来期间计税时按照税法规定可以税前扣除的金额。

（1）在初始确认时，资产的计税基础一般为取得成本，即企业为取得某项资产支付的成本在未来期间准予税前扣除。

（2）在资产持续持有的过程中，其计税基础是资产的取得成本减去以前期间按照税法规定已经税前扣除的金额后的余额。如固定资产、无形资产等长期资产在某一资产负债表日的计税基础是指其成本扣除按照税法规定已在以前期间税前扣除的累计折旧额或累计摊销额后的金额。

【例6-8】企业于2021年1月1日购入一项固定资产，取得时按照会计规定及税法规定确定的成本均为1 200万元，企业预计该项固定资产的使用年限为12年，税法规定该类固定资产的折旧年限为10年，净残值为0。会计及税法均按照直线法计提折旧。

则该项固定资产2021年年末的计税基础为：1 200 − 1 200 ÷ 10 = 1 080（万元）。

2. 负债的计税基础

负债的计税基础是指负债的账面价值减去未来期间计算应纳税所得额时按照税法规定可予抵扣的金额。用公式表示为：

负债的计税基础 = 账面价值 − 未来期间按照税法规定可予税前扣除的金额

负债的确认与偿还一般不会影响企业的损益，也不会影响其应纳税所得额，未来期间计算应纳税所得额时按照税法的规定可予抵扣的金额为零，计税基础即为账面价值。但是，某些情况下，负债的确认可能会影响企业的损益，进而影响不同期间的应纳税所得额，使得其计税基础与账面价值之间产生差额。如按照会计规定确认的某些预计负债。

【例6-9】企业销售商品后承诺提供2年的免费保修，按照会计准则规定，企业在销售商品的期间，在确认销售收入的同时，应估计该项保修义务的金额，并作为预计负债确认。按照税法规定，有关的保修费用只有在实际发生时才能够从税前扣除。

因此，企业当期如果按照会计规定确认了5万元的预计负债，而该保修义务预计在以后2年发生，则该负债的计税基础 = 5 − 5 = 0。

3. 暂时性差异

暂时性差异是指资产、负债的账面价值与其计税基础不同产生的差额。因资产、负债的账面价值与其计税基础不同，产生了在未来收回资产或清偿负债的期间内，应纳税所得额增加或减少并导致未来期间应交所得税增加或减少的情况，形成企业的资产或负债，在有关暂时性差异发生当期，在符合确认条件的情况下，应当确认相关的递延所得税负债或递延所得税资产。

根据暂时性差异对未来期间应纳税所得额的影响，分为应纳税暂时性差异和可抵扣暂时性差异。

除因资产、负债的账面价值与其计税基础不同产生的暂时性差异以外，按照税法规定可以结转以后年度的未弥补亏损和税额抵减，也视同可抵扣暂时性差异处理。

（1）应纳税暂时性差异。应纳税暂时性差异是指在确定未来收回资产或清偿负债期间的应纳税所得额时，将导致产生应税金额的暂时性差异，即在未来期间不考虑该事项影响的应纳税所得额的基础上，由于该暂时性差异的转回，会进一步增加转回期间的应纳税所得额和应交所得税，在其产生当期应当确认相关的递延所得税负债。

应纳税暂时性差异通常产生于下列情况：

① 资产的账面价值大于其计税基础。资产的账面价值代表的是企业在持续使用或最终出售该项资产时将取得的经济利益的总额，而计税基础代表的是资产在未来期间可予税前扣除的总金额。资产的账面价值大于其计税基础，该项资产未来期间产生的经济利益不能全部税前抵

扣，两者之间的差额需要交税，产生应纳税暂时性差异。

② 负债的账面价值小于计税基础。负债的账面价值是企业预计在未来期间清偿该项负债的经济利益的流出，而其计税基础代表的是账面价值在扣除税法规定未来期间允许税前扣除的金额之后的差额。负债的账面价值与其计税基础不同产生的暂时性差异其实质是税法规定就该项负债在未来期间可以税前扣除的金额。负债的账面价值小于计税基础，意味着就该项负债在未来期间可以税前抵扣的金额为负数，即应在未来期间应纳税所得额的基础上调增，增加未来期间的应纳税所得额和应交所得税，产生应纳税暂时性差异，应确认相关的递延所得税负债。

（2）可抵扣暂时性差异。可抵扣暂时性差异是指在确定未来收回资产或清偿负债期间的应纳税所得额时，将导致产生可抵扣金额的暂时性差异。该差异在未来期间转回时会减少转回期间的应纳税所得额，减少未来期间的应交所得税。在可抵扣暂时性差异产生的当期，符合确认条件时，应当确认相关的递延所得税资产。

可抵扣暂时性差异一般产生于以下情况：

① 资产的账面价值小于计税基础。其意味着资产在未来期间产生的经济利益少，按照税法规定允许扣除的金额多，两者之间的差额可以减少企业在未来期间的应纳税所得额并减少应交所得税，符合有关条件时，应当确认相关的递延所得税资产。

② 负债的账面价值大于其计税基础。负债的账面价值与其计税基础不同产生的暂时性差异的实质是税法规定就该项负债在未来期间可以税前扣除的金额。

负债的账面价值大于其计税基础，就意味着未来期间按照税法规定与负债相关的全部或部分支出可以自未来应税经济利益中扣除，减少未来期间的应纳税所得额和应交所得税，符合有关确认条件时，应确认相关的递延所得税资产。

（3）特殊项目产生的暂时性差异。

① 未作为资产、负债确认的项目产生的暂时性差异。某些交易或事项发生以后，因为不符合资产、负债的确认条件而未体现为资产负债表中的资产或负债，但税法规定能够确定其计税基础的，其账面价值零与计税基础之间的差异也构成暂时性差异。

② 可抵扣亏损及税款抵减产生的暂时性差异。按照税法规定可以结转以后年度的未弥补亏损及税款抵减，虽不是因资产、负债的账面价值与计税基础不同产生的，但与可抵扣暂时性差异具有同样的作用，均能减少未来期间的应纳税所得额，进而减少未来期间的应交所得税，因此应视同为可抵扣暂时性差异，确认与其相关的递延所得税资产。

（四）税率

在采用资产负债表债务法时，时间性差额对未来所得税的影响金额，在会计报表中作为将来应付税款的债务，或者作为代表预付未来税款的资产。因此，当税率变动或开征新税时，递延所得税负债或递延所得税资产的账面余额，要按照税率的变动或新征税款进行调整。

（1）在计算时间性差额对未来所得税的影响金额时，应按企业本期实际执行的税率计算确定；

（2）如果在未来转销时间性差额的期间内，将要采用已公布、但在时间性差额产生时尚未执行的税率，应按已公布尚未执行的税率计算确定；

（3）如果在时间性差额发生时不存在将要执行的税率，应按实际执行税率计算确定，待税率变更时，再对递延所得税负债或递延所得税资产的余额进行调整；

（4）如果以前各期已经确认的时间性差额对所得税的影响金额未考虑开征新税的因素，应对已经确认的递延所得税负债或递延所得税资产的账面余额进行调整。

（五）所得税费用的确认

在按照资产负债表债务法核算所得税的情况下，利润表中的所得税费用包括当期所得税和递延所得税两个部分。

1. 当期所得税

当期所得税是指企业按照税法规定计算确定的针对当期发生的交易和事项，应交纳给税务部门的所得税金额，即当期应交所得税。

企业在确定当期应交所得税时，对于当期发生的交易或事项，会计处理与税法处理不同的，应在会计利润的基础上，按照适用税法法规的规定进行调整，计算出当期应纳税所得额，按照应纳税所得额与适用所得税税率计算确定当期的应交所得税。一般情况下，按照以下公式计算确定：

应纳税所得额＝会计利润＋按照会计准则规定计入利润表但计税时不允许扣除的费用 ±
　　　　　　　计入利润表的费用与按照税法规定可予税前抵扣的金额之间的差额 ±
　　　　　　　计入利润表的收入与按照税法规定应计入应纳税所得额的收入之间的差额 －
　　　　　　　税法规定的不征税收入 ± 其他需要调整的因素

2. 递延所得税

递延所得税是指按照所得税法规定当期应予确认的递延所得税资产和递延所得税负债金额，即递延所得税资产及递延所得税负债当期发生额的综合结果。用公式表示为：

递延所得税＝（递延所得税负债的期末余额 － 递延所得税负债的期初余额）－
　　　　　　（递延所得税资产的期末余额 － 递延所得税资产的期初余额）

应予说明的是，企业因确认递延所得税资产和递延所得税负债产生的递延所得税，一般计入所得税费用，但以下两种情况例外：

（1）某项交易或事项按照会计准则规定应计入所有者权益的，由该交易或事项产生的递延所得税资产或递延所得税负债及其变化亦应计入所有者权益，不构成利润表中的递延所得税费用（或收益）。

（2）企业合并中取得的资产、负债，其账面价值与计税基础不同，应确认相关递延所得税的，该递延所得税的确认影响合并中产生的商誉或计入当期损益的金额，不影响所得税费用。

3. 所得税费用

计算确定了当期所得税及递延所得税以后，利润表中应予确认的所得税费用为两者之和，即：

所得税费用＝当期所得税＋递延所得税

（六）会计账户的设置

在资产负债表债务法下，设置"所得税费用""递延所得税资产""递延所得税负债""应交税费——应交所得税"账户进行核算。

1. "所得税费用"账户

"所得税费用"账户用来核算企业根据所得税准则确认的应从当期利润总额中扣除的所得

税费用，按照"当期所得税费用""递延所得税费用"进行明细核算。其借方登记计算出的所得税费用，其贷方登记期末转入"本年利润"的所得税费用。期末结转后该账户无余额。

2."递延所得税资产"账户

"递延所得税资产"账户用来核算企业根据所得税准则确认的可抵扣暂时性差异产生的所得税资产。根据税法规定可用以后年度税前利润弥补的亏损产生的所得税资产，也在本账户核算，按照可抵扣暂时性差异等项目进行明细核算。本账户期末借方余额，反映企业已确认的递延所得税资产的余额。

（1）资产负债表日，企业根据所得税会计准则应予确认的递延所得税资产大于本账户余额的，应做如下会计分录。

借：递延所得税资产
　　贷：所得税费用——递延所得税费用
　　　　其他综合收益

（2）资产负债表日，预计未来期间很可能无法获得足够的应纳税所得额用以抵扣可抵扣暂时性差异的，应做如下会计分录。

借：所得税费用——当期所得税费用
　　其他综合收益
　　贷：递延所得税资产

3."递延所得税负债"账户

"递延所得税负债"账户用来核算企业根据所得税会计准则确认的应纳税暂时性差异产生的所得税负债。该账户应当按照应纳税暂时性差异项目进行明细核算。本账户期末贷方余额，反映企业已确认的递延所得税负债的余额。

资产负债表日，企业根据所得税会计准则应予确认的递延所得税负债大于本账户余额的，应做如下会计分录。

借：所得税费用——递延所得税费用
　　其他综合收益
　　贷：递延所得税负债

应予确认的递延所得税负债小于本账户余额的，做相反的会计分录。

4."应交税费——应交所得税"账户

"应交税费——应交所得税"账户用来核算企业应交未交的所得税税款。其借方登记预交数或补交数，其贷方登记应缴数。该账户贷方余额表示欠缴数，借余额表示多交数。

（七）会计核算

在资产负债表债务法下，资产负债表项目直接确认，利润表项目间接确认。即首先计算出期末递延所得税，然后倒挤出本期所得税费用。

借：所得税费用
　　递延所得税资产
　　贷：应交税费——应交所得税
　　　　递延所得税负债

【例6-10】甲公司2021年度利润表中利润总额为3 000万元，该公司使用的所得税税率

135

为 25%。递延所得税资产及递延所得税负债不存在期初余额。2021 年发生的有关交易和事项中，会计处理与税收处理存在差别的有：

（1）2021 年，甲公司应收账款年初余额为 300 万元，坏账准备年初余额为零；应收账款年末余额为 700 万元，坏账准备年末余额为 200 万元。税法规定，企业计提的各项资产减值损失在未发生实质性损失前不允许扣除。

（2）2020 年 12 月 31 日购买了一项固定资产，成本为 1 200 万元，使用年限 10 年，净残值为 0，会计处理按双倍余额递减法计提折旧，税收处理按直线法计提折旧。假定税法规定的使用年限与会计规定相同。

（3）甲公司于 2019 年 1 月购入的对乙公司股权投资的初始投资成本为 2 800 万元，采用成本法核算。2021 年 10 月 3 日，甲公司从乙公司分得现金股利 200 万元，计入投资收益。至 12 月 31 日，该项投资未发生减值。甲公司、乙公司均为设在我国境内的居民企业。税法规定，我国境内居民企业之间取得的股息、红利免税。

（4）当期取得作为交易性金融资产核算的股票投资成本为 700 万元，12 月 31 日公允价值为 1 100 万元。税法规定，以公允价值计量的金融资产持有期间的市价变动不计入应纳税所得额。

（5）违反环保法的规定应支付罚款 300 万元。

（6）向关联企业捐赠现金 180 万元，税法规定，企业向关联方的捐赠不允许税前扣除。

【解析】

（1）题目中的（3）（5）（6）为永久性差异，（1）（2）（4）为暂时性差异，分析如表 6-4 所示。

表 6-4　差　异　分　析　　　　　　　　　　　　单位：万元

项目	账面价值	计税基础	暂时性差异	
			应纳税暂时性差异	可抵扣暂时性差异
应收账款	500	700		200
固定资产	960	1 080		120
交易性金融资产	1 100	700	400	

（2）2021 年度当期应交所得税：

应纳税所得额 = 3 000 + 200 + 120 − 200 − 400 + 300 + 180 = 3 200（万元）

应交所得税 = 3 200 × 25% = 800（万元）

（3）2021 年度应交递延所得税：

递延所得税资产 = 320 × 25% = 80（万元）

递延所得税负债 = 400 × 25% = 100（万元）

应交递延所得税 = 100 − 80 = 20（万元）

（4）利润表中的所得税费用：

所得税费用 = 800 + 20 = 820（万元）

确认所得税费用的账务处理如下：

借：所得税费用   820

     递延所得税资产   80

     贷：应交税费——应交所得税   800

         递延所得税负债   100

第三节　纳税调整与申报

一、纳税调整

企业所得税的纳税调整是针对会计与税法差异的调整，只在纳税申报表内调整，同各国调整使之符合税法的规定。这种差异可分为永久性差异和暂时性差异。

（一）永久性差异

永久性差异是指某一会计期间，由于会计准则、制度和税法在计算收益、费用或损失时的口径不同、标准不同，所产生的税前会计利润与应税所得额之间的差异。这种差异不影响其他会计报告期，也不会在其他期间得到弥补。差异在本期发生，随本期净收益确定而结转，并不会在以后各经营期间结转，若不及时调整，这种差异将永久存在，因此，称其为永久性差异。其会计处理原则为：该差异一经发生，即应在本期调整。

该差异产生的原因有：一是范围不同，二是标准不同。

1. 调增金额

（1）会计上不确认收入，但税法规定要作为应税收入的项目。

这种收入主要有：企业收到的价外费用、视同销售等收入，会计上可能不作为收入，但税法上要求作为应税收入。

（2）会计上规定可以列为成本、费用或损失，但税法上不允许扣除的项目。

范围不同产生的差异有：税收滞纳金、罚金、罚款等会计上做"营业外支出"核算，但税法规定不得扣除。

标准不同产生的差异有：公益性捐赠，会计上企业的捐赠支出全部计入"营业外支出"予以扣除，但税法上规定不超过年度会计利润总额的12%的部分准予扣除，超出部分不得扣除。

2. 调减金额

（1）会计上做收入处理，但税法上允许其扣除。例如：企业购买国库券的利息收入，会计上做"投资收益"核算，但税法对其免税。在计算应纳税所得额时，将其从会计利润中减去。

（2）会计上未确认为成本、费用或损失，但税法上规定应作为成本、费用或损失的扣除项目。例如：企业为开发新技术、产品、新工艺发生的研究开发费用，未形成无形资产计入当期损益的，在据实扣除的基础上，按照研究开发费用的75%加计扣除；形成无形资产的，按照无形资产成本的175%摊销。

（二）暂时性差异

暂时性差异是指在某一会计期间，由于某些收入、费用项目虽然在计算税前会计利润和纳税所得的口径一致，但由于两者确认的时间不同，所产生的税前会计利润与应纳税所得额之间的差异。这种差异不仅影响本期和前期的税前会计利润和应税收益，而且还影响相关未来时期所报告的税前会计利润和应税收益。随着时间的推移和影响事项的完结，这种差异会在以后期间结转，使税前会计利润和应税收益达到总量相等。

这种差异主要体现在以下几个项目上：

（1）计提折旧额的差异，即以税法允许的折旧方法，按企业固定资产原值计算的可计提折旧额与企业本期按自己规定的折旧方法实际提取的折旧额之间的差异。

（2）摊销费用的差异，即以税法规定的摊销方法，根据企业无形资产、长期待摊费用等的余额计算的可摊销额与本期企业实际发生摊销额之间的差异。

（3）收入确认上的差异，即以税法规定的时间确认收入与企业按照会计准则确认收入之间的差异。这样的业务发生后，只对企业本期收益造成影响。

二、纳税申报

纳税人应当在月份或者季度终了后 15 日内，向其所在地主管税务机关报送会计报表和企业所得税预缴纳税申报表（见表 6-5 和表 6-6）；自年度终了之日起 5 个月内，向税务机关报送企业所得税年度纳税申报表（见表 6-7），并汇算清缴，结清应缴应退税款。

1. 企业所得税预缴纳税申报表的填制

表 6-5　中华人民共和国企业所得税月（季）度预缴纳税申报表（A 类）

税款所属期间：　　年　　月　　日至　　年　　月　　日

纳税人识别号（统一社会信用代码）：

纳税人名称：　　　　　　　　　　　　　　　　　　　金额单位：人民币元（列至角分）

优惠及附报事项有关信息									
项目	一季度		二季度		三季度		四季度		季度平均值
	季初	季末	季初	季末	季初	季末	季初	季末	
从业人数									
资产总额（万元）									
国家限制或禁止行业	□是□否				小型微利企业				□是□否
附报事项名称									金额或选项
事项 1	（填写特定事项名称）								
事项 2	（填写特定事项名称）								
预缴税款计算									本年累计
1	营业收入								
2	营业成本								

	预缴税款计算		本年累计
3	利润总额		
4	加：特定业务计算的应纳税所得额		
5	减：不征税收入		
6	减：资产加速折旧、摊销（扣除）调减额（填写 A201020）		
7	减：免税收入、减计收入、加计扣除（7.1＋7.2＋…）		
7.1	（填写优惠事项名称）		
7.2	（填写优惠事项名称）		
8	减：所得减免（8.1＋8.2＋…）		
8.1	（填写优惠事项名称）		
8.2	（填写优惠事项名称）		
9	减：弥补以前年度亏损		
10	实际利润额（3＋4－5－6－7－8－9）\按照上一纳税年度应纳税所得额平均额确定的应纳税所得额		
11	税率（25%）		
12	应纳所得税额（10×11）		
13	减：减免所得税额（13.1＋13.2＋…）		
13.1	（填写优惠事项名称）		
13.2	（填写优惠事项名称）		
14	减：本年实际已缴纳所得税额		
15	减：特定业务预缴（征）所得税额		
16	本期应补（退）所得税额（12－13－14－15）\税务机关确定的本期应纳所得税额		
	汇总纳税企业总分机构税款计算		
17	总机构	总机构本期分摊应补（退）所得税额（18＋19＋20）	
18		其中：总机构分摊应补（退）所得税额（16×总机构分摊比例____%）	
19		财政集中分配应补（退）所得税额（16×财政集中分配比例____%）	
20		总机构具有主体生产经营职能的部门分摊所得税额（16×全部分支机构分摊比例____%×总机构具有主体生产经营职能部门分摊比例____%）	
21	分支机构	分支机构本期分摊比例	

		预缴税款计算	本年累计
22		分支机构本期分摊应补（退）所得税额	

	实际缴纳企业所得税计算		
23	减：民族自治地区企业所得税地方分享部分：□免征 □减征：减征幅度 ＿＿＿％）	本年累计应减免金额 ［（12－13－15）×40%× 减征幅度］	
24	实际应补（退）所得税额		

谨声明：本纳税申报表是根据国家税收法律法规及相关规定填报的，是真实的、可靠的、完整的。

纳税人（签章）： 年 月 日

经办人： 经办人身份证号： 代理机构签章： 代理机构统一社会信用代码：	受理人： 受理税务机关（章）： 受理日期： 年 月 日

国家税务总局监制

表 6-6 中华人民共和国企业所得税月（季）度预缴和年度纳税申报表（B 类）

税款所属期间： 年 月 日至 年 月 日

纳税人识别号：

纳税人名称：

金额单位：人民币元（列至角分）

项目			行次	累计金额
一、以下由按应税所得率计算应纳所得税额的企业填报				
应纳税所得额的计算	按收入总额核定 应纳税所得额	收入总额	1	
		减：不征税收入	2	
		免税收入	3	
		应税收入额（1－2－3）	4	
		税务机关核定的应税所得率（%）	5	
		应纳税所得额（4×5）	6	
	按成本费用核定 应纳税所得额	成本费用总额	7	
		税务机关核定的应税所得率（%）	8	
		应纳税所得额［7÷（100%－8）×8］	9	

项目		行次	累计金额
应纳所得税额的计算	税率（25%）	10	
	应纳所得税额（6×10 或 9×10）	11	
应补（退）所得税额的计算	已预缴所得税额	12	
	应补（退）所得税额（11－12）	13	
二、以下由税务机关核定应纳所得税额的企业填报			
税务机关核定应纳所得税额		14	

谨声明：此纳税申报表是根据《中华人民共和国企业所得税法》《中华人民共和国企业所得税法实施条例》和国家有关税收规定填报的，是真实的、可靠的、完整的。

法定代表人（签字）：　　年　　月　　日

纳税人公章： 会计主管： 填报日期：　　年　月　日	代理申报中介机构公章： 经办人： 经办人执业证件号码： 代理申报日期：　　年　月　日	主管税务机关受理专用章： 受理人： 受理日期：　　年　月　日

国家税务总局监制

2. 纳税申报

企业所得税纳税年度申报表包括 1 个主表和若干个明细表。本书仅将收入明细表（见表 6-8）、成本支出明细表（见表 6-9）进行列示，其余附表省略。

表 6-7　中华人民共和国企业所得税年度纳税申报表（A 类）

行次	类别	项目	金额
1	利润总额计算	一、营业收入（填写 A10010\101020\103000）	
2		减：营业成本（填写 A102010\102020\103000）	
3		税金及附加	
4		销售费用（填写 A104000）	
5		管理费用（填写 A104000）	
6		财务费用（填写 A104000）	
7		资产减值损失	
8		加：公允价值变动收益	

行次	类别	项目	金额
9		投资收益	
10		二、营业利润（1－2－3－4－5－6－7＋8＋9）	
11	利润总额计算	加：营业外收入（填写 A101010\101020\103000）	
12		减：营业外支出（填写 A102010\102020\103000）	
13		三、利润总额（10＋11－12）	
14		减：境外所得（填写 A108010）	
15		加：纳税调整增加额（填写 A105000）	
16		减：纳税调整减少额（填写 A105000）	
17		减：免税、减计收入及加计扣除（填写 A107010）	
18	应纳税所得额计算	加：境外应税所得抵减境内亏损（填写 A108000）	
19		四、纳税调整后所得（13－14＋15－16－17＋18）	
20		减：所得减免（填写 A107020）	
21		减：弥补以前年度亏损（填写 A106000）	
22		减：抵扣应纳税所得额（填写 A107030）	
23		五、应纳税所得额（19－20－21－22）	
24		税率（25%）	
25		六、应纳所得税额（23×24）	
26		减：减免所得税额（填写 A107040）	
27		减：抵免所得税额（填写 A107050）	
28	应纳税额计算	七、应纳税额（25－26－27）	
29		加：境外所得应纳所得税额（填写 A108000）	
30		减：境外所得抵免所得税额（填写 A108000）	
31		八、实际应纳所得税额（28＋29－30）	
32		减：本年累计实际已缴纳的所得税额	

行次	类别	项目	金额
33	应纳税额计算	九、本年应补（退）所得税额（31－32）	
34		其中：总机构分摊本年应补（退）所得税额（填写 A109000）	
35		财政集中分配本年应补（退）所得税额（填写 A109000）	
36		总机构主体生产经营部门分摊本年应补（退）所得税额（填写 A109000）	
37	实际应纳税额计算	减：民族自治地区企业所得税地方分享部分：（□免征　□减征：减征幅度＿＿＿%）	
38		十、本年实际应补（退）所得税额（33－37）	

填报说明

表 6-8　一般企业收入明细表

行次	项目	金额
1	一、营业收入（2＋9）	
2	（一）主营业务收入（3＋5＋6＋7＋8）	
3	1. 销售商品收入	
4	其中：非货币性资产交换收入	
5	2. 提供劳务收入	
6	3. 建造合同收入	
7	4. 让渡资产使用权收入	
8	5. 其他	
9	（二）其他业务收入（10＋12＋13＋14＋15）	
10	1. 销售材料收入	
11	其中：非货币性资产交换收入	
12	2. 出租固定资产收入	
13	3. 出租无形资产收入	

行次	项目	金额
14	4. 出租包装物和商品收入	
15	5. 其他	
16	二、营业外收入（17＋18＋19＋20＋21＋22＋23＋24＋25＋26）	
17	（一）非流动资产处置利得	
18	（二）非货币性资产交换利得	
19	（三）债务重组利得	
20	（四）政府补助利得	
21	（五）盘盈利得	
22	（六）捐赠利得	
23	（七）罚没利得	
24	（八）确实无法偿付的应付款项	
25	（九）汇兑收益	
26	（十）其他	

填报说明

表 6-9　一般企业成本支出明细表

行次	项目	金额
1	一、营业成本（2＋9）	
2	（一）主营业务成本（3＋5＋6＋7＋8）	
3	1. 销售商品成本	
4	其中：非货币性资产交换成本	
5	2. 提供劳务成本	
6	3. 建造合同成本	

行次	项目	金额
7	4. 让渡资产使用权成本	
8	5. 其他	
9	（二）其他业务成本（10＋12＋13＋14＋15）	
10	1. 材料销售成本	
11	其中：非货币性资产交换成本	
12	2. 出租固定资产成本	
13	3. 出租无形资产成本	
14	4. 包装物出租成本	
15	5. 其他	
16	二、营业外支出（17＋18＋19＋20＋21＋22＋23＋24＋25＋26）	
17	（一）非流动资产处置损失	
18	（二）非货币性资产交换损失	
19	（三）债务重组损失	
20	（四）非常损失	
21	（五）捐赠支出	
22	（六）赞助支出	
23	（七）罚没支出	
24	（八）坏账损失	
25	（九）无法收回的债券股权投资损失	
26	（十）其他	

填报说明

本章是本书的重点，比较完整地阐述了我国新的企业所得税法的基本内容，阐述了所得税会计的原理和处理方法。

（1）企业所得税的基本内容：纳税义务人包括居民企业和非居民企业。征税对象包括居民企业的征税对象、非居民企业的征税对象和所得来源地的确定。收入总额包括一般收入的确认和特殊收入的确认。各项扣除包括扣除项目的范围、扣除项目及其标准和不得扣除的项目。

（2）企业所得税的计算及会计处理，包括：居民企业应纳税所得额的计算；居民企业应纳税额的计算；境外所得抵扣税额的计算；非居民企业应纳税额的计算。

（3）纳税调整与申报包括纳税调整和纳税申报。

复习思考题

1. 什么是企业所得税？
2. 什么是居民企业和非居民企业？
3. 什么是应纳税暂时性差异和可抵扣暂时性差异？
4. 资产和负债的计税基础如何计算？
5. 所得税会计的一般程序是什么？

练 习 题

2021年5月，税务部门在对某国有工业企业进行税务稽查时发现，该企业2000年多提固定资产折旧100万元，因此责令企业做纳税调整，补交所得税25万元（该企业所得税税率25%）。当时企业会计人员所做的会计处理如下：

① 借：以前年度损益调整　　　　　　　　　　25（万元）

　　贷：应交税费——应交所得税　　　　　　　　　　25（万元）

② 借：应交税费——应交所得税　　　　　　　25（万元）

　　贷：银行存款　　　　　　　　　　　　　　　　　25（万元）

③ 借：本年利润　　　　　　　　　　　　　　25（万元）

　　贷：以前年度损益调整　　　　　　　　　　　　　25（万元）

④ 借：利润分配——未分配利润　　　　　　　25（万元）

　　贷：本年利润　　　　　　　　　　　　　　　　　25（万元）

会计处理后出现的问题：

① 该企业的固定资产按直线法计提折旧，后续调整如何进行才能使固定资产账面的折旧率、折旧年限、折旧额相吻合，并与实际税负相一致？

② 现行税法已将所得税定位为企业在经营过程中为取得收入而发生的一项支出。将补交的所得税结转至利润分配显然不符合会计制度规定。

③ 上年未分配利润的调增数不等于补交的所得税额，处理结果有误。

④ 未做补提盈余公积调整，会计处理"漏项"。

要求：该企业会计处理是否正确？是否需要进行纳税调整？

即测即评

请扫描右侧二维码，进行随堂测试。

第七章 个人所得税会计

学习目标

1. 了解个人所得税的纳税义务人、征税范围和个人所得税税率
2. 掌握个人所得税应纳税所得额的确定和应纳税额的计算
3. 掌握企业缴纳个人所得税的会计处理
4. 了解个人所得税纳税申报表的填制

【思维导图】

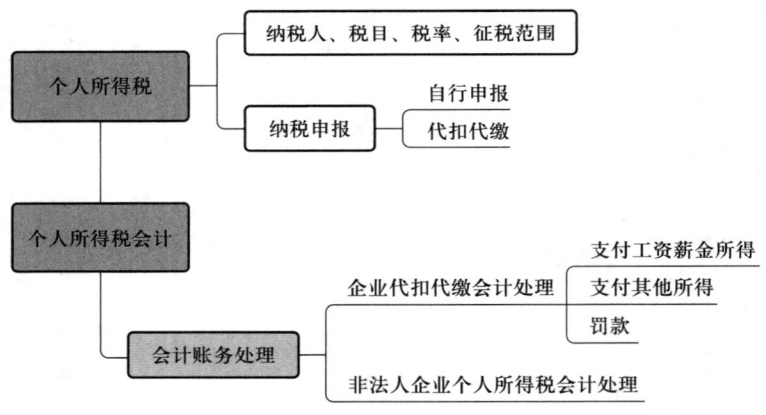

【引言】

个人收入和相关税收征缴与我们的生活关系紧密，明星等公众人物逃税以及被罚款的新闻时有发生，那么我国的个人所得税究竟采用的是什么样的税制，如何对各项所得依法纳税，如何避免偷税漏税，希望大家在学习完本章的内容后，都能有自己独到的见解。

第一节 个人所得税概述

一、个人所得税的概念

个人所得税是以个人（自然人）取得的各项应税所得为征税对象而征收的一种所得税，是政府利用税收对个人收入进行调节的一种手段。

个人所得税在组织财政收入、提高公民纳税意识，尤其在调节个人收入分配差距方面具有重要作用。

二、纳税义务人

根据个人所得税法的规定，在中国境内有住所，或者无住所而在中国境内居住累计满183天的个人，以及无住所又不居住或者居住累计不满183天但从中国境内取得所得的个人都是个人所得税的纳税义务人。

上述纳税义务人根据住所和居住时间两个标准，区分为居民和非居民，分别承担不同的纳税义务。

（一）居民纳税义务人

根据《中华人民共和国个人所得税法》（以下简称《个人所得税法》）的规定，居民纳税义务人是指在中国境内有住所，或者无住所而在中国境内居住累计满183天的个人。居民纳税义务人负有无限纳税义务，其所取得的应纳税所得无论是来源于中国境内还是中国境外任何地方，都要在中国缴纳个人所得税。

所谓在中国境内有住所的个人，是指因户籍、家庭、经济利益关系，而在中国境内习惯性居住的个人。这里所说的习惯性居住，是判定纳税义务人属于居民还是非居民的一个重要依据。它是指个人因学习、工作、探亲等原因消除之后，没有理由在该地继续居留时所要回到的地方，而不是指实际居住或在某一个特定时期内的居住地。

所谓在境内居住累计满183天，是指在一个纳税年度（即公历1月1日起至12月31日止，下同），在中国境内居住累计满183日。在计算居住天数时，对临时离境应视同在华居住，不扣减其在华居住的天数。这里所说的临时离境，是指在一个纳税年度内，一次不超过30日或者多次累计不超过90日的离境。

（二）非居民纳税义务人

非居民纳税义务人是指不符合居民纳税义务人判定标准的纳税义务人，非居民纳税义务人承担有限纳税义务，即仅就其来源于中国境内的所得向中国缴纳个人所得税。

《个人所得税法》规定，非居民纳税义务人是在中国境内无住所又不居住或者无住所而在境内居住累计不满183天的个人。也就是说，非居民纳税义务人是指习惯性居住地不在中国境内，而且不在中国居住，或者在一个纳税年度内，在中国境内居住累计不满183天的个人。

居民纳税义务人和非居民纳税义务人定义的比较如表7-1所示。

表 7-1　居民纳税义务人与非居民纳税义务人的定义

纳税义务人	判定标准	征税对象范围
居民纳税义务人（负无限纳税义务）	（1）在中国境内有住所的个人 （2）在中国境内无住所，而在中国境内居住满 183 天的个人	境内所得 境外所得
非居民纳税义务人（负有限纳税义务）	（1）在中国境内无住所且不居住的个人 （2）在中国境内无住所且居住不满 183 天的个人	境内所得

三、征税范围

从世界范围看，个人所得税的税制模式有三种：分类征收制、综合征收制与混合征收制。分类征收制是将纳税人不同来源、性质的所得项目，分别规定不同的税率征税；综合征收制是对纳税人全年的各项所得加以汇总，就其总额进行征税；混合征收制是对纳税人不同来源、性质的所得先分别按照不同的税率征税，然后将全年的各项所得进行汇总征税。三种不同的征收模式各有其优缺点。目前，我国个人所得税的征收采用的是第三种模式，即混合征收制。

下列 10 项个人所得，应缴纳个人所得税。

1. 工资、薪金所得

工资、薪金所得，是指个人因任职或者受雇而取得的工资、薪金、奖金、年终加薪、劳动分红、津贴、补贴以及与任职或者受雇有关的其他所得。

2. 劳务报酬所得

劳务报酬所得，是指个人独立从事各种非雇佣的劳务所取得的所得。

3. 稿酬所得

稿酬所得，是指个人因其作品以图书、报刊形式出版、发表而取得的所得。

4. 特许权使用费所得

特许权使用费所得，是指个人提供专利权、商标权、著作权、非专利技术以及其他特许权的使用权取得的所得。提供著作权的使用权取得的所得，不包括稿酬所得。

5. 经营所得

经营所得，是指：① 个体工商户从事生产、经营活动取得的所得，个人独资企业投资人、合伙企业的个人合伙人来源于境内注册的个人独资企业、合伙企业生产、经营的所得；② 个人依法从事办学、医疗、咨询以及其他有偿服务活动取得的所得；③ 个人对企业、事业单位承包经营、承租经营以及转包、转租取得的所得；④ 个人从事其他生产、经营活动取得的所得。

6. 利息、股息、红利所得

利息、股息、红利所得，是指个人拥有债权、股权而取得的利息、股息、红利所得。

7. 财产租赁所得

财产租赁所得，是指个人出租不动产、机器设备、车船以及其他财产取得的所得。个人取得的财产转租收入，属于"财产租赁所得"的征税范围，由财产转租人缴纳个人所得税。

8. 财产转让所得

财产转让所得，是指个人转让有价证券、股权、合伙企业中的财产份额、不动产、机器设备、车船以及其他财产取得的所得。

9. 偶然所得

偶然所得，是指个人得奖、中奖、中彩以及其他偶然性质的所得。

10. 经国务院财政部门确定征税的其他所得

个人取得的所得，难以界定应纳税所得项目的，由国务院税务主管部门确定。

上述第一项至第四项所得（之后称综合所得），居民个人按纳税年度合并计算个人所得税，非居民个人按月或者按次分项计算个人所得税。

四、居民取得综合所得年度汇算

（一）年度汇算概念

综合所得具体包括工资薪金所得、劳务报酬所得、稿酬所得、特许权使用费所得。居民个人取得综合所得需要年度汇算的，应于次年 3 月 1 日至 6 月 30 日办理年度汇算。

综合税制，通俗讲就是"合并全年收入，按年计算税款"，与我国原先一直实行的分类税制相比，个人所得税的计算方法发生了改变，即将纳税人取得的工资薪金、劳务报酬、稿酬、特许权使用费四项所得合并为"综合所得"，以"年"为一个周期计算应该缴纳的个人所得税。平时取得这四项收入时，先由支付方（即扣缴义务人）依税法规定按月或者按次预扣预缴税款。年度终了，纳税人需要将上述四项所得的全年收入和可以扣除的费用进行汇总，收入额减去费用、扣除后，适用 3%~45% 的综合所得年度税率表，计算全年应纳个人所得税，再减去年度内已经预缴的税款，向税务机关办理年度纳税申报并结清应退或应补税款，这个过程就是汇算清缴。简言之，就是在平时已预缴税款的基础上"查遗补漏，汇总收支，按年算账，多退少补"，这也是国际通行做法。

（二）不需要进行年度汇算的情形

1. 非居民个人取得综合所得

非居民个人取得工资、薪金所得，劳务报酬所得，稿酬所得和特许权使用费所得，有扣缴义务人的，由扣缴义务人按月或者按次代扣代缴税款，不办理年度汇算。

2. 部分本来应当办理年度汇算且需要补税的纳税人

纳税人只要综合所得年收入不超过 12 万元，则不论补税金额多少，均不需要办理年度汇算；纳税人只要补税金额不超过 400 元，则不论综合所得年收入的高低，均不需要办理年度汇算。需要说明的是，纳税人取得综合所得时存在扣缴义务人未依法预扣预缴税款的情形，不包括在免予办理情形范围内。

3. 已预缴税额与年度应纳税额一致或者不申请年度汇算退税

如果纳税人平时已预缴税额与年度应纳税额完全一致，既不需要退税也不需要补税，也就无须办理年度汇算。如果纳税人自愿放弃退税，也无须办理年度汇算。

4. 累计收入不超过 6 万元的月份

（1）上一完整纳税年度各月均在同一单位扣缴申报了工资薪金所得个人所得税且全年工资薪金收入不超过 6 万元的居民个人。具体来说需同时满足三个条件：① 上一纳税年度 1—

12月均在同一单位任职且预扣预缴申报了工资薪金所得个人所得税；②上一纳税年度1—12月的累计工资薪金收入（包括全年一次性奖金等各类工资薪金所得，且不扣减任何费用及免税收入）不超过6万元；③本纳税年度自1月起，仍在该单位任职受雇并取得工资薪金所得。

（2）按照累计预扣法预扣预缴劳务报酬所得的个人所得税的居民个人，如保险营销员和证券经纪人。同样需同时满足以下三个条件：①上一纳税年度1—12月均在同一单位取得报酬且按照累计预扣法预扣预缴申报了劳务报酬所得的个人所得税；②上一纳税年度1—12月的累计劳务报酬（不扣减任何费用及免税收入）不超过6万元；③本纳税年度自1月起，仍在该单位取得按照累计预扣法预扣预缴税款的劳务报酬所得。

五、税率

（一）居民个人工资、薪金所得预扣预缴适用税率

居民个人工资、薪金所得预扣预缴适用税率适用七级超额累进税率，税率为3%～45%。具体适用情况如表7-2所示。

表7-2　居民个人工资、薪金所得预扣预缴适用税率表

级数	累计含税应纳税所得额	累计不含税应纳税所得额	税率（%）	速算扣除数（元）
1	不超过36 000元的	不超过34 920元的	3	0
2	超过36 000元至144 000元的部分	超过34 920元至132 120元的部分	10	2 520
3	超过144 000元至300 000元的部分	超过132 120元至256 920元的部分	20	16 920
4	超过300 000元至420 000元的部分	超过256 920元至346 920元的部分	25	31 920
5	超过420 000元至660 000元的部分	超过346 920元至514 920元的部分	30	52 920
6	超过660 000元至960 000元的部分	超过514 920元至709 920元的部分	35	85 920
7	超过960 000元的部分	超过709 920元的部分	45	181 920

注：本表所称累计含税应纳税所得额和累计不含税应纳税所得额，是指依照税法的规定，以纳税人在本单位截至当前月份工资、薪金所得累计收入减除累计免税收入、累计减除费用、累计专项扣除、累计专项附加扣除和累计依法确定的其他扣除后的余额。

（二）居民个人取得劳务报酬所得预扣预缴适用税率

劳务报酬预扣预缴所得适用比例税率，税率为20%。对劳务报酬所得一次收入畸高的，可以实行加成征收，具体办法由国务院规定。

《个人所得税法实施条例》规定，"劳务报酬所得一次收入畸高"是指个人一次取得劳务报酬，其应纳税所得额超过20 000元。对应纳税所得额超过20 000元至50 000元的部分，依照税法规定计算应纳税额后再按照应纳税额加征五成；超过50 000元的部分，加征十成。因此，劳务报酬所得实际上适用20%、30%、40%的三级超额累进税率（见表7-3）。

表 7-3 居民个人劳务报酬所得预扣预缴适用税率表

级数	每次应纳税所得额	预扣率（%）	速算扣除数（元）
1	不超过 20 000 元的部分	20	0
2	超过 20 000 元至 50 000 元的部分	30	2 000
3	超过 50 000 元的部分	40	7 000

注：本表所称每次应纳税所得额，是指每次收入额减除费用 800 元（每次收入额不超过 4 000 元时）或者减除 20% 的费用（每次收入额超过 4 000 元时）后的余额。

（三）居民个人取得稿酬所得预扣预缴适用税率

稿酬所得预扣预缴适用比例税率，税率为 20%，并按应纳税额减征 30%。故其实际税负为 14%。

预扣预缴时，稿酬所得每次收入不超过 4 000 元的，减除费用按 800 元计算；每次收入 4 000 元以上的，减除费用按收入的 20% 计算。

（四）居民个人取得特许权使用费所得预扣预缴适用税率

特许权使用费所得预扣预缴适用比例税率，税率为 20%。

预扣预缴时，特许权使用费所得每次收入不超过 4 000 元的，减除费用按 800 元计算；每次收入 4 000 元以上的，减除费用按收入的 20% 计算。

（五）居民个人取得综合所得适用税率

居民个人取得综合所得适用税率适用七级超额累进税率，税率为 3%~45%。（见表 7-4）。

表 7-4 居民个人取得综合所得适用税率表

级数	全年含税应纳税所得额	全年不含税应纳税所得额	税率（%）	速算扣除数（元）
1	不超过 36 000 元的	不超过 34 920 元的	3	0
2	超过 36 000 元至 144 000 元的部分	超过 34 920 元至 132 120 元的部分	10	2 520
3	超过 144 000 元至 300 000 元的部分	超过 132 120 元至 256 920 元的部分	20	16 920
4	超过 300 000 元至 420 000 元的部分	超过 256 920 元至 346 920 元的部分	25	31 920
5	超过 420 000 元至 660 000 元的部分	超过 346 920 元至 514 920 元的部分	30	52 920
6	超过 660 000 元至 960 000 元的部分	超过 514 920 元至 709 920 元的部分	35	85 920
7	超过 960 000 元的部分	超过 709 920 元的部分	45	181 920

注：本表所称全年含税应纳税所得额和全年不含税应纳税所得额，是指依照税法的规定，以每一纳税年度的收入额减除费用 60 000 元以及专项扣除、专项附加扣除和依法确定的其他扣除后的余额。

（六）非居民个人取得综合所得适用税率

非居民个人取得综合所得适用税率适用七级超额累进税率，税率为 3%~45%。（见表 7-5）。

表 7-5　非居民个人取得综合所得适用税率表

级数	全月含税应纳税所得额	全月不含税应纳税所得额	税率（%）	速算扣除数（元）
1	不超过 3 000 元的	不超过 2 910 元的	3	0
2	超过 3 000 元至 12 000 元的部分	超过 2 910 元至 11 010 元的部分	10	210
3	超过 12 000 元至 25 000 元的部分	超过 11 010 元至 21 410 元的部分	20	1 410
4	超过 25 000 元至 35 000 元的部分	超过 21 410 元至 28 910 元的部分	25	2 660
5	超过 35 000 元至 55 000 元的部分	超过 28 910 元至 42 920 元的部分	30	4 410
6	超过 55 000 元至 80 000 元的部分	超过 42 920 元至 59 160 元的部分	35	7 160
7	超过 80 000 元的部分	超过 59 160 元的部分	45	15 160

　　注：本表所称全月含税应纳税所得额和全月不含税应纳税所得额，是指依照税法的规定，非居民个人取得工资薪金所得以每月收入额减除费用 5 000 元后的余额为应纳税所得额；劳务报酬所得、稿酬所得、特许权使用费所得以收入减除 20% 的费用后的余额为应纳税所得额；其中，稿酬所得的应纳税所得额按 70% 计算。

（七）经营所得适用税率

经营所得适用 5%~35% 的五级超额累进税率（见表 7-6）。

表 7-6　经营所得适用税率表

级数	全年含税应纳税所得额	全年不含税应纳税所得额	税率（%）	速算扣除数（元）
1	不超过 30 000 元的	不超过 28 500 元的	5	0
2	超过 30 000 元至 90 000 元的部分	超过 28 500 元至 82 500 元的部分	10	1 500
3	超过 90 000 元至 300 000 元的部分	超过 82 500 元至 250 500 元的部分	20	10 500
4	超过 300 000 元至 500 000 元的部分	超过 250 500 元至 390 500 元的部分	30	40 500
5	超过 500 000 元的部分	超过 390 500 元的部分	35	65 500

　　注：本表所称全年含税应纳税所得额和全年不含税应纳税所得额，是指依照税法的规定，以每一纳税年度的收入总额减除成本、费用以及损失后的余额。

　　个人独资企业和合伙企业的个人投资者取得的生产经营所得也适用 5%~35% 的五级超额累进税率。

（八）利息、股息、红利所得，财产租赁所得，财产转让所得，偶然所得和其他所得适用税率

　　利息、股息、红利所得，财产租赁所得，财产转让所得，偶然所得和其他所得，适用比例

税率，税率为 20%。

财产租赁所得的应纳税所得额，每次收入不超过 4 000 元的，减除费用 800 元；每次收入 4 000 元以上的，减除费用为收入的 20%。

财产转让所得的应纳税所得额，以转让财产的收入额减除财产原值和合理费用后的余额。

利息、股息、红利所得以每次收入额为应纳税所得额。

其中，对个人按市场价格出租住房取得的所得，自 2001 年 1 月 1 日起暂减按 10% 的税率征收个人所得税。储蓄存款自 2008 年 10 月 9 日起孳生的利息，暂免缴纳个人所得税。

第二节　个人所得税的计算及核算

一、应纳税额的计算

（一）居民取得工资、薪金所得预扣预缴的计税方法

1. 累计预扣预缴应纳税所得额的计算

根据个人所得税法及相关规定，扣缴义务人向居民个人支付工资薪金所得时，按照累计预扣法预扣预缴个人所得税。累计预扣法，简单来说就是将个人在单位年初以来的全部工薪收入，减去年初以来的全部可以扣除项目金额，如减除费用、"三险一金"、专项附加扣除等，减出来的余额对照相应预扣率表（与综合所得年度税率表相同）计算年初以来应预缴的全部税款，再减去之前月份已经预缴的税款，就能计算出本月应该预缴的税款。其计算公式为：

累计预扣预缴应纳税所得额 = 累计收入 − 累计免税收入 − 累计减除费用 −
累计专项扣除 − 累计专项附加扣除 −
累计依法确定的其他扣除

其中：累计减除费用按照 5 000 元 / 月乘以纳税人当年截止至本月在本单位的任职受雇月份数计算。

本期应预扣预缴税额 =（累计预扣预缴应纳税所得额 × 预扣率 − 速算扣除数）−
累计减免税额 − 累计已预扣预缴税额

2. 减除费用的规定

（1）《个人所得税法》对工资、薪金所得规定的普遍适用的减除费用标准是每月 5 000 元，并不再扣除附加减除费用。

（2）个人取得全年一次性奖金的费用扣除。全年一次性奖金是指行政机关、企事业单位等扣缴义务人根据其全年经济效益和对雇员全年工作业绩的综合考核情况，向雇员发放的一次性奖金。对纳税人取得的全年一次性奖金，应单独作为 1 个月工资、薪金所得计算纳税。

如果在发放年终一次性奖金的月份，当月工资薪金所得低于税法规定的费用扣除额 5 000 元，应将全年一次性奖金减除"雇员当月工资薪金所得与费用扣除额的差额"后的余额作为应纳税所得额；如果发放年终一次性奖金的当月工资、薪金所得高于（或等于）费用扣除额 5 000 元，则不再扣除费用，将奖金全额作为应纳税所得额。

此外，对雇员取得除全年一次性奖金以外的其他各种名目奖金，如半年奖、季度奖、加班

奖、先进奖、考勤奖等，一律与当月工资、薪金收入合并计算缴纳个人所得税，不再单独减除费用。

（3）雇佣和派遣单位分别支付工资、薪金的费用扣除。在外商投资企业、外国企业和外国驻华机构工作的中方人员取得的工资、薪金收入，凡是由雇佣单位和派遣单位分别支付的，只由雇佣单位一方在支付工资、薪金时，按税法规定减除费用，计算扣缴个人所得税；派遣单位支付的工资、薪金不再减除费用，以支付金额直接确定适用税率，计算扣缴个人所得税。

（4）对在中国境内无住所的个人一次取得数月奖金或年终加薪、劳动分红的费用扣除。对该个人取得的奖金，可单独作为1个月的工资、薪金所得计算纳税，不再减除费用，全额作为应纳税所得额直接按适用税率计算应纳税款。

（5）从2017年7月1日起，将商业健康保险个人所得税税前扣除试点政策推至全国，对个人购买符合条件的商业健康保险产品的支出，允许按每年最高2 400元的限额予以税前扣除。

【例7-1】某纳税人每个月扣除"三险一金"后的月薪收入是30 000元，其一月和二月应纳个人所得税计算如下：

一月累计预扣预缴应纳税所得额 = 30 000 - 5 000 = 25 000（元）

一月应预扣预缴税额 = 25 000 × 3% = 750（元）

二月累计预扣预缴应纳税所得额 = 30 000 × 2 - 5 000 × 2 = 50 000（元）

二月应预扣预缴税额 = 50 000 × 10% - 2 520 - 750 = 1 730（元）

3. 居民个人取得一次性奖金的应纳个人所得税的计算

居民个人取得全年一次性奖金，在2021年12月31日前，可以选择不并入当年综合所得，以全年一次性奖金收入除以12个月得到的数额，按照按月换算后的综合所得税率表，确定适用税率和速算扣除数，单独计算纳税。计算公式为：

应纳税额 = 全年一次性奖金收入 × 适用税率 - 速算扣除数

居民个人取得全年一次性奖金，也可以选择并入当年综合所得计算纳税。自2022年1月1日起，居民个人取得全年一次性奖金，应并入当年综合所得计算缴纳个人所得税。

【例7-2】某企业员工张某扣除"三险一金"后的全年收入额是120 000元，12月又一次性领取年终含税奖金48 000元。请为李某计算全年应缴纳的个人所得税。

（1）如选择全年一次性奖48 000元单独计算：

年终奖按12个月分摊后，每月奖金 = 48 000 ÷ 12 = 4 000（元），适用的税率为10%，速算扣除数为210元。

全年一次性奖应纳个人所得税 = 48 000 × 10% - 210 = 4 590（元）

综合所得应纳个人所得税 = （120 000 - 60 000）× 10% - 2 520 = 3 480（元）

全年应纳个人所得税 = 4 590 + 3 480 = 8 070（元）

（2）如选择全年一次性奖48 000元并入综合所得计算纳税：

全年应纳个人所得税 = （120 000 + 48 000 - 60 000）× 10% - 2 520 = 9 480（元）

4. 雇主为其雇员负担个人所得税的计算

（1）雇主全额为雇员负担税款。此时应将雇员取得的不含税收入换算为含税的应纳税所得额后，再计算雇主应当代扣代缴的税款。计算公式为：

$$应纳税所得额=\frac{不含税收入额-费用扣除标准-速算扣除数}{1-税率}$$

$$应纳税额=应纳税所得额 \times 适用税率-速算扣除数$$

（2）雇主为其雇员负担部分税款。这种情况又可分为定额负担部分税款和定率负担部分税款。

① 定额负担部分税款。应先将雇员取得的工资、薪金所得换算为含税的应纳税所得额后，再计算雇主应代扣代缴的税款。计算公式为：

$$应纳税额=雇员取得的工资+雇主代雇员负担的税款-费用扣除标准$$

$$应纳税额=应纳税所得额 \times 适用税率-速算扣除数$$

② 定率负担部分税款。定率负担部分税款是指雇主为雇员负担一定比例的工资应纳的税款或负担一定比例的实际应纳税款。此时应按以下公式计算：

$$应纳税所得额=\frac{未含雇主负担的税款的收入额-费用扣除标准-速算扣除数 \times 负担比例}{1-税率 \times 负担比例}$$

$$应纳税额=应纳税所得额 \times 适用税率-速算扣除数$$

【例7-3】某企业工程师王某1月取得工资收入8 000元，加班奖金2 000元，以上金额均为由企业负担个人所得税后的净收入。请计算王某1月份应缴纳的个人所得税。

$$应纳税所得额=\frac{8\ 000+2\ 000-5\ 000}{1-3\%}=5\ 154.64（元）$$

$$应纳税额=5\ 154.64 \times 3\%=154.64（元）$$

（二）居民取得劳务报酬所得预扣预缴的计税方法

1. 应纳税所得额的确定

劳务报酬所得收入的确定，属于一次性收入的，以取得该项收入为一次；属于同一项目连续性收入的，以一个月内取得的收入为一次。再将确认的收入定额或顶率减除规定费用后的余额为应纳税所得额。每次收入不足4 000元的，定额减除费用800元；每次收入在4 000元以上的，定率减除20%的费用。

2. 应纳税额的计算方法

劳务报酬所得适用20%的比例税率。

（1）每次收入不足4 000元：

$$应纳税额=应纳税所得额 \times 适用税率$$

或

$$=（每次收入额-800）\times 20\%$$

（2）每次收入在4 000元以上：

$$应纳税额=应纳税所得额 \times 适用税率$$

或

$$=每次收入额 \times（1-20\%）\times 20\%$$

（3）每次收入的应纳税所得额超过20 000元：

$$应纳税额=应纳税所得额 \times 适用税率-速算扣除数$$

或

$$应纳税额=每次收入额 \times（1-20\%）\times 适用税率-速算扣除数$$

【例7-4】明星王某一次取得表演收入50 000元，请计算其应缴纳的个人所得税税额。

应纳税所得额=50 000 ×（1-20%）=40 000（元），经查表，适用的税率为30%，速算扣除数为 2 000 元。

$$应纳税额 = 40\ 000 \times 30\% - 2\ 000 = 10\ 000（元）$$

（三）居民取得稿酬所得预扣预缴的计税方法

1. 应纳税所得额的确定

稿酬所得以个人每次出版、发表取得的收入，定额或定率减除规定费用后的余额为应纳税所得额。每次收入不足 4 000 元的，定额减除费用 800 元；每次收入在 4 000 元以上的，定率减除 20% 的费用。

每次收入具体又可细分为：

（1）同一作品再版取得的所得，应视为另一次稿酬所得计征个人所得税；

（2）同一作品先在报刊上连载，然后再出版，或者先出版，再在报刊上连载的，应视为两次稿酬所得征税，即连载作为一次，出版作为另一次；

（3）同一作品在报刊上连载取得收入的，以连载完成后取得的所有收入合并为一次，计征个人所得税；

（4）同一作品在出版和发表时，以预付稿酬或分次支付稿酬等形式取得的稿酬收入，应合并计算为一次；

（5）同一作品出版、发表后，因添加印数而追加稿酬的，应与以前出版、发表时取得的稿酬合并计算为一次，计征个人所得税。

2. 应纳税额的计算方法

稿酬所得适用 20% 的比例税率，并按应纳税额减征 30%。

（1）每次收入不足 4 000 元：

$$应纳税额 = 应纳税所得额 \times 适用税率 \times（1 - 30\%）$$

或 $$=（每次收入额 - 800）\times 20\% \times（1 - 30\%）$$

（2）每次收入在 4 000 元以上：

$$应纳税额 = 应纳税所得额 \times 适用税率 \times（1 - 30\%）$$

或 $$= 每次收入额 \times（1 - 20\%）\times 20\% \times（1 - 30\%）$$

【例 7-5】作家李某在某报刊上连载小说，共连载 10 篇，每篇稿酬 800 元。请计算其应缴纳的个人所得税。

应纳税所得额 $= 800 \times 10 \times（1 - 20\%）= 6\ 400（元）$

应纳税额 $= 6\ 400 \times 20\% \times（1 - 30\%）= 896（元）$

【例 7-6】某高校教师杨某 6 月 10 日因担任另一高校的硕士论文答辩取得答辩费 3 000 元，同日晚上为该校做一场学术报告取得收入 6 000 元。请计算其应缴纳的个人所得税。

答辩取得的收入与学术报告取得的收入应作为两次收入，分别计算应纳税额。

答辩费收入应纳个人所得税额 $=（3\ 000 - 800）\times 20\% = 440（元）$

学术报告收入应纳个人所得税额 $= 6\ 000 \times（1 - 20\%）\times 20\% = 960（元）$

合计应纳个人所得税额 $= 440 + 960 = 1\ 400（元）$

（四）居民取得特许权使用费预扣预缴所得的计税方法

1. 应纳税所得额的确定

特许权使用费所得以个人每次取得的收入，定额或定率减除规定费用后的余额为应纳税所得额。每次收入不足 4 000 元的，定额减除费用 800 元；每次收入在 4 000 元以上的，定率减除 20% 的费用。其中，每次收入是指一项特许权的一次许可使用所取得的收入。

2. 应纳税额的计算方法

（1）每次收入不足 4 000 元：

$$应纳税额 = 应纳税所得额 × 适用税率 = （每次收入额 - 800）× 20\%$$

（2）每次收入在 4 000 元以上：

$$应纳税额 = 应纳税所得额 × 适用税率 = 每次收入额 × （1 - 20\%）× 20\%$$

【例 7-7】我国公民孙某 2020 年度取得两项专利，其中一项专利许可给甲公司使用，获得特许权使用费 3 000 元，另外一项专利许可给乙公司使用，获得特许权使用费 20 000 元。请计算孙某 2020 年度专利收入应缴纳的个人所得税税额。

两笔特许权转让收入应分别计算应缴纳的个人所得税税额。

第一笔特许权使用费应纳税额 =（3 000 - 800）× 20% = 440（元）

第二笔特许权使用费应纳税额 = 20 000 ×（1 - 20%）× 20% = 3 200（元）

孙某 2020 年度专利收入应缴纳的个人所得税税额 = 440 + 3 200 = 3 640（元）

（五）居民综合所得的计税方法

1. 综合所得收入额的计算

工资、薪金以收入的全额计入，劳务报酬所得、稿酬所得、特许权使用费所得以收入减除 20% 的费用后的余额为收入额。稿酬所得的收入额减按 70% 计算。计算公式如下：

$$综合所得年收入总额 = 工资、薪金所得年收入 + 劳务报酬所得年收入 ×（1 - 20\%）+$$
$$稿酬所得年收入 ×（1 - 20\%）× 70\% + 特许权使用费所得年收入 ×$$
$$（1 - 20\%）$$

2. 应纳税所得额的计算

按年计算个人所得税，以每一纳税年度的收入额减除费用六万元以及专项扣除、专项附加扣除和依法确定的其他扣除后的余额。计算公式为：

$$全年应纳税所得额 = 年收入总额 - 减除费用标准（60\,000 元 / 年）- 专项扣除 -$$
$$专项附加扣除 - 依法确定的其他扣除$$

（1）专项扣除包括：基本养老保险、基本医疗保险、失业保险及住房公积金；

（2）专项附加扣除包括：子女教育、继续教育、住房贷款利息、住房租金、赡养老人、大病医疗；

（3）依法确定的其他扣除包括：企业年金、职业年金、个人购买符合国家规定的商业健康保险、税收递延型商业养老保险的支出等。

专项扣除、专项附加扣除和依法确定的其他扣除，以居民个人一个纳税年度的应纳税所得额为限额。一个纳税年度扣除不完的，不结转以后年度扣除。

3. 综合所得应纳税额的计算

一个纳税年度中取得的工资薪金、劳务报酬、稿酬、特许权使用费等四项所得的收入额，减除费用 6 万元以及专项扣除、专项附加扣除、依法确定的其他扣除和符合条件的公益慈善事业捐赠后，适用综合所得个人所得税税率并减去速算扣除数的余额。计算公式为：

$$年度综合所得应纳税额 = 全年应纳税所得额 × 适用税率 - 速算扣除数$$

4. 年度汇算的办理

居民个人年度综合所得收入超过 12 万元且需要补税金额超过 400 元的，或者年度已预缴税额大于年度应纳税额且申请退税的，需要办理年度汇算。计算本年度最终应纳税额，再减去当年已预缴税额，得出本年度应退或应补税额，向税务机关申报并办理退税或补税。计算公式如下：

年度汇算应退或应补税额 = [（综合所得收入额 − 60 000 元 − "三险一金"等专项扣除 − 子女教育等专项附加扣除 − 依法确定的其他扣除 − 捐赠）× 适用税率 − 速算扣除数］− 当年已预缴税额

【例 7-8】居民个人王某为独生子女，父母均已年满 60 周岁，其独生子就读于某小学。2019 年王某全年领取扣除社保费用和住房公积金后的工资共计 210 000 元，单位已为其预扣预缴个人所得税款 13 880 元。请计算王某 2019 年度可申请的综合所得退税额。

2019 年应纳税所得额 = 210 000 − 60 000 − 2 000 × 12 − 1 000 × 12 − 1 000 × 12 = 132 000（元）

综合所得全年应纳税额 = 132 000 × 10% − 2520 = 10 680（元）

2019 年度汇算应退税额 = 13 880 − 10 680 = 3 200（元）

（六）经营所得的计税方法

1. 全年应纳税所得额的计算

以每一纳税年度的收入总额，减除成本、费用以及损失后的余额，为应纳税所得额。计算公式为：

全年应纳税所得额 = 收入总额 −（成本 + 费用 + 损失）

成本、费用是指生产、经营活动中发生的各项直接支出和分配计入成本的间接费用以及销售费用、管理费用、财务费用；损失是指生产、经营活动中发生的固定资产和存货的盘亏、毁损、报废损失，转让财产损失，坏账损失，自然灾害等不可抗力因素造成的损失以及其他损失。

取得经营所得的个人，没有综合所得的，计算其每一纳税年度的应纳税所得额时，应当减除费用 6 万元、专项扣除、专项附加扣除以及依法确定的其他扣除。专项附加扣除在办理汇算清缴时减除。

从事生产、经营活动，未提供完整、准确的纳税资料，不能正确计算应纳税所得额的，由主管税务机关核定应纳税所得额或者应纳税额。

（1）准予扣除的其他项目及标准。

① 自 2011 年 9 月 1 日起，个体工商户业主、个人独资企业和合伙企业自然人投资者的生产经营所得依法计征个人所得税时，个体工商户业主、个人独资企业和合伙企业自然人投资者本人的费用扣除标准统一确定为 42 000 元 / 年，即 3 500 元 / 月。业主或自然人投资者的工资不得在税前扣除。

② 实际支付给从业人员的、合理的工资薪金支出，准予在税前据实扣除。

③ 按照国务院有关主管部门或省级人民政府规定的范围和标准为其业主和从业人员缴纳的"五险一金"，准予扣除。

④ 企业生产经营和投资者及其家庭生活公用的固定资产，难以划分的，由主管税务机关根据企业的生产经营类型、规模等情况，核定准予在税前扣除的折旧费用的数额或比例。

⑤ 个体工商户生产经营活动中，应当分别核算生产经营费用和个人、家庭费用。对于生产经营与个人、家庭生活混用难以分清的费用，其 40% 视为与生产经营有关费用，准予扣除。

⑥ 实际发生的工会经费、职工福利费、职工教育经费分别在工资总额的 2%、14%、2.5% 的标准内据实扣除。

⑦ 发生的与生产经营活动有关的业务招待费，按照实际发生额的 60% 扣除，但最高不得超过当年销售（营业）收入的 0.5%。

⑧ 每一纳税年度发生的与其生产经营活动直接相关的广告费和业务宣传费不超过当年销售（营业）收入 15% 的部分，可以据实扣除；超过部分，可无限期向以后纳税年度结转扣除。

⑨ 通过公益性社会团体或者县级以上人民政府及其部门发生的捐赠，金额不超过其应纳税所得额 30% 的部分可以据实扣除。

（2）不得在所得税前列支的项目包括：资本性支出，包括为购置和建造固定资产、无形资产以及其他资产的支持，对外投资的支出；缴纳的个人所得税税款；税收滞纳金；罚金、罚款和被没收财物的损失；各种赞助支出；用于个人和家庭的支出；分配给投资者的股利；个体户业主的工资支出；计提的各项准备金；预生产经营无关的其他支出；以及国家税务总局规定的不准扣除的其他支出。

2. 应纳税额的计算方法

取得经营所得的个人，没有综合所得的，计算其每一纳税年度的应纳税所得额时，应当减除费用 6 万元、专项扣除、专项附加扣除以及依法确定的其他扣除。专项附加扣除在办理汇算清缴时减除。

从事生产、经营活动，未提供完整、准确的纳税资料，不能正确计算应纳税所得额的，由主管税务机关核定应纳税所得额或者应纳税额。

经营所得应纳税额 =（经营所得 − 减除费用 6 万元 − 专项扣除 − 专项附加扣除 − 其他扣除）× 适用税率 − 速算扣除数 − 境外所得允许抵免的已纳税款

【例 7-9】某个人独资企业，2020 年全年销售收入为 1 000 万元，销售成本和期间费用 860 万元，其中业务招待费 10 万元、广告费 25 万元、业务宣传费 30 万元、投资者工资 8 万元；增值税以外的各种税费 120 万元，没有其他涉税调整事项。该企业 2020 年度应缴纳的个人所得税额计算如下：

允许扣除的投资者生计费用 = 0.35 × 12 = 4.2（万元）

业务招待费实际发生额的 60% = 10 × 60% = 6（万元）

业务招待费列支限额 = 1 000 × 0.5% = 5（万元），则按照限额 5 万元扣除。

广告费支出限额 = 1 000 × 15% = 150（万元）

实际发生额 = 25 + 30 = 55（万元），可以据实扣除。

应纳税所得额 = 1 000 − 860 + 10 − 5 + 8 − 4.2 − 120 = 28.8（万元）

查表可得适用税率为 20%，速算扣除数为 10 500 元，

应纳税额 = 28.8 × 10 000 × 20% − 10 500 = 47 100（元）

（七）对企事业单位的承包经营、承租经营的计税方法

企事业单位的承包经营、承租经营所得指个人承包经营、承租经营以及转包、转租取得的

所得，包括个人按月或者按次取得的工资、薪金性质的所得。

企业实行个人承包、承租经营后，如果工商登记仍为企业的，不管其分配方式如何，均应先按照企业所得税的有关规定缴纳企业所得税。承包经营、承租经营者按照承包、承租经营合同（协议）规定取得的所得，依照个人所得税法的有关规定缴纳个人所得税，具体为：

（1）承包、承租人对企业经营成果不拥有所有权，仅是按合同（协议）规定取得一定所得的，其所得按工资、薪金所得项目征税，适用3%~45%的七级超额累进税率。

（2）承包、承租人按合同（协议）的规定只向发包、出租方交纳一定费用后，企业经营成果归其所有的，承包、承租人取得的所得，按对企事业单位的承包经营、承租经营所得项目，适用5%~35%的五级超额累进税率征税。

企业实行个人承包、承租经营后，如工商登记改变为个体工商户的，应依照个体工商户的生产、经营所得项目计征个人所得税，不再征收企业所得税。

（八）利息、股息、红利所得的计税方法

1. 应纳税所得额的确定

利息、股息、红利所得以个人每次取得的收入额为应纳税所得额，不得从收入额中减除任何费用。

自2015年9月8日起，对个人从公开发行和转让市场取得的上市公司股票，持股期限超过1年的，股息红利所得暂免征收个人所得税。

2. 应纳税额的计算方法

利息、股息、红利所得适用20%的税率。计算公式为：

$$应纳税额 = 应纳税所得额 \times 适用税率$$
$$= 每次收入额 \times 20\%$$

【例7-10】钱某是A公司股东，于2021年8月取得该公司分配的股息5 000元。请计算其应纳税额。

应纳税所得额 = 股息收入5 000元

应纳税额 = 5 000 × 20% = 1 000（元）

（九）财产租赁所得的计税方法

1. 应纳税所得额的确定

财产租赁所得以个人每次取得的收入，定额或定率减除规定费用后的余额为应纳税所得额，每次收入不足4 000元的，定额减除费用800元；每次收入在4 000元以上的，定率减除20%的费用。

财产租赁收入以一个月内取得的收入为一次收入。纳税人在出租财产过程中缴纳的各项税金和附加，可持完税（缴款）凭证，从其财产租赁收入中扣除。此外，由纳税人负担的能够提供有效、准确凭证的该出租财产实际开支的修缮费用也可以从收入中扣除（每次以800元为限，一次扣不完的下次继续扣除，直到扣完为止）。应纳税所得额的计算公式为：

（1）每次（月）收入不超过4 000元：

应纳税所得额 = 每次（月）收入额 - 准予扣除项目 - 修缮费用（800元为限）- 800

（2）每次（月）收入超过4 000元：

应纳税所得额 = [每次（月）收入额 - 准予扣除项目 - 修缮费用（800元为限）] × (1 - 20%)

2. 应纳税额的计算方法

财产租赁所得适用 20% 的税率。对个人按市场价格出租的居民住房取得的所得，自 2001 年 1 月 1 日起暂减按 10% 的税率征收个人所得税。计算公式为：

应纳税额 = 应纳税所得额 × 适用税率

【例 7-11】刘某于 2021 年 1 月将其自有的单元房按市场价出租给张某居住，每月取得租金收入 3 500 元，全年租金收入 42 000 元。请计算刘某全年租金收入应缴纳的个人所得税。

财产租赁收入以每月取得的收入为一次，按市场价出租给个人居住适用 10% 的税率。

每月应纳税所得额 = 3 500 − 800 = 2 700（元）

每月应纳税额 = 2 700 × 10% = 270（元）

全年应纳税额 = 270 × 12 = 3 240（元）

（十）财产转让所得的计税方法

1. 应纳税所得额的确定

财产转让所得以个人每次转让财产取得的收入额减除财产原值和合理费用后的余额为应纳税所得额。

财产原值按照下列方法确定：

（1）有价证券，为买入价以及买入时按照规定交纳的有关费用；

（2）建筑物，为建造费或者购进价格以及其他有关费用；

（3）土地使用权，为取得土地使用权所支付的金额、开发土地的费用以及其他有关费用；

（4）机器设备、车船，为购进价格、运输费、安装费以及其他有关费用。

纳税人未提供完整、准确的财产原值凭证，不能按照上述方法确定财产原值的，由主管税务机关核定财产原值。

合理费用是指卖出财产时按照规定支付的有关税费。

2. 应纳税额的计算方法

财产转让所得适用 20% 的税率。计算公式为：

$$应纳税额 = 应纳税所得额 × 适用税率$$
$$= （收入总额 − 财产原值 − 合理费用） × 20\%$$

【例 7-12】我国公民张先生 3 月转让以前购买的三居室精装修房屋一套，售价 180 万元，转让过程中支付的相关税费 18 万元。该套房屋的购进价为 100 万元，购房过程中支付的相关税费为 3 万元。所有税费支出均取得合法凭证。请计算张先生转让房屋应缴纳的个人所得税。

应纳税所得额 = 180 − 100 − 18 − 3 = 59（万元）

应纳税额 = 59 × 20% = 11.8（万元）

（十一）偶然所得的计税方法

1. 应纳税所得额的确定

偶然所得以个人每次取得的收入额为应纳税所得额。若个人购买福利、体育彩票（奖券）一次中奖收入不超过 1 万元（含 1 万元）的暂免征收个人所得税；一次中奖收入超过 1 万元的，应按税法规定全额征税。

2. 应纳税额的计算方法

偶然所得适用20%的税率。计算公式为：

$$应纳税额 = 应纳税所得额 \times 适用税率$$
$$= 每次收入额 \times 20\%$$

【例7-13】郑某2016年2月在某公司举行的有奖销售活动中获得奖金18 800元，领奖时发生交通费1 000元、食宿费500元（均由郑某承担）。请计算郑某中奖应缴纳的个人所得税。

偶然所得按收入全额计征个人所得税，不扣除任何费用。

应纳税所得额 = 18 800（元）

应纳税额 = 18 800 × 20% = 3 760（元）

二、个人所得税的会计核算

（一）企业代扣代缴个人所得税的会计处理

企业作为个人所得税的扣缴义务人，应按规定代扣代缴该职工应缴纳的个人所得税。由于企业代扣税款与实际上缴之间有一段时间的间隔，故企业代扣的个人所得税必须通过"应交税费——代扣代缴个人所得税"账户来核算，贷方登记按规定应代扣的个人所得税，借方登记已缴纳的代扣税款，期末贷方余额为尚未上缴的代扣的个人所得税。

1. 支付工资、薪金所得代扣代缴税款的账务处理

企业扣缴的个人所得税税款实际上是个人工资、薪金所得的一部分，所以代扣个人所得税时，借记"应付职工薪酬——工资"账户，贷记"应交税费——代扣代缴个人所得税"账户；上缴代扣的个人所得税时，借记"应交税费——代扣代缴个人所得税"账户，贷记"银行存款"或"现金"账户。

企业为职工代扣代缴个人所得税有两种情况：第一，职工自己承担个人所得税，企业只负有扣缴义务；第二，企业既承担税款，又负有扣缴义务。

【例7-14】某企业高管王某、张某每月工资收入都为8 500元，但王某的收入为含税所得，张某的收入为税后所得。请计算企业为张某和王某代扣代缴的所得税。

（1）计算为王某扣缴的个人所得税。

王某应纳所得税额 =（8 500 − 5 000）× 3% = 105（元）

企业计提工资和个人所得税时：

借：管理费用   8 500

    贷：应付职工薪酬——工资   8 500

实际发放工资时：

借：应付职工薪酬——工资   8 500

    贷：应交税费——代扣代缴个人所得税   105

    贷：银行存款（或现金）   8 395

上缴税款时：

借：应交税费——代扣代缴个人所得税   105

    贷：银行存款   105

（2）由于张某的工资为税后所得，需要换算为税前所得，再计算个人所得税。

$$应纳税所得额 = \frac{不含税收入额 - 费用扣除标准 - 速算扣除数}{1 - 税率}$$

$$= (8\,500 - 5\,000) \div (1 - 3\%) = 3\,608（元）$$

企业为张某承担的税款 $= 3\,608 \times 3\% = 108$（元）

企业计提工资和个人所得税时：

借：管理费用	8 608	
贷：应付职工薪酬——工资		8 608

实际发放工资时：

借：应付职工薪酬——工资	8 608	
贷：应交税费——代扣代缴个人所得税		108
贷：银行存款（或现金）		8 500

上缴税款时：

借：应交税费——代扣代缴个人所得税	108	
贷：银行存款		108

2. 支付其他所得代扣代缴税款的账务处理

企业支付给个人的劳务报酬、稿酬、特许权使用费、财产租赁费，一般由支付单位作为扣缴义务人为纳税人扣缴税款，并记入该企业的有关期间费用账户。企业在支付上述费用时，借记"管理费用""财务费用""销售费用""生产成本""应付利润"等账户，贷记"应交税费——代扣代缴个人所得税"账户。

【例7-15】某企业因一项设计任务，支付给设计方徐工程师设计费10 000元。请计算支付设计费时企业应代扣代缴的个人所得税。

应纳税额 $= 10\,000 \times (1 - 20\%) \times 20\% = 1\,600$（元）

支付设计费时：

借：管理费用	10 000	
贷：应交税费——代扣代缴个人所得税		1 600
贷：银行存款		8 400

上缴税款时：

借：应交税费——代扣代缴个人所得税	1 600	
贷：银行存款		1 600

【例7-16】某报社2021年2月支付给作家唐某稿酬5 000元。请计算该报社应代扣代缴的个人所得税。

应纳税额 $= 5\,000 \times (1 - 20\%) \times 20\% \times (1 - 30\%) = 560$（元）

支付稿酬时：

借：生产成本	5 000	
贷：应交税费——代扣代缴个人所得税		560
贷：银行存款		4 440

上缴税款时：

借：应交税费——代扣代缴个人所得税 560
　　贷：银行存款 560

【例7-17】胡某2021年取得持有的企业债券利息2 000元。请计算企业支付利息时应代扣代缴的个人所得税。

应纳税额＝2 000×20%＝400（元）

支付利息时：

借：财务费用 2 000
　　贷：应交税费——代扣代缴个人所得税 400
　　贷：银行存款 1 600

上缴税款时：

借：应交税费——代扣代缴个人所得税 400
　　贷：银行存款 400

3. 企业未按税法规定履行代扣代缴义务，被处以罚款、上交罚款的账务处理

借：营业外支出——税收罚款
　　贷：银行存款

（二）非法人企业个人所得税的会计处理

非法人企业是指按税法规定缴纳个人所得税的企业，包括个体工商户、个人独资企业和合伙企业。非法人企业应设置"本年应税所得"账户，并在该账户下设"本年经营所得"和"应弥补的亏损"两个明细账户。

"本年经营所得"明细账户核算个体工商户本年生产经营活动取得的收入扣除成本费用后的余额。如果收入大于应扣除的成本费用总额，即为本年经营所得，在不存在税前弥补亏损的情况下，即为本年应税所得，应由"本年应税所得——本年经营所得"账户转入"留存利润"账户；如果计算出的结果为经营亏损，则应将本年发生的经营亏损由"本年经营所得"明细账户转入"应弥补的亏损"明细账户。

个体工商户应在"应交税费"账户下设置"应交个人所得税"明细账户，核算预缴和应缴的个人所得税，以及年终汇算清缴个人所得税的补缴和退回情况。个体工商户按月预缴税款时，借记"应交税费——应交个人所得税"账户，贷记"银行存款"或"现金"账户；年度终了，计算出全年实际应纳的个人所得税，借记"留存利润"账户，贷记"应交税费——应交个人所得税"账户。"应交个人所得税"明细账户贷方金额大于借方金额的差额，为预缴税款小于应缴税款的差额。补缴个人所得税时，记入"应交个人所得税"明细账户的借方；收到退回的多缴税款时，计入"应交个人所得税"明细账户的贷方。

【例7-18】某饭店系个体工商户，账证比较健全。2021年度营业收入为150万元，购进米面油肉蛋菜等原材料费共计80万元，缴纳水电燃气费2万元，缴纳各项税费、房租合计3万元，发生业务招待费5万元。当年支付4名雇员工资共9.6万元，向希望工程捐款8万元。

要求：

（1）计算该个体工商户2021年应缴纳的个人所得税额。

（2）假设该个体户经主管税务机关核定，按上年实际应缴纳的个人所得税金额120 000元，确定本年各月预缴的个人所得税额，编制有关会计分录。

（1）计算该个体户 2021 年应纳个人所得税额的过程如下：

准予扣除的业务招待费限额 = 1 500 000 × 0.5% = 75 000（元）

50 000 × 60% = 30 000（元）

因此业务招待费应以 30 000 元为扣除限额。

捐赠前应纳税所得额 = 1 500 000 - 800 000 - 20 000 - 30 000 - 30 000 - 96 000 - 42 000 = 482 000（元）

准予扣除的公益捐赠限额 = 482 000 × 30% = 144 600（元）

实际捐款 80 000 元未超过限额，可全额扣除。

应纳税所得额 = 482 000 - 80 000 = 402 000（元）

应纳税额 = 402 000 × 35% - 14 750 = 125 950（元）

（2）每月预缴个人所得税时：

借：应交税费——应交个人所得税   10 000

    贷：银行存款   10 000

年终结转本年收入和成本费用时：

借：营业收入   1 500 000

    贷：本年应税所得   1 500 000

借：本年应税所得   1 098 000

    贷：营业成本   938 000

        营业费用   80 000

        营业外支出   80 000

结转经营所得时：

借：本年应税所得   402 000

    贷：留存利润   402 000

计算全年应纳税额时：

借：留存利润   125 950

    贷：应交税费——应交个人所得税   125 950

补缴个人所得税时：

借：应交税费——应交个人所得税   5 950

    贷：银行存款   5 950

个人独资企业的投资人和合伙企业的合伙人，应缴纳的个人所得税不在企业业务中核算。企业作为会计主体，只核算自身业务盈亏，对投资人或合伙人应缴纳的个人所得税进行代扣代缴，其会计核算与个人所得税中其他代扣代缴情况下的核算方法相同。

第三节　个人所得税纳税申报

个人所得税的纳税申报办法分为自行申报纳税和代扣代缴两种。

一、自行申报纳税

自行申报纳税是由纳税人自行在税法规定的纳税期限内，向税务机关申报取得的应税所得项目和数额，如实填写个人所得税纳税申报表，并按照税法规定计算应纳税额，据此缴纳个人所得税的一种方法。

（一）自行申报纳税的纳税义务人

（1）取得综合所得的；

（2）取得经营所得的；

（3）取得应税所得，扣缴义务人未扣缴税款的；

（4）取得境外所得的；

（5）因移民境外注销中国户籍的；

（6）非居民个人的中国境内从两处以上取得工资、薪资所得的；

（7）国务院规定的其他情形。

（二）自行申报纳税的纳税地点

申报纳税地点一般应为收入来源地的主管税务机关。但是纳税人从两处或两处以上取得工资、薪金所得的，可选择并固定在其中一地税务机关申报纳税；从境外取得所得的，应向境内户籍所在地或居住地税务机关申报纳税。纳税人要求变更申报纳税地点的，须经原主管税务机关批准。

个人独资企业和合伙企业投资者应向企业实际经营管理所在地主管税务机关申报缴纳个人所得税。

（三）自行申报纳税的纳税期限

（1）纳税人取得综合所得需要办理汇算清缴的，应当在取得所得的次年3月1日至6月30日内办理汇算清缴。

（2）纳税人取得经营所得的，应当在月度或者季度终了后15日内向税务机关报送纳税申请表，并预缴税款；次年3月31日前办理汇算清缴。

（3）纳税人取得应税所得没有扣缴义务人的，应当在取得所得的次月15日内向税务机关报送纳税申报表，并缴纳税款。

（4）纳税人取得应税所得，扣缴义务人未扣缴税款的，纳税人应当在次年6月30日前，缴纳税款；税务机关通知限期缴纳的，纳税人应当按照期限缴纳税款。

（5）纳税人从中国境外取得所得的，应当在取得所得的次年3月1日至6月30日内申报纳税。

（6）纳税人因移民境外注销中国户籍的，应当在注销中国户籍前办理税款清算。

（7）非居民个人在中国境内从两处以上取得工资、薪金所得的，应当在取得所得的次月15日内向税务机关申报纳税。

（四）自行申报纳税的纳税方式

纳税人可以采取邮寄、数据电文等方式申报，也可以直接到主管税务机关申报，或者采取符合主管税务机关规定的其他方式申报。

纳税人也可委托有税务代理资质的中介机构或他人代为办理纳税申报。

二、代扣代缴纳税

代扣代缴是指按照税法规定负有扣缴税款义务的单位或者个人，在向个人支付应纳税所得时，应计算个人所得税应纳税额，从其所得中扣除并缴入国库，同时向税务机关报送扣缴个人所得税报告表。采取这种方法，有利于从源头控制，防止漏税和逃税。

（一）扣缴义务人

税法规定，凡支付应纳税所得的单位或个人，都是个人所得税的扣缴义务人。扣缴义务人在向纳税人支付各项应纳税所得（个体工商户的生产经营所得除外）时，必须履行代扣代缴税款的义务。

（二）代扣代缴所得项目

扣缴义务人在向个人支付下列所得时，应代扣代缴个人所得税：工资、薪金所得；对企事业单位的承包经营、承租经营所得；劳务报酬所得；稿酬所得；特许权使用费所得；利息、股息、红利所得；财产租赁所得；财产转让所得；偶然所得，以及经国务院财政部门确定征税的其他所得。

（三）代扣代缴期限

扣缴义务人每月所扣的税款，应当在次月 15 日内缴入国库，并向主管税务机关报送《扣缴个人所得税报告表》、代扣代收税款凭证和包括每一纳税人姓名、单位、职务、收入、税款等内容的支付个人收入明细表。因特殊困难不能按期报送的，经县级税务机关批准，可以延期申报。

（四）扣缴义务人义务及应承担的责任

扣缴义务人向个人支付应纳税所得时，不论纳税人是否属于本单位人员，均应代扣代缴其应纳的个人所得税税款。扣缴义务人依法履行代扣代缴税款义务，纳税人不得拒绝。扣缴义务人在扣缴税款时，必须向纳税人开具税务机关统一印制的代扣代缴税款凭证，并详细注明纳税人姓名、工作单位、家庭住址和身份证或护照号码等个人情况。扣缴义务人应设立代扣代缴税款账簿，正确反映个人所得税的扣缴情况，并如实填写《扣缴个人所得税报告表》及其他有关资料。

扣缴义务人对纳税人应扣未扣的税款，其应纳税款仍然由纳税人缴纳，扣缴义务人应承担应扣未扣税款 50% 以上至 3 倍的罚款。

本 章 小 结

（1）个人所得税根据住所和居住时间的不同把纳税人划分为居民纳税人和非居民纳税人。居民纳税人来源于中国境内、境外的所得都要依法缴纳个人所得税；非居民纳税人仅就其来源于中国境内的所得缴纳个人所得税。

（2）我国现行个人所得税原来采用的是分类所得税制，将个人取得的各种所得划分为 10 类，对不同的应税项目分别适用不同的费用减除规定、不同的计税方法和不同的税率。现在已经改为综合分类所得税制。

（3）对纳税人的应纳税额采取由支付单位源泉扣缴和纳税人自行申报两种办法。

1. 简述居民纳税人和非居民纳税人的判定标准。
2. 简述个人所得税的征税范围。
3. 纳税人代扣代缴工资、薪金的个人所得税款应如何计算？如何进行会计处理？
4. 纳税人代扣代缴劳务报酬的个人所得税款应如何计算？如何进行会计处理？

计 算 题

1. 居民个人王某及其配偶无住房，在某地工作并租房居住。2019 年 9 月开始攻读 MPA 硕士。2020 年王某收入及部分支出如下：

（1）王某每月从单位领取扣除社会保险费用及住房公积金后的收入 8 000 元，截至 11 月底累计已经预扣预缴个人所得税税款 363 元。

（2）取得年终奖 46 000 元，选择单独计税。

（3）利用业务时间出版一部小说，取得稿费 18 000 元。

（4）每月支付房租 3 500 元。

其他相关资料：以上专项附加扣除均由王某 100% 扣除。

要求：

（1）计算 2020 年 12 月份王某应预扣预缴的个人所得税。

（2）计算王某取得年终奖应纳的个人所得税。

（3）计算王某取得稿酬应预扣预缴的个人所得税。

（4）计算王某取得 2020 年综合所得应缴纳的个人所得税税额。

（5）计算王某取得 2020 年综合所得向主管税务机关办理汇算清缴时应补缴的税款或申请的应退税额。

2. 中国居民纳税人周某自 2016 年起任国内某上市公司高级工程师，2020 年取得的部分收入如下：

（1）每月领取工资 18 000 元，个人负担三险一金 3 000 元，申报专项附加扣除时，作为独生子的周某向单位报送的专项附加扣除信息如下：3 周岁在上幼儿园的女儿一名；年满 60 周岁的父亲一名；夫妻约定女儿教育全额由周某扣除。

（2）公司于 2018 年实行股票期权计划。2018 年 1 月 11 日周某获得公司授予的股票期权 10 000 份（该期权不可公开交易），授予价格为每份 7 元。当日公司股票的收盘价为 7.68 元。公司规定的股票期权行权期限是 2020 年 2 月 10 日至 9 月 10 日。周某于 2020 年 2 月 13 日对 4 000 份股票期权实施行权，当日公司股票的收盘价为 10.6 元。

（3）5 月份取得财政部发行国债的利息 1 500 元，取得 2019 年某省发行的地方政府债券的利息 660 元，取得某国内上市公司发行的公司债券利息 650 元。

（4）7 月 9 日周某对剩余的股票期权全部实施行权，当日股票收盘价 11.8 元。

要求：

（1）计算 1 月份周某取得工资收入应预扣预缴的个人所得税。

（2）计算 2 月份周某实施股票期权行权应缴纳的个人所得税。

（3）计算 5 月份周某取得的各项利息收入应缴纳的个人所得税。

（4）计算 7 月份周某实施股票期权行权应缴纳的个人所得税。

<hr>

案例讨论题

我国个人所得税对工资、薪金采用超额累进税率，应纳税所得额越多，适用税率越高。某单位实行绩效工资和奖金结合的制度，奖金为年基本工资的 5%，绩效工资为年基本工资的30%，且奖金和绩效工资年末统一发放，小王基本工资为 2 500 元，试问应该缴纳多少个人所得税？针对以下资料，探讨小王的收入是否有税务筹划空间。

小王一家位于 A 市。小王已结婚生子，育有两个孩子，均就读于全日制本科大学。小王还有一位姐姐，姐弟两人均在工作。小王父母均健在，老人已经年满 70 周岁，都在老家安享晚年。小王的主业为一家公司的销售人员。小王爱好山水画，经常在空闲时间自己创作，会出售一些定制精品画作赚取劳务报酬。小王妻子以前专心教育孩子，待两个孩子读大学后才开始从事财务工作，月薪 6 000 元，年终奖金 4 万元。

年底小王因为工作表现突出，公司给予额外的年终奖金 10 万元，当年通过出售定制精品山水画取得劳务报酬 1 万元。小王一家除上述收入外无其他相关收入来源。

<hr>

即测即评

请扫描右侧二维码，进行随堂测试。

第八章　资源税类会计

学习目标

1. 熟悉资源税、城镇土地使用税、土地增值税、烟叶税以及耕地占用税这五个资源税的税法规定

2. 熟练掌握这五类税种所涉及的纳税时间、税目、税率、计税依据等具体知识

3. 掌握这五类税种的计算及会计处理

【思维导图】

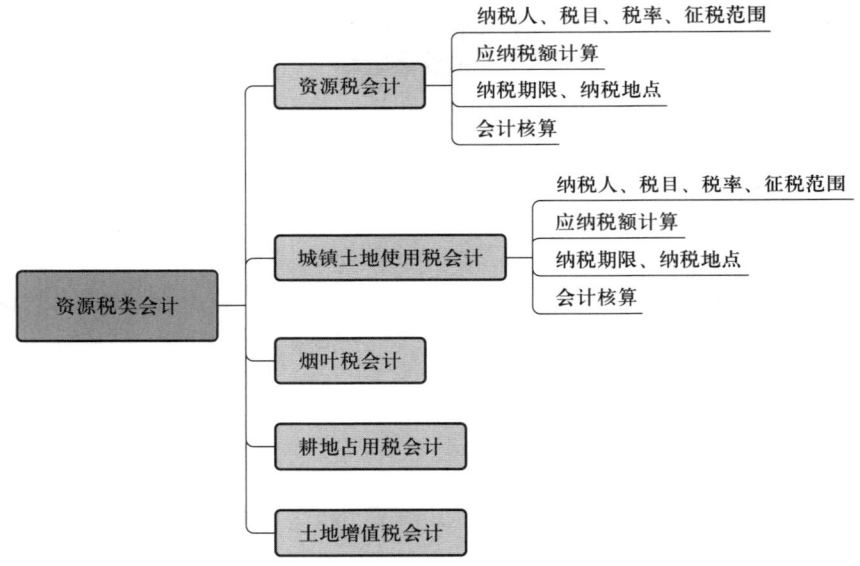

【引言】

本章所介绍的资源税类主要包括资源税、城镇土地使用税、土地增值税、烟叶税、耕地占用税这五类，虽然这五类属于小税种，相对于流转税和所得税等主体税种内容较少，却也是我国税法中不可缺少的组成部分，是对主体税种的补充和完善。

第一节　资源税会计

资源税是对我国境内从事应税矿产品开采和生产盐的单位和个人课征的一种税，属于自然资源占用课税的范围。资源税的征收主要的依据是受益原则、公平原则和效率原则三个方面。从受益角度来考虑，资源属于国家所拥有的财产，开采者因开采国有资源而得益，所以有责任向所有者支付地租；公平角度来看，条件公平是有效竞争的前提；从效率角度分析，稀缺资源是由社会净效率高的企业来开采，有效阻止资源开采过程中对资源的掠夺和浪费的行为。所以征收资源税是为了促进企业之间开展平等竞争，促进对自然资源的合理开发利用以及为国家筹集财政资金。

一、纳税义务人

资源税是对在我国领域及管辖海域从事应税矿产品开采和生产盐的单位和个人课征的一种税，所以说在中华人民共和国领域及管辖海域从事应税矿产品开采和生产盐（以下称开采或者生产应税产品）的单位和个人，为资源税的纳税人。也就是说能否成为资源税的纳税人要受开采地点、组织形式和开采品目限制。对于资源税的开采地点实行"进口不征、出口不退"的政策，也就是说对于进口的应税产品我国实行的是不征收资源税的政策，对于出口的应税产品也不会退还已征税款。

二、税目和税率

资源税的征税范围分为能源矿产、金属矿产、非金属矿产、水汽矿产、盐共五个税目。现行的资源税税目及子税目主要是根据资源税应税产品和纳税人开采资源的行业特点设置的。资源税的税目、征税对象和税率如表 8-1 所示。

表 8-1　资源税的税目、征税对象和税率

税目		征税对象	税率
能源矿产	原油	原矿	6%
	天然气、页岩气、天然气水合物	原矿	6%
	煤	原矿或者选矿	2%～10%
	煤成（层）气	原矿	1%～2%
	铀、钍	原矿	4%
	油页岩、油砂、天然沥青、石煤	原矿或者选矿	1%～4%
	地热	原矿	1%～20% 或者每立方米 1～30 元

税目			征税对象	税率
金属矿产	黑色金属	铁、锰、铬、钒、钛	原矿或者选矿	1%～9%
	有色金属	铜、铅、锌、锡、镍、锑、镁、钴、铋、汞	原矿或者选矿	2%～10%
		铝土矿	原矿或者选矿	2%～9%
		钨	选矿	6.5%
		钼	选矿	8%
		金、银	原矿或者选矿	2%～6%
		铂、钯、钌、锇、铱、铑	原矿或者选矿	5%～10%
		轻稀土	选矿	7%～12%
		中重稀土	选矿	20%
		铍、锂、锆、锶、铷、铯、铌、钽、锗、镓、铟、铊、铪、铼、镉、硒、碲	原矿或者选矿	2%～10%
非金属矿产	矿物质	高岭土	原矿或者选矿	1%～6%
		石灰岩	原矿或者选矿	1%～6% 或者每吨（或者每立方米）1～10 元
		磷	原矿或者选矿	3%～8%
		石墨	原矿或者选矿	3%～12%
		萤石、硫铁矿、自然硫	原矿或者选矿	1%～8%
		天然石英砂、脉石英、粉石英、水晶、工业用金刚石、冰洲石、蓝晶石、硅线石（砂线石）、长石、滑石、刚玉、菱镁矿、颜料矿物、天然碱、芒硝、钠硝石、明矾石、砷、硼、溴、膨润土、硅藻土、陶瓷土、耐火粘土、铁矾土、凹凸棒石粘土、海泡石粘土、伊利石粘土、累托石粘土	原矿或者选矿	1%～12%
		叶蜡石、硅灰石、透辉石、珍珠岩、云海、沸石、重晶石、毒重石、方解石、蛭石、透闪石、工业用电气石、白垩、石棉、蓝石棉、红柱石、石榴子石、石膏	原矿或者选矿	2%～12%

税目			征税对象	税率
非金属矿产	矿物质	其他粘土（铸型用粘土、砖瓦用粘土、陶粒用粘土、水泥配料用粘土、水泥配料用红土、水泥配料用黄土、水泥配料用泥岩、保温材料用粘土）	原矿或者选矿	1%～5% 或者每吨（或者每立方米）0.1～5元
	岩石类	大理岩、花岗岩、白云岩、石英岩、砂岩、辉绿岩、安山岩、闪长岩、板岩、玄武岩、片麻岩、角闪岩、页岩、浮石、凝灰岩、黑曜岩、霞石正长岩、蛇纹岩、麦饭石、泥灰岩、含钾岩石、含钾砂页岩、天然油石、橄榄岩、松脂岩、粗面岩、辉长岩、辉石岩、正长岩、火山灰、火山渣、泥炭	原矿或者选矿	1%～10%
		砂石	原矿或者选矿	1%～5% 或者每吨（或者每立方米）0.1～5元
	宝玉石类	宝石、玉石、宝石级金刚石、玛瑙、黄玉、碧玺	原矿或者选矿	4%～20%
水气矿产	二氧化碳气、硫化氢气、氦气、氡气		原矿	2%～5%
	矿泉水		原矿	1%～20% 或者每立方米1～30元
盐	钠盐、钾盐、镁盐、锂盐		选矿	3%～15%
	天然卤水		原矿	3%～15% 或者每吨（或者每立方米）1～10元
	海盐			2%～5%

三、资源税的计税依据

（一）从价定率征收的计税依据

从价定率计算资源税的销售额，包括纳税人销售应税产品向购买方收取的全部价款和价外费用，但不包括收取的增值税销项税额。

煤炭应税产品包括原煤和以未税原煤加工的洗选煤。

（1）纳税人开采原煤直接对外销售的，以原煤销售额作为应税煤炭销售额计算缴纳资源税。原煤销售额不含从坑口到车站、码头等的运输费用。

（2）纳税人将其开采的原煤，自用于连续生产洗选煤的，在原煤移送使用环节不缴纳资源税；自用于其他方面的，视同销售原煤，计算缴纳资源税。

（3）纳税人将其开采的原煤加工为洗选煤销售的，以洗选煤销售额乘以折算率作为应税煤炭销售额计算缴纳资源税。洗选煤销售额包括洗选副产品的销售额，不包括洗选煤从洗选煤厂到车站、码头等的运输费用。

（4）纳税人将其开采的原煤加工为洗选煤自用的，视同销售洗选煤，计算缴纳资源税。

（5）纳税人同时销售应税原煤和洗选煤的，应当分别核算原煤和洗选煤的销售额；未分别核算或者不能准确提供原煤和洗选煤销售额的，一并视同销售原煤计算缴纳资源税。

除了上述计税依据之外，税法中还规定当纳税人开采的应税产品由其关联单位对外销售的，按其关联单位的销售额征收。如果纳税人既有对外销售应税产品，又有将应税产品用于除连续生产应税产品以外的其他方面的，则自用的这部分应税产品按纳税人对外销售应税产品的平均价格计算销售额征收资源税。纳税人将其开采的应税产品直接出口的，按其离岸价格（不含增值税）计算销售额征收资源税。

价外费用，包括向购买方收取的手续费、补贴、基金、集资费、返还利润、奖励费、违约金、滞纳金等价外收费，但不包括：

（1）同时符合以下条件的代垫运输费用：① 承运部门的运输费用发票开具给购买方的；② 纳税人将发票转交给购买方的。

（2）同时符合以下条件代为收取的政府性基金或者行政事业性收费：① 由国务院或者财政部批准设立的政府性基金，由国务院或者省级人民政府及其财政、价格主管部门批准设立的行政事业性收费；② 收取时开具省级以上财政部门印制的财政票据；③ 所收款项全额上缴财政。

另外，纳税人以人民币以外的货币结算销售额的，应当折合成人民币计算，可选择销售额发生的当天或者当月1日的人民币汇率的中间价，且确定后的折合率计算方法一年内不得变更。

（二）从量定额征收的计税依据

从量定额征收是以销售数量为计税依据。销售数量包括纳税人开采或者生产应税产品的实际销售数量和视同销售的自用数量。纳税人不能准确提供应税产品销售数量或移送使用数量的，以应税产品的产量或主管税务机关确定的折算比换算成的数量为课税数量。金属和非金属矿产品原矿，因无法准确掌握纳税人移送使用原矿数量的，可将其精矿按选矿比折算成原矿数量，以此作为课税数量。

$$选矿比 = 精矿数量 ÷ 耗用原矿数量$$
$$原矿课税数量 = 精矿数量 ÷ 选矿比$$

【例8-1】某公司20×9年销售铜矿原矿60 000吨，另外移送入选精矿25 000吨，选矿比为25%，计算该矿当年应缴纳资源税的计税依据。（注：此题假设精矿当月全部销售）

该公司当年应缴纳资源税计税依据 = 60 000 + 25 000 ÷ 25% = 160 000（吨）

纳税人以自产的液体盐加工固体盐，按固体盐税额征税，以加工的固体盐数量为课税数量。纳税人以外购的液体盐加工成固体盐，其加工固体盐所耗用液体盐的已纳税额准予抵扣。

凡同时开采多种资源产品的要分别核算，不能准确划分不同资源产品课税数量的，从高适用税率。

【例8-2】某产盐企业，20×1年7月份以自产液体盐5 000吨加工成固体盐1 000吨，以外购液体盐1 500吨加工成固体盐600吨，当月销售固体盐2 000吨，取得销售收入300万元。已知液体盐每吨单位税额5元、固体盐每吨单位税额40元，计算该产盐企业7月份应缴纳的资源税。

应缴纳的资源税=2 000×40-1 500×5=72 500（元）

四、应纳税额的计算

资源税的应纳税额，按照从价定率或者从量定额的办法，分别以应税产品的销售额乘以纳税人具体适用的比例税率或者以应税产品的销售数量乘以纳税人具体适用的定额税率计算。

如例8-1中铜矿的适用税率为2元/吨，则计算该公司当年应缴纳的资源税为：

应缴纳的资源税=160 000×2=320 000（元）

五、资源税纳税义务发生时间及纳税期限

（一）资源税纳税义务发生时间

（1）纳税人销售自产应税产品的纳税义务发生时间。① 纳税人采用分期收款结算方式的，为销售合同规定的收款日期当天；② 纳税人采取预收货款结算方式的，为发出应税产品的当天；③ 纳税人采取其他结算方式的，为收讫销货款或者取得索取销货款凭据的当天。

（2）纳税人自产自用应税产品的纳税义务发生时间，为移送使用应税产品的当天。

（二）资源税纳税期限

纳税人的纳税期限为1日、3日、5日、10日、15日或者一个月，具体纳税期限由税务机关根据具体情况核定，以一个月为纳税期限的纳税人，要自期满之日起的10日内申报纳税。

六、资源税的纳税地点

（1）资源税纳税人应向资源开采地主管税务机关缴纳资源税。

（2）如果纳税人在本省、自治区、直辖市开采或者生产应税产品且其纳税地点需要调整的，应由所在地省、自治区、直辖市税务机关决定。

（3）如果纳税人应纳资源税属于跨省开采，其下属生产单位与核算单位不在同一个省、自治区、直辖市的，对其开采或者生产的应税产品，一律在开采地或者生产地纳税。

（4）扣缴义务人代扣代缴的资源税，也应该向收购地主管税务机关缴纳。

七、资源税的会计核算

资源税应通过"应交税费——应交资源税"账户核算，分为以下不同情况进行核算。

（一）企业销售应税产品，纳税人需要缴纳增值税和资源税

企业销售时：

借：银行存款等

　　贷：主营业务收入

　　　　应交税费——应交增值税（销项税额）

借：税金及附加
　　贷：应交税费——应交资源税
上缴资源税时：
借：应交税费——应交资源税
　　贷：银行存款
（二）企业自产自用应缴资源税的核算
借：生产成本
　　贷：应交税费——应交增值税
（三）企业收购未税矿产品应缴资源税核算
企业收购未税矿产品，实际支付货款时：
借：物资采购
　　贷：银行存款
代扣代缴资源税时：
借：物资采购
　　贷：应交税费——应交资源税
（四）企业外购液体盐加工固体盐应缴资源税核算
购入时：
借：应交税费——应交资源税（企业购入固体盐按所允许抵扣的资源税）
　　物资采购（外购价款扣除允许抵扣后的余额）
　　　　贷：银行存款（或应付贷款）
销售时：
借：税金及附加
　　贷：应交税费——应交资源税
抵扣液体盐已纳税后的差额上交：
借：应交税费——应交资源税
　　贷：银行存款等

第二节　城镇土地使用税会计

城镇土地使用税法是指国家制定的调整城镇土地使用税收与缴纳权利和义务关系的法律规范。现行的城镇土地使用税法的基本规范，是 1988 年 9 月 27 日国务院发布的《中华人民共和国城镇土地使用税暂行条例》，2013 年 12 月 4 日国务院第 32 次常务会议做了部分修改，并于 2013 年 12 月 7 日起实施。征收城镇土地使用税有利于促进土地的合理利用，调节土地差收入，也有利于筹集地方财政资金。

一、纳税义务人

城镇土地使用税是以国有土地或集体土地为征税对象，对拥有土地使用权的单位和个人征收的一种税。在城市、县城、建制镇、工矿区范围内使用土地的单位和个人，为城镇土地使用税的纳税人。具体规定为：

（1）拥有土地使用权的单位和个人，为纳税义务人。

（2）拥有土地使用权的单位和个人不在土地所在地的，其土地的实际使用人和代管人为纳税义务人。

（3）土地使用权未确定或权属纠纷未解决的，其实际使用人为纳税义务人。

（4）土地使用权共有的，共有各方都是纳税义务人，由共有各方分别纳税。

二、征税范围

城镇土地使用税的征税范围，包括在城市、县城、建制镇和工矿区内的国家所有和集体所有的土地。对建立在城市、县城、建制镇和工矿区以外的工矿企业则不需要缴纳城镇土地使用税。

三、税率

城镇土地使用税采用定额税率。每平方米土地年税额规定如下：

（1）大城市 1.5 元至 30 元；

（2）中等城市 1.2 元至 24 元；

（3）小城市 0.9 元至 18 元；

（4）县城、建制镇、工矿区 0.6 元至 12 元。

城镇土地使用税采用幅度税额，拉开档次，每个幅度税额的差距规定为 20 倍。

经济落后地区的城镇土地使用税的适用税额标准可适当降低，但降低额不得超过上述规定最低税额标准的 30%。经济发达地区的适用税额标准可以适当提高，但须报财政部批准。

四、计税依据

城镇土地使用税以纳税义务人实际占用的土地面积为计税依据。

纳税义务人实际占用土地面积，按下列方法确定：

（1）凡有由省、自治区、直辖市人民政府确定的单位组织测定土地面积的，以测定的面积为准。

（2）尚未组织测量，但纳税人持有政府部门核发的土地使用证书的，以证书确认的土地面积为准。

（3）尚未核发土地使用证书的，应由纳税人申报土地面积，据以纳税，等到核发土地使用证以后再作调整。

（4）对在城镇土地使用税征税范围内单独建造的地下建筑用地，按规定征收城镇土地使用税。其中，已取得地下土地使用权证的，按土地使用权证确认的土地面积计算应征税款；未取得地下土地使用权证或地下土地使用权证上未标明土地面积的，按地下建筑垂直投影面积计算应征税款。对上述地下建筑用地暂按应征税款的 50% 征收城镇土地使用税。

五、应纳税额的计算

全年应纳税额＝实际占用应税土地面积（平方米）× 适用税额

单独建造的地下建筑物的税额计算公式为：

全年应纳税额＝证书确认应税土地面积或地下建筑物垂直投影面积（平方米）×

适用税额 ×50%

【例8-3】某企业位于A市，2023年12月取得一宗土地的使用权同时该企业取得了政府部门核发的土地使用证书，上面注明的土地面积为4 000平方米。当地政府规定的固定税额为每平方米6元，则计算该企业2024年应该缴纳的城镇土地使用税。

应该缴纳的城镇土地使用税＝4 000×6＝24 000（元）

六、纳税期限

城镇土地使用税实行按年计算、分期缴纳的征收办法，具体纳税期限由省、自治区、直辖市人民政府确定。

七、纳税义务发生时间

（1）纳税人购置新建商品房，自房屋交付使用之次月起缴纳城镇土地使用税。

（2）纳税人购置存量房，自房地产权属登记机关签发房屋权属证书之次月起缴纳城镇土地使用税。

（3）纳税人出租、出借房地产，自交付出租、出借、房产之次月起缴纳城镇土地使用税。

（4）纳税人以出让或转让方式有偿取得土地使用权的，应由受让方从合同约定交付土地时间的次月起缴纳城镇土地使用税；合同未约定交付土地时间的，由受让方从合同签订的次月起缴纳城镇土地使用税。

（5）纳税人新征用的耕地，自批准征用之日起满一年时缴纳城镇土地使用税。

（6）纳税人新征用的非耕地，自批准征用次月起缴纳城镇土地使用税。

（7）纳税人因土地权利状态发生变化而依法终止土地使用税的纳税义务的，其应纳税款的计算应截止到实物或权利发生变化的当月末。

八、纳税地点和征收机构

城镇土地使用税在土地所在地缴纳，纳税人使用的土地不属于同一省、自治区、直辖市管辖的，由纳税人分别向土地所在地的税务机关缴纳土地使用税，在同一省、自治区、直辖市管辖范围内，纳税人跨地区使用的土地，其纳税地点由省、自治区、直辖市税务局确定。土地使用权共有的，由税务机关指定一方作为纳税人，计算缴纳城镇土地使用税。

九、税收优惠

下列土地免缴城镇土地使用税：

（1）国家机关、人民团体、军队自用的土地；

（2）由国家财政部门拨付事业经费的单位自用的土地；

（3）宗教寺庙、公园、名胜古迹自用的土地；

（4）市政街道、广场、绿化地等公共用地；

（5）直接用于农、林、牧、渔业的生产用地；

（6）经批准开山填海整治的土地和改造的废弃土地，从使用的月份起免缴城镇土地使用税五年至十年；

（7）由财政部另行规定免税的能源交通、水利设施用地和其他用地。

此外，物流企业自有的大宗商品仓储设施用地减半计征城镇土地使用税。

十、城镇土地使用税的会计核算

按规定，企业缴纳的城镇土地使用税应通过"应交税费——应交城镇土地使用税"账户核算。该账户贷方反映企业应缴的城镇土地使用税；借方反映企业已经缴纳的城镇土地使用税；余额在贷方，表示应缴而未缴的城镇土地使用税。

每月末，企业应按规定计算出应缴纳的城镇土地使用税，做如下会计分录：

借：管理费用

　　贷：应交税费——应交城镇土地使用税

企业按照规定的纳税期限缴纳税款时，做如下会计分录：

借：应交税费——应交城镇土地使用税

　　贷：银行存款

企业应当按照当地税务机关确定的纳税期限，按照纳税申报表确定的应纳税额，如期足额地缴纳城镇土地使用税税额。

第三节　土地增值税会计

土地增值税法是指国家制定的用以调整土地增值税征收与缴纳之间的权利及义务关系的法律。土地增值税是对有偿转让国有土地使用权、地上建筑物及其附着物产权并取得增值收入的单位和个人征收的一种税。征收土地增值税增强了政府对房地产开发和交易市场的调控，有利于抑制炒买炒卖土地获取暴利的行为，也增加了国家收入。现行的土地增值税的基本规范，是国务院颁布的《中华人民共和国土地增值税暂行条例》。

一、纳税义务人

土地增值税的纳税义务人是转让国有土地使用权、地上建筑物及其附着物并取得收入的单位和个人，包括内外资企业、行政事业单位、中外籍个人等。

二、征税范围

土地增值税是对转让国有土地使用权及其地上建筑物和附着物的行为征税。所以土地增值税的基本征税范围包括：① 转让国有土地使用权，"国有土地"是指按国家法律规定属于国家所有的土地。出售国有土地使用权是指土地所有者通过出让方式，向政府缴纳了土地的出让金，有权受让土地使用权后，仅对土地进行通水、通电、通路和平整地面等土地开发，不进行房产开发。② 地上建筑物及其附着物连同国有土地使用权一并转让，附着物是指附着于土地上的不能移动或者一经移动即受损坏的物品。纳税人取得国有土地使用权后进行房屋开发建造然后出售的，这种情况是一般所说的房地产开发。由于这种情况既发生了产权的转让又取得了收入，所以应该纳入土地增值税的征税范围。③ 存量房地产买卖。存量房地产是指已经建成并投入使用的房地产，其房屋所有人将房屋产权和土地使用权一并转让给其他单位或个人，这种行为按照国家有关的房地产法律法规，应当到有关部门办理房产产权和土地使用权的变更手续。

三、税率

土地增值税实行四级超率累进税率，如表 8-2 所示。

表 8-2　土地增值税四级超率累进税率表　　　　　　　　　单位：%

级数	增值额与扣除项目金额的比率	税率	速算扣除数
1	不超过 50% 的部分	30	0
2	超过 50%~100% 的部分	40	5
3	超过 100%~200% 的部分	50	15
4	超过 200% 的部分	60	35

四、应纳税额计算及计税依据

$$增值额 = 收入额 - 扣除项目金额$$
$$增值率 = 增值额 \div 扣除项目金额$$
$$应纳税额 = 增值额 \times 适用税率 - 扣除项目金额 \times 速算扣除系数$$
$$土地增值税 = 收入总额 - 准许扣除的项目金额$$

上式中，收入总额包括货币收入、实物收入及其他收入等全部收入；扣除项目金额包括：① 取得土地使用权所交付的价款，即土地出让金和按国家统一规定缴纳的有关费用；② 土地开发的成本，费用，主要包括土征用及拆迁补偿费，前期工程费，建筑安装工程费，基础设施费，公共配套设施费用等间接费用；③ 新建房及配套设施的成本费用或者存量房的评估价格（政府指定的评估部门评定的重置价格乘以新旧程度折扣率后的价值）；④ 与转让房地产有关的税金，包括在出售房地产时所支付的营业税，城市维护建设税等；⑤ 财政部规定的其他扣除项目及金额（对于从事房地产开发的纳税人可以加计扣除取得土地使用权所支付的金额和房地产开发成本之和的 20%）。

纳税人有以下情形之一的，按照房地产评估价额计算征收：① 隐瞒、虚报房地产成交价格的；② 提供扣除项目金额不实的；③ 转让房地产的成交价格低于房地产评估价格，又无正当理由的。

五、土地增值税申报纳税

纳税人应自转让房地产合同签订之日起 7 日内，向房地产所在地的主管税务机关办理申报纳税，以一次交割、付清价款方式转让房地产的，应在办理过户登记手续前，一次性缴纳全部税款；以分期方式转让房地产的，可根据收款日期确定具体的纳税期限。

项目全部竣工结算前转让房地产的，可以预征土地增值税。

有下列情形之一的，免征土地增值税：① 纳税人建造普通标准住宅出售，增值额未超过扣除项目金额 20% 的；② 因国家建设需要依法征收、收回的房地产。

六、纳税地点

不论纳税人的机构所在地、经营所在地、居住所在地设在何处，均应在房地产的所在地申报纳税。

【例 8-4】某房地产开发公司转让办公楼一栋，获得货币收入 20 000 万元，该公司在建造办公楼时为取得该片区的土地使用权，支付了 600 万元，之后开发土地，建房以及建筑安装工程费，基础设施费等费用共计支付 3 000 万元，相关税金支付 50 万元，计算公司应纳土地增值税。

扣除项目金额 = 600 + 3 000 + 40 + （600 + 3 000）× 20% = 4 900（万元）

土地增值额 = 20 000 − 4 900 = 15 100（万元）

土地增值额占扣除项目比例金额 = 15 100 ÷ 4 900 × 100% = 308.16%

应纳土地增值税 = 15 100 × 60% − 4 900 × 35% = 7 345（万元）

七、土地增值税会计核算

（一）房地产企业的土地增值税会计处理

计算土地增值税时：

借：税金及附加

　　贷：应交税费——应交土地增值税

实际上缴时：

借：应交税费——应交土地增值税

　　贷：银行存款

兼营房地产业务的企业因转让房地产收入而应缴纳土地增值税时：

借：其他业务支出

　　贷：应交税费——应交土地增值税

（二）非房地产企业转让或销售房地产缴纳土地增值税的会计处理

企业转让国有土地使用权同地上已完工交付使用的建筑物及附着物，并且计算土地增值税时：

借：固定资产清理

　　贷：应交税费——应交土地增值税

上缴税金时：

借：应交税费——应交土地增值税
　　贷：银行存款

第四节　烟叶税会计

烟叶税是以纳税人收购金额为计税依据征收的一种税。

烟叶税是新中国成立之后慢慢形成的一个税种，最初农业特产税的征收范围不包括烟叶，对烟叶另外征收产品税和工商统一税。2004年6月，财政部、国家税务总局下发《关于取消除烟叶外的农业特产税有关问题的通知》，规定从2004年起，除对烟叶暂保留征收农业特产税外，取消对其他农业特产品征收的农业特产税。2005年12月29日，十届全国人大常委会第十九次会议决定，自2006年1月1日起废止《中华人民共和国农业税条例》，2006年4月28日，国务院公布《中华人民共和国烟叶税暂行条例》，自公布之日起实施。2017年12月27日，第十二届全国人民代表大会常务委员会第三十一次会议通过《中华人民共和国烟叶税法》，自2018年7月1日起实施，《中华人民共和国烟叶税暂行条例》同时废止。

一、纳税义务人

在中华人民共和国境内收购烟叶的单位为烟叶税纳税人，按《中华人民共和国烟叶税法》的规定缴纳烟叶税。

二、征税范围

按《中华人民共和国烟叶税法》的规定，本法所称烟叶，是指晾晒烟叶、烤烟叶。

三、税率

烟叶税实行比例税率，税率为20%，烟叶税税率的调整由国务院决定。

四、应纳税额的计算

《中华人民共和国烟叶税法》规定，烟叶税的应纳税额按照纳税人收购烟叶实际支付的价款总额和规定的税率计算。

应纳税额的计算公式为：应纳税额＝收购烟叶实际支付的价款总额 × 税率

价款总额包括纳税人支付给烟叶销售者的烟叶收购价款和价外补贴，按照简化手续、方便征收的原则，价外补贴统一暂按烟叶收购价款的10%计入价款总额征税。

【例8-5】甲烟草公司为增值税一般纳税人，于今年3月收购烟叶200 000千克，烟叶的收购价格为12元/千克，总计2 400 000元，货款以及价外补贴全部支付完毕，计算该公司3月收购烟叶应该缴纳的烟叶税税额。

价款总额＝2 400 000 ×（1 + 10%）＝2 640 000（元）

应纳税额＝2 640 000 × 20%＝528 000（元）

五、纳税时间

烟叶税的纳税义务发生时间为纳税人收购烟叶的当天。纳税人应当自纳税义务发生月终了之日起十五日内申报纳税。具体纳税期限由主管税务机关核定。

六、纳税地点

纳税人收购烟叶，应当向烟叶收购地的主管税务机关（县级税务局或者其指定的税务分局、所）申报纳税。

七、会计处理

借：物资采购
　　贷：应交税费——应交烟叶税

第五节　耕地占用税会计

耕地占用税是对占用耕地建房或从事其他非农业生产建设的单位和个人，就其实际占用的耕地面积征收的一种税，它属于对特定土地资源占用课税。耕地是土地资源中最重要的组成部分，是农业生产最基本的生产资料。但我国人口众多，耕地资源相对较少，为了遏制并逐步改变这种状况，政府决定开征耕地占用税。这对保护国土资源，促进农业可持续发展，以及强化耕地管理都具有十分重要的意义。

一、纳税义务人

耕地占用税的纳税人是占用耕地建房或者从事非农业建设的单位或者个人。包括各类性质的企业、事业单位、社会团体、国家机关、部队以及其他单位；也包括个体工商户以及其他个人。

二、征税范围

耕地占用税的征税范围包括用于建房或从事其他非农业建设征（占）用的国家和集体所有的耕地。

耕地包括从事农业种植的土地，也包括菜地；花圃、苗圃、茶园、果园、桑园等园地和其他种植经济林木的土地，占用鱼塘及其他农用土地建房或从事其他非农业建设，也视同占用耕地。

三、税率

由于我国不同地区之间人口和耕地资源分布极不均衡，有些地区人烟稠密，耕地资源相对匮乏，有些地区人烟稀少，耕地资源相对比较丰富。考虑到不同地区之间客观条件的差别以及与此相关的税收调节力度和负担能力方面的差别，耕地占用税实行地区差别幅度定额税率。人均耕地面积越少，单位税额越高。具体规定如下：

（1）人均耕地不超过1亩的地区（以县级行政区域为单位，下同），每平方米为10~50元；

（2）人均耕地超过 1 亩但不超过 2 亩的地区，每平方米为 8~40 元；

（3）人均耕地超过 2 亩但不超过 3 亩的地区，每平方米为 6~30 元；

（4）人均耕地面积超过 3 亩以上的地区，每平方米为 5~25 元。

在人均耕地低于 0.5 亩的地区，省、自治区、直辖市可以根据当地经济发展情况，适当提高耕地占用税的适用税额，但提高的部分不得超过适用税额的百分之五十。

四、计税依据

耕地占用税以纳税人占用耕地的面积为计税依据，以每平方米未计量单位。

五、税额计算

耕地占用税以纳税人实际占用的耕地面积为计税依据，按照规定的适用税额标准计算应纳税额，实行一次性征收。

应纳税额＝纳税人实际占用的耕地面积 × 适用税额标准

六、纳税地点

耕地占用税由地方税务机关负责征收。

七、纳税期限

获准占用耕地的单位或者个人应当在收到土地管理部门的通知之日起 30 日内缴纳耕地占用税。土地管理部门凭耕地占用税完税凭证或者免税凭证和其他有关文件发放建设用地批准书。

临时占用耕地先纳税，恢复原状后再退税。

建设直接为农业生产服务的生产设施占用林地、牧草场等等规定的农用地的，不征收耕地占用税。

八、会计处理

对于耕地占用税，由于是按照实际占用耕地面积计算，并一次性缴纳，因此可以不通过"应交税费"科目进行核算，而直接计入有关项目的成本费用之中。

（一）工厂类企业

借：在建工程

  贷：银行存款

（二）房地产开发类

借：开发成本

  贷：银行存款

本章小结

本章主要介绍了如下内容：

（1）资源税，介绍了资源税的纳税义务人、税目、税率、资源税计税依据，包括从价定率征收的计税依据和从量定额征收的计税依据、资源税应纳税额的计算、资源税纳税义务发生时间及纳税期限、资源税的纳税地点、资源税的会计核算

（2）城镇土地使用税，介绍了城镇土地使用税的纳税义务人、征税范围、税率、计税依据、应纳税额的计算、纳税期限、纳税义务发生时间、纳税地点和征收机构、税收优惠、城镇土地使用税的会计核算。

（3）土地增值税，包括纳税义务人、征税范围、税率、应纳税额计算及计税依据、土地增值税申报纳税、纳税地点、土地增值税会计核算。

（4）烟叶税，包括纳税义务人、征税范围、税率、应纳税额的计算、纳税时间、纳税地点、会计处理。

（5）耕地占用税，包括纳税义务人、征税范围、税率、计税依据、税额计算、纳税地点、纳税期限、会计处理。

复习思考题

1. 资源税和所得税、增值税之间有什么关系？
2. 各类税目中视同销售的类型分别有哪些，不同税目中视同销售的规定有何相同点？
3. 所学税目中纳税环节有何不同，哪些税目属于一次课征，纳税期限和纳税地点有何不同？
4. 各税目中会计核算有何区别？

计 算 题

1. 某煤矿 2024 年 3 月开采原煤 12 万吨，将其中 6 万吨对外销售，取得不含增值税销售额 6 000 万元；将其中 1 万吨原煤用于职工食堂；将其中部分原煤自用于连续生产洗煤，生产出来的洗煤当月全部销售，取得不含增值税销售额 4 000 万元；剩余原煤留存待售。已知煤炭资源税税率为 8%，当地省财税部门确定的洗煤折算率为 60%，则该煤矿 2025 年 2 月应缴纳资源税。

2 某烟草企业向农民收购烟叶，开具的收购发票上注明收购价款 60 000 元，公司按照规定缴纳了烟叶税。将烟叶运至位于市区的某加工厂（增值税一般纳税人）加工烟丝，计算该公司应该缴纳的烟叶税。

3. 2024 年甲企业生产经营用地分布于某市的甲、乙两个区域，甲区域土地使用权属于 A 企业，占地面积 15 000 平方米，其中企业办医院占地 1 000 平方米，厂区内绿化占地 3 000 平方米；乙区域的土地使用权属于 A 企业与 B 企业共同拥有，占地面积共 3 000 平方米，实际使用面积各 50%。已知 A 企业所在地城镇土地使用税的年税额为每平方米 5 元，则 A 企业全年应缴纳城镇土地使用税。

案例讨论题

某煤矿企业位于 A 市，属于自产煤矿企业，该企业从事的业务包括煤矿的开采、洗选、

销售等。以下是该煤矿生产企业于 20×5 年 3 月发生的相应业务：3 月 3 日该企业销售自产原煤 10 000 000 吨，销售价格 80 元 / 吨；3 月 5 日该企业将原煤 300 吨用于本企业职工宿舍供暖；3 月 12 日将开采的原煤 200 000 吨向某发电厂进行投资，协议确定价格为 100 元 / 吨；3 月 17 日，用所开采的原煤 400 吨抵偿以往欠 A 公司的债务 6 万元；3 月 20 日从外单位购入一批材料，价格 500 000 元，对方要求用本企业开采的原煤做交易，协商原煤价格为 80 元 / 吨。本月还以开采的原煤支付外单位投资利润 500 000 元，协议价格为 80 元 / 吨。地区主管税务机关对该煤矿企业所开采的原煤规定的适用资源税税率为 0.5 元 / 吨。

分析该企业应交的资源税以及会计处理。

即测即评

请扫描右侧二维码，进行随堂测试。

第九章 财产行为税类会计

学习目标

1. 掌握房产税、车船税、印花税和契税的纳税基本要素
2. 掌握上述四个税种应纳税额的计算和会计账务处理

【思维导图】

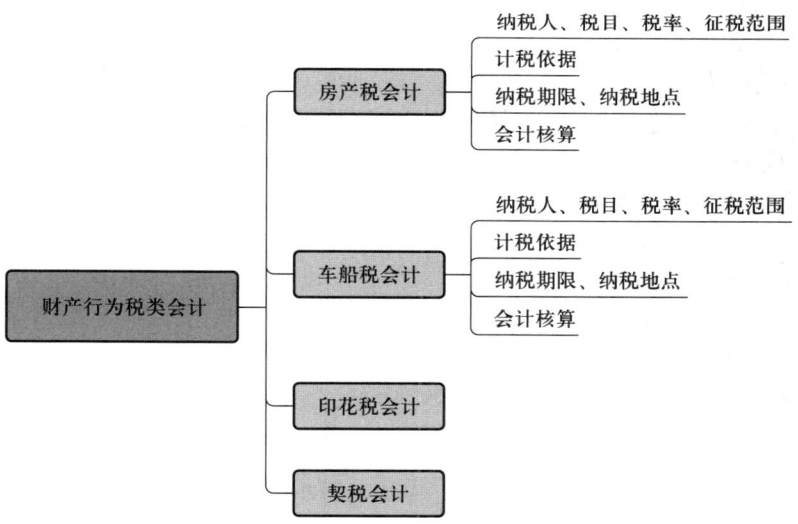

【引言】

在企业、组织的生产经营过程中，不仅对其销售商品、提供劳务的营业额、所得额等负有纳税义务，对其拥有的某些财产、进行的某些法律行为也负有一定的纳税义务，比如企业自有的厂房、办公楼、仓库可能需要缴纳房产税，企业用于运输的车辆、船舶可能需要缴纳车船税，企业签订购货合同、借款合同、建造合同、租赁合同等需缴纳印花税。作为会计人员必须要弄清各项财产税、行为税的税法规定及会计核算，才能保障企业、组织按时合法地履行纳税义务，也能更好地避免不必要的税务负担。

第一节　房产税会计

一、房产税概述

房产税是以房屋为课税对象，以房屋的计税余值或租金收入为计税依据，向产权所有人征收的一种财产税。

（一）房产税的征税对象

房产是以房屋形态表现的财产。房屋是指有屋面和围护结构（有墙或两边有柱），能够遮风避雨，可供人们在其中生产、工作、学习、娱乐、居住或储藏物资的场所。

独立于房屋之外的建筑物，如围墙、烟囱、水塔、变电塔、油池油柜、酒窖菜窖、酒精池、糖蜜池、室外游泳池、玻璃暖房、砖瓦石灰窑以及各种油气罐等，不属于房产；加油站罩棚也不属于房产。

（二）房产税的征税范围

房产税在城市、县城、建制镇和工矿区征收。

城市是指经国务院批准设立的市，其征税范围为市区、郊区和市辖县县城，不包括农村。县城是指未设立建制镇的县人民政府所在地。建制镇是指经省、自治区、直辖市人民政府批准设立的建制镇，征税范围为镇人民政府所在地，不包括所辖的行政村。工矿区是指工商业比较发达，人口比较集中，符合国务院规定的建制镇标准，但尚未设立镇建制的大中型工矿企业所在地。

（三）房产税的纳税人

房产税由房屋产权所有人缴纳。具体规定为：

（1）产权属于全民所有的，由经营管理的单位缴纳。

（2）产权出典的，由承典人缴纳。

（3）融资租赁的房产，由承租人缴纳。

（4）产权所有人、承典人不在房产所在地的，或者产权未确定及租典纠纷未解决的，由房产代管人或者使用人缴纳。

（5）纳税单位和个人无租使用房产管理部门、免税单位及纳税单位的房产，应由使用人代缴纳房产税。

（四）房产税的计税依据

我国现行房产税的计税依据是房产余值或房产的租金收入。

（1）一般情况下，房产税按房产余值计征。房产余值指房产原值一次减除 10%～30% 后的余值。具体减除幅度，由省、自治区、直辖市人民政府规定。没有房产原值作为依据的，由房产所在地税务机关参考同类房产核定。

房产原值是指纳税人按照会计制度规定，在账簿"固定资产"科目中记载的房屋原价。因此，凡按会计制度规定在账簿中记载有房屋原价的，即应以房屋原价按规定减除一定比例后作为房产余值计征房产税；没有记载房屋原价的，参照同类房屋，确定房产原值，计征房产税。

房产原值应包括与房屋不可分割的各种附属设备或一般不单独计算价值的配套设施。主要有：暖气、卫生、通风、照明、煤气等设备；各种管线，如蒸气、压缩空气、石油、给水排水等管道及电力、电讯、电缆导线；电梯、升降机、过道、晒台等。

（2）房产出租的（不包括融资租赁），以房产租金收入为房产税的计税依据。

（五）房产税的税率

房产税的税率，依照房产余值计算缴纳的，税率为1.2%；依照房产租金收入计算缴纳的，税率为12%。

二、房产税的会计核算

纳税人应当在"应交税费"科目下设置"应交房产税"明细科目来核算房产税。该科目借方记录已经上缴税务局的房产税，贷方记录按规定计提的房产税，余额通常在贷方，表示应缴未缴的房产税。

（一）经营自用的房屋

纳税人期末按税法规定计提本期应当缴纳的房产税时，借记"管理费用"科目，贷记"应交税费——应交房产税"科目；缴纳房产税时，借记"应交税费——应交房产税"科目，贷记"银行存款"科目。

【例9-1】某企业坐落在某城市内，其生产厂房原值为5 000万元，在郊区以外的农村还有一个仓库，原值为200万元，当地规定允许减除房产原值的30%，计算该企业全年应缴纳的房产税，并做会计处理。

【解析】

坐落于市内的生产厂房：

年应纳房产税 = 5 000 × （1 - 30%） × 1.2% = 42（万元）

其会计分录为：

计提应缴纳房产税时：

借：管理费用	420 000
贷：应交税费——应交房产税	420 000

缴纳房产税时：

借：应交税费——应交房产税	420 000
贷：银行存款	420 000

坐落在农村的仓库不属于房产税的征税范围，不需缴纳房产税。

（二）出租的房屋

纳税人将房屋出租，按税法规定计提当期应缴房产税时，借记"税金及附加"科目，贷记"应交税费——应交房产税"科目；缴纳房产税时，借记"应交税费——应交房产税"科目，贷记"银行存款"等科目。

【例9-2】某公司将闲置未用房产出租给某企业经营，每年收取租金100万元，计算其出租房产应缴纳房产税，并做会计分录。

【解析】

房租收入应纳房产税 = 100 × 12% = 12（万元）

其会计分录为：

计提应缴纳房产税时：

借：税金及附加   120 000
    贷：应交税费——应交房产税   120 000
缴纳房产税时：
借：应交税费——应交房产税   120 000
    贷：银行存款   120 000
补充：针对个人拥有房产的房地产税未来开征的可能性很大，需要对其政策趋势进行密切关注。

第二节　车船税会计

一、车船税概述

车船税是以车船为课税对象，按车辆、船舶（以下简称车船）的种类、数量和吨位，向车船的所有人或者管理人征收的一种财产税。

（一）车船税的征税对象

车船税的征税对象是我国境内行驶或航行的属于《中华人民共和国车船税法》中《车船税税目税额表》规定的车船。

（二）车船税的纳税人

在我国境内属于《车船税税目税额表》规定的车船的所有人或者管理人，为车船税的纳税人。

（三）车船税的税率

车船税适用定额税率，具体税额如表9-1所示。

表9-1　车船税税目税额表

税目		计税单位	年基准税额	备注
乘用车〔按发动机汽缸容量（排气量）分档〕	1. 0升（含）以下的	每辆	60元至360元	核定载客人数9人（含）以下
	1. 0升以上至1.6升（含）的		300元至540元	
	1. 6升以上至2.0升（含）的		360元至660元	
	2. 0升以上至2.5升（含）的		660元至1 200元	
	2. 5升以上至3.0升（含）的		1 200元至2 400元	
	3. 0升以上至4.0升（含）的		2 400元至3 600元	
	4. 0升以上的		3 600元至5 400元	
商用车	客车	每辆	480元至1 440元	核定载客人数9人以上，包括电车
	货车	整备质量每吨	16元至120元	包括半挂牵引车、三轮汽车和低速载货汽车等

税目		计税单位	年基准税额	备注
挂车		整备质量 每吨	按照货车税额的50% 计算	
其他车辆	专用作业车	整备质量 每吨	16元至120元	不包括拖拉机
	轮式专用机械车		16元至120元	
摩托车		每辆	36元至180元	
船舶	机动船舶	净吨位 每吨	3元至6元	拖船、非机动驳船分别 按照机动船舶税额的 50%计算
	游艇	艇身长度 每米	600元至2 000元	

（四）车船税的计算

根据《车船税税目税额表》的规定，不同的车船按不同的计税依据计算应纳税额。

（1）乘用车、客车、摩托车：

$$应纳税额 = 适用单位税额 \times 应纳税车辆数量$$

（2）货车、挂车、专用作业车、轮式专用机械车：

$$应纳税额 = 适用单位税额 \times 整备质量$$

（3）机动船舶（拖船、非机动驳船分别按照机动船舶税额的50%计算）：

$$应纳税额 = 适用单位税额 \times 净吨位数$$

（4）游艇：

$$应纳税额 = 适用单位税额 \times 艇身长度$$

（五）车船税的减免

下列车船免征车船税：

（1）捕捞、养殖渔船；

（2）军队、武装警察部队专用的车船；

（3）警用车船；

（4）依照法律规定应当予以免税的外国驻华使领馆、国际组织驻华代表机构及其有关人员的车船。

自2012年1月1日起，对节约能源的车船，减半征收车船税；对使用新能源的车船，免征车船税。

对受严重自然灾害影响纳税困难以及有其他特殊原因确需减税、免税的，可以减征或者免征车船税。具体办法由国务院规定，并报全国人民代表大会常务委员会备案。

省、自治区、直辖市人民政府根据当地实际情况，可以对公共交通车船，农村居民拥有并主要在农村地区使用的摩托车、三轮汽车和低速载货汽车定期减征或者免征车船税。

二、车船税的会计核算

纳税人应当在"应交税费"科目下设置"应交车船税"明细科目来核算车船税。该科目借方记录企业已上缴的车船税，贷方记录按规定应缴纳的车船税，余额通常在贷方，表示应缴未缴的车船税。

月份终了，企业计算出应交纳的车船税税额：

借：管理费用

  贷：应交税费——应交车船税

企业在缴纳税款时：

借：应交税费——应交车船税

  贷：银行存款

【例9-3】某企业有货车10辆，挂车6辆，每辆自重吨位均为5吨，货车年税额50元/吨；有发动机汽缸容量2.0的乘用车5辆，每辆年税额660元。计算该企业年应缴纳的车船税，并编制会计分录。

【解析】

年应纳车船税 $= 10 \times 5 \times 50 + 6 \times 5 \times 50 \times 50\% + 5 \times 660 = 6\,550$（元）

其会计分录为：

计提应缴纳车船税时：

借：管理费用   6 550

  贷：应交税费——应交车船税   6 550

缴纳车船税时：

借：应交税费——应交车船税   6 550

  贷：银行存款   6 550

第三节　印花税会计

一、印花税概述

印花税是以应纳税凭证为征税对象，以应纳税凭证所记载的金额、费用、收入额或凭证的件数为计税依据，向书立、领受应纳税凭证的单位和个人征收的一种行为税。

2021年6月10日第十三届全国人民代表大会常务委员会第二十九次会议通过《中华人民共和国印花税法》，并于2022年7月1日起施行。1988年8月6日国务院发布的《中华人民共和国印花税暂行条例》同时废止。

（一）印花税的征税对象

印花税征税对象是在中华人民共和国境内书立、领受《中华人民共和国印花税法》所列举的凭证，包括：

（1）借款、融资租赁、买卖、承揽、建设工程、运输、技术、租赁、保管、仓储、财产保险合同或者具有合同性质的凭证。

（2）产权转移书据：土地使用权出让书据，土地使用权、房屋等建筑物和构筑物所有权转让书据（不包括土地承包经营权和土地经营权转移），股权转让书据（不包括应缴纳证券交易印花税的），商标专用权、著作权、专利权、专有技术使用权转让书据。

（3）营业账簿，指单位或者个人记载生产、经营活动的财务会计核算账簿。

（4）证券交易，指转让在依法设立的证券交易所、国务院批准的其他全国性证券交易场所交易的股票和以股票为基础的存托凭证。证券交易印花税对证券交易的出让方征收，不对受让方征收。

现行印花税只对《中华人民共和国印花税法》列举的凭证征收，没有列举的凭证不征税。

（二）印花税的纳税人

在中华人民共和国境内书立应税凭证、进行证券交易的单位和个人，为印花税的纳税人，应当依照法律规定缴纳印花税；在中华人民共和国境外书立在境内使用的应税凭证的单位和个人，应当依照法律规定缴纳印花税。包括：

（1）立合同人，指合同的当事人，即对凭证有直接权利义务关系的单位和个人，不包括保人、证人、鉴定人。当事人的代理人有代理纳税的义务。

（2）立据人，指书立产权转移书据的当事人。

（3）立账簿人，指设立并使用营业账簿的单位和个人。

（4）使用人，在国外书立、领受，但在国内使用的应税凭证，也应纳印花税，使用人为纳税人。

需要说明的是，由两方及以上当事人共同书立的应税凭证，各方当事人都是印花税纳税人；签订电子应税凭证的，也应缴纳印花税。

（三）缴税期限

印花税按季、按年或者按次计征。实行按季、按年计征的，纳税人应当自季度、年度终了之日起十五日内申报缴纳税款；实行按次计征的，纳税人应当自纳税义务发生之日起十五日内申报缴纳税款。

证券交易印花税按周解缴。证券交易印花税扣缴义务人应当自每周终了之日起五日内申报解缴税款以及银行结算的利息。

（四）缴税地点

印花税可以采用粘贴印花税票或者由税务机关依法开具其他完税凭证的方式缴纳。印花税票粘贴在应税凭证上的，由纳税人在每枚税票的骑缝处盖戳注销或者画销。印花税票由国务院税务主管部门监制。

（五）印花税的税目、税率

根据《中华人民共和国印花税法》，印花税共有 17 个税目。印花税的应纳税额按照计税依据乘以适用税率计算，具体见表 9-2。

表 9-2　印花税税目税率表

税目			范围	税率	说明
合同（指书面合同）	1	借款合同	指银行业金融机构、经国务院银行业监督管理机构批准设立的其他金融机构与借款人（不包括同业拆借）的借款合同	借款金额的 0.05‰	单据作为合同使用的，按合同贴花
	2	融资租赁合同		租金的 0.05‰	
	3	买卖合同	指动产买卖合同（不包括个人书立的动产买卖合同）	按购销金额的 0.3‰ 贴花	
	4	承揽合同	包括加工、定作、修缮、修理、印刷广告、测绘、测试等合同	按承揽收入的 0.3‰ 贴花	
	5	建设工程合同	包括勘察、设计、建筑、安装工程承包合同	按收取费用的 0.3‰ 贴花	
	6	租赁合同	包括租赁房屋、船舶、飞机、机动车辆、机械、器具、设备等合同	按租赁金额的 1‰ 贴花。税额不足 1 元，按 1 元贴花	
	7	运输合同	货运合同和多式联运合同（不包括管道运输合同）	按运输费用的 0.3‰ 贴花	单据作为合同使用的，按合同贴花
	8	保管合同		按保管费的 1‰ 贴花	
	9	仓储合同		按仓储费的 1‰ 贴花	
	10	财产保险合同	包括财产、责任、保证、信用等保险合同（不包括再保险合同）	按保险费的 1‰ 贴花	单据作为合同使用的，按合同贴花
	11	技术合同	包括技术开发、转让、咨询、服务等合同（不包括专利权、专有技术使用权转让书据）	按价款、报酬或者使用费的 0.3‰ 贴花	

196

税目			范围	税率	说明
产权转移书据	1	土地使用权出让书据		按价款的 0.5‰贴花	转让包括买卖（出售）、继承、赠与、互换、分割
	2	土地使用权、房屋等建筑物和构筑物所有权转让书据（不包括土地承包经营权和土地经营权转移）		按价款的 0.5‰贴花	
	3	股权转让书据（不包括应缴纳证券交易印花税的）		按价款的 0.5‰贴花	
	4	商标专用权、著作权、专利权、专有技术使用权转让书据		按价款的 0.3‰贴花	
其他应税项目	1	营业账簿	生产、经营用账册	按实收资本（股本）和资本公积合计金额的 0.25‰贴花	
	2	证券交易	对证券交易的出让方征收，不对受让方征收	按成交金额的 1‰贴花	

（六）印花税的计算

应税合同的计税依据，为合同所列的金额，不包括列明的增值税税款；应税产权转移书据的计税依据，为产权转移书据所列的金额，不包括列明的增值税税款；应税营业账簿的计税依据，为账簿记载的实收资本（股本）、资本公积合计金额；证券交易的计税依据，为成交金额。

$$印花税的应纳税额 = 计税依据 \times 适用税率$$

应税合同、产权转移书据未列明金额的，印花税的计税依据按照实际结算的金额确定。计税依据按照前款规定仍不能确定的，按照书立合同、产权转移书据时的市场价格确定；依法应当执行政府定价或者政府指导价的，按照国家有关规定确定。

证券交易无转让价格的，按照办理过户登记手续时该证券前一个交易日收盘价计算确定计税依据；无收盘价的，按照证券面值计算确定计税依据。

二、印花税的会计核算

根据《中华人民共和国印花税法》第十六条，印花税实行按季、按年计征的，纳税人应在季度、年度终了之日起十五日内申报缴纳税款；实行按次计征的，纳税人应当自纳税义务发生之日起十五日内申报缴纳税款。也就是说，印花税的会计核算应当分为"计提"阶段和"缴纳"阶段。

计提时：

借：税金及附加

　　贷：应交税费——应交印花税

申报缴纳时：

借：应交税费——应交印花税

　　贷：银行存款

【例9-4】某企业2023年12月有关资料如下：

（1）实收资本增加200万元；

（2）与银行签订一年期借款合同，借款金额500万元，年利率5%；

（3）与甲公司签订买卖合同，销售货物价格400万元；

（4）与乙公司签订受托加工合同，乙公司提供价值80万元的原材料，本企业提供价值15万元的辅助材料并收加工费20万元；

（5）与货运公司签订运输合同，载明运输费用10万元。

该企业采用按月汇总缴纳印花税。计算该企业2023年12月应缴纳的印花税，并编制会计分录。

【解析】

（1）实收资本增加应纳印花税 $= 2\,000\,000 \times 0.25‰ = 500$（元）

（2）借款合同应纳印花税 $= 5\,000\,000 \times 0.05‰ = 250$（元）

（3）买卖合同应纳印花税 $= 4\,000\,000 \times 0.3‰ = 1\,200$（元）

（4）委托加工合同以加工费和辅助材料金额之和为计税依据，承揽合同应纳印花税 $= (150\,000 + 200\,000) \times 0.3‰ = 105$（元）

（5）运输合同应纳印花税 $= 100\,000 \times 0.3‰ = 30$（元）

2023年12月应缴纳印花税 $= 500 + 250 + 1\,200 + 105 + 30 = 2\,085$（元）

其会计分录为：

计提时：

借：税金及附加　　　　　　　　　　　　　　　　　　　2 085

　　贷：应交税费——应交印花税　　　　　　　　　　　　　　2 085

申报缴纳时：

借：应交税费——应交印花税　　　　　　　　　　　　　2 085

　　贷：银行存款　　　　　　　　　　　　　　　　　　　　　2 085

第四节　契税会计

一、契税概述

契税属于财产转移税，是土地使用权、房屋所有权发生转移时，由国家就当事人双方所立的契约，向土地房屋权属承受人征收的一种税。

2020 年 8 月 11 日第十三届全国人民代表大会常务委员会第二十一次会议通过《中华人民共和国契税法》，并于 2021 年 9 月 1 日起施行。1997 年 7 月 7 日国务院发布的《中华人民共和国契税暂行条例》同时废止。

（一）契税的征税对象

契税的征税对象是在境内转移土地、房屋权属的行为，具体为：

（1）土地使用权出让。

（2）土地使用权转让（不包括土地承包经营权和土地经营权的转移，也不包括土地使用权的出租）。

（3）房屋买卖：

① 以房产抵债或实物交换房屋，视同房屋买卖，由产权承受人按房屋现值缴纳契税。其中，以房产抵债，经双方同意，有关部门批准，按房产折价款缴纳契税。

② 以自有房产作股投入本人独资经营的企业，不缴纳契税。

③ 买房拆料或翻建新房，应照章征收契税。

（4）房屋赠与和交换。

（5）以作价投资（入股）、偿还债务、划转、奖励等方式转移土地、房屋权属。

（6）因共有不动产份额变化的。

（7）因共有人增加或者减少的。

（8）因人民法院、仲裁委员会的生效法律文书或者监察机关出具的监察文书等因素，发生土地、房屋权属转移的。

现行契税只对《中华人民共和国契税法》列举的凭证征收，没有列举的凭证不征税。

（二）契税的纳税人

根据《中华人民共和国契税法》第 1 条，在中华人民共和国境内转移土地、房屋权属，承受的单位和个人为契税的纳税人，应当依照本法规定缴纳契税。因此，契税的纳税人是境内转移土地、房屋权属，承受的单位和个人。

（三）纳税义务发生时间

契税的纳税义务发生时间，为纳税人签订土地、房屋权属转移合同的当日，或者纳税人取得其他具有土地、房屋权属转移合同性质凭证的当日。纳税人应当在依法办理土地、房屋权属登记手续前申报缴纳契税。

（1）因人民法院、仲裁委员会的生效法律文书或者监察机关出具的监察文书等发生土地、房屋权属转移的，纳税义务发生时间为法律文书等生效当日。

（2）因改变土地、房屋用途等情形应当缴纳已经减征、免征契税的，纳税义务发生时间为改变有关土地、房屋用途等情形的当日。

（3）因改变土地性质、容积率等土地使用条件需补缴土地出让价款，应当缴纳契税的，纳税义务发生时间为改变土地使用条件当日。

发生上述情形，按规定不再需要办理土地、房屋权属登记的，纳税人应自纳税义务发生之日起 90 日内申报缴纳契税。

（四）缴税地点

契税由土地、房屋所在地的税务机关依照《中华人民共和国契税法》和《中华人民共和国税收征收管理法》的规定征收管理。

（五）契税的税率

根据《中华人民共和国契税法》第3条，契税税率为百分之三至百分之五。

契税的具体适用税率，由省、自治区、直辖市人民政府在前款规定的税率幅度内提出，报同级人民代表大会常务委员会决定，并报全国人民代表大会常务委员会和国务院备案。

省、自治区、直辖市可以依照前款规定的程序对不同主体、不同地区、不同类型的住房的权属转移确定差别税率。

契税的应纳税额按照计税依据乘以适用税率计算。

（六）契税的计算

契税的计税依据（计征契税的成交价格不含增值税）：

（1）土地使用权出让、出售，房屋买卖，为土地、房屋权属转移合同确定的成交价格，包括应交付的货币以及实物、其他经济利益对应的价款。

（2）土地使用权互换、房屋互换，为所互换的土地使用权、房屋价格的差额。

（3）土地使用权赠与、房屋赠与以及其他没有价格的转移土地、房屋权属行为，为税务机关参照土地使用权出售、房屋买卖的市场价格依法核定的价格。纳税人申报的成交价格、互换价格差额明显偏低且无正当理由的，由税务机关依照《中华人民共和国税收征收管理法》的规定核定。

（4）以划拨方式取得的土地使用权，经批准改为出让方式重新取得该土地使用权的，应由该土地使用权人以补缴的土地出让价款为计税依据缴纳契税。

（5）先以划拨方式取得土地使用权，后经批准转让房地产，划拨土地性质改为出让的，承受方应分别以补缴的土地出让价款和房地产权属转移合同确定的成交价格为计税依据缴纳契税。

（6）先以划拨方式取得土地使用权，后经批准转让房地产，划拨土地性质未发生改变的，承受方应以房地产权属转移合同确定的成交价格为计税依据缴纳契税。

（7）土地使用权及所附建筑物、构筑物等（包括在建的房屋、其他建筑物、构筑物和其他附着物）转让的，计税依据为承受方应交付的总价款。

（8）土地使用权出让的，计税依据包括土地出让金、土地补偿费、安置补助费、地上附着物和青苗补偿费、征收补偿费、城市基础设施配套费、实物配建房屋等应交付的货币以及实物、其他经济利益对应的价款。

（9）房屋附属设施（包括停车位、机动车库、非机动车库、顶层阁楼、储藏室及其他房屋附属设施）与房屋为同一不动产单元的，计税依据为承受方应交付的总价款，并适用与房屋相同的税率；房屋附属设施与房屋为不同不动产单元的，计税依据为转移合同确定的成交价格，并按当地确定的适用税率计税。

二、契税的会计核算

契税的会计核算应当分为计提阶段和缴纳阶段。

计提时：

借：无形资产／固定资产

贷：应交税费——应交契税

缴纳时：

借：应交税费——应交契税

　　贷：银行存款

【例 9-5】某企业 2023 年 2 月 23 日从房地产开发公司以 6 000 000 元的成交价格购买办公楼一栋，当地政府规定的契税税率为 3%。

应交契税 = 6 000 000 × 3% = 180 000（元）

（1）计提契税时：

借：固定资产 180 000

　　贷：应交税费——应交契税 180 000

（2）缴纳契税时：

借：应交税费——应交契税 180 000

　　贷：银行存款 180 000

本章小结

本章主要介绍了如下内容：

（1）房产税的征税对象、征税范围、纳税人、计税依据、税率及其会计核算；

（2）车船税的征税对象、纳税人、税率、计算方法及会计核算；

（3）印花税的征税对象、纳税人、税目、税率、计算方法及会计核算。

（4）契税的征税对象、纳税人、税率、计算方法及会计核算。

复习思考题

1. 如何确定房产税的计税依据？

2. 如何确定各类应税凭证印花税的计税依据及计算方法？

计算题

1. 某企业 2024 年 1 月 1 日的房产原值为 3 000 万元，4 月 1 日将其中原值为 1 000 万元的临街房出租给某餐饮店，月租金 5 万元。当地政府规定允许按房产原值减除 20% 后的余值计税。计算该企业当年应缴纳的房产税，并编制会计分录。

2. 某运输公司拥有载货汽车 15 辆（每辆载货汽车整备质量为 10 吨）；乘人大型商用车 20 辆；乘人中型商用车 10 辆；拥有非机动驳船 4 艘，每艘净吨位 3 000 吨；拖船 2 艘，每艘净吨位 2 100 吨。计算该公司年应纳车船税，并编制会计分录。（注：载货汽车整备质量每吨年税额 90 元，乘人大型商用车每辆年税额 1 200 元，乘人中型商用车每辆年税额 800 元。当地机动船舶的车船税计税标准为：净吨位 2 001~10 000 吨的，每吨 5 元。）

3. 长江公司某年度印花税相关情况如下：

（1）2月与A企业签订1份以货易货合同，合同规定，公司以价值30万元的产品换取A企业45万元的货物作为原材料，该合同在规定期限内并未履行。

（2）3月接受B企业委托加工产品，合同载明，原料及主要材料由B企业提供，价值35万元，另收取加工费10万元，价款合计45万元。

（3）7月与某办公用品公司签订1份复印机租赁合同，合同金额850元；签订1份1个月的传真机租赁合同，合同金额80元。

（4）12月与某研究所签订技术转让合同1份，合同注明按该技术研制的产品实际销售收入支付给研究所10%的报酬，当月该产品无销售收入。

案例讨论题

某上市公司2024年年初固定资产管理台账的部分内容如表9-3所示：

表9-3　固定资产管理台账

资产编码	类别名称	折旧方法	使用状况	原值	货币单位	累计折旧	净值
01010001	房屋	平均年限法	在用	3 800 000.00	元	3 450 000.00	350 000.00
01010002	房屋	平均年限法	在用	1 500 000.00	元	1 200 000.00	300 000.00
01010003	房屋	平均年限法	在用	8 400 000.00	元	4 500 000.00	3 900 000.00
01010004	房屋	平均年限法	在用	120 000 000.00	元	62 000 000.00	58 000 000.00
01010005	办公楼1号电梯	平均年限法	在用	380 000.00	元	54 000.00	326 000.00
01010006	办公楼2号电梯	平均年限法	在用	350 000.00	元	49 000.00	301 000.00
01010007	办公楼3号电梯	平均年限法	在用	300 000.00	元	42 000.00	258 000.00
01010008	乘用车（2.0 L）	平均年限法	在用	300 000.00	元	120 000.00	180 000.00

资产编码	类别名称	折旧方法	使用状况	原值	货币单位	累计折旧	净值
01010009	乘用车（2.0 L）	平均年限法	在用	350 000.00	元	140 000.00	210 000.00
01010010	乘用车（2.0 L）	平均年限法	在用	500 000.00	元	80 000.00	420 000.00
01010011	乘用车（2.5 L）	平均年限法	在用	600 000.00	元	300 000.00	300 000.00
01010012	乘用车（2.5 L）	平均年限法	在用	800 000.00	元	160 000.00	640 000.00
01010013	客车（19座）	平均年限法	在用	1 000 000.00	元	320 000.00	680 000.00
01010014	客车（19座）	平均年限法	在用	1 000 000.00	元	320 000.00	680 000.00
01010015	货车（5吨）	平均年限法	在用	700 000.00	元	280 000.00	420 000.00

该上市公司所在地车船税征税标准：乘用车（1.5 L）每年540元/辆；乘用车（2.0 L）每年660元/辆；乘用车（2.5 L）每年1 000元/辆；客车（载客人数大于9人且小于20人）每年540元/辆；客车（载客人数大于20人）每年600元/辆；货车按自重每吨96元。

1月份，该上市公司法务部门统计的合同如表9-4所示：

表9-4 合 同

序号	合同名称	份数	总金额
1	买卖合同	33	29 500 000.00
2	承揽合同	2	27 000 000.00
3	建设工程合同	6	2 130 000.00
4	承包合同	13	9 000 000.00
5	财产保险合同	1	3 500 000.00
6	技术合同	3	1 260 000.00

计算该上市公司 2024 年应纳房产税、车船税及 2024 年 1 月应纳印花税，并做相应会计处理。

即测即评

请扫描右侧二维码，进行随堂测试。

第十章 环境保护税会计

学习目标

1. 理解环境保护税的概念及规定
2. 掌握环境保护税的计算、会计处理

【思维导图】

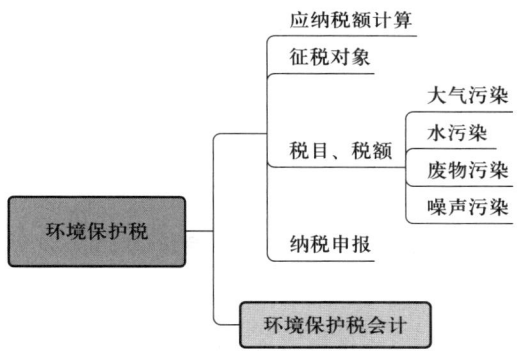

【引言】

随着环境污染持续不断地恶化，环境污染不仅成为人类生活中越来越重要的话题，甚至成为影响人类在地球上生存与否的关键因素，所以环境保护就显得尤为重要。在市场经济的发展进程中，许多商家为了降低成本增加盈利而对我们赖以生存的环境进行肆意破坏，各种污水、污染物、废气以及噪声的排放已经逐渐侵蚀我们的正常生活以及健康的生存条件。

环境保护税的设立目的就是通过税收制度来加强对环境保护的重视，对资源的合理利用，以及对生产经营中产生的污染进行后续完善处理，使污染者的污染行为所产生的外部不经济性内部化，从而约束污染者的污染行为，使企业负担应有的责任。

第一节　环境保护税

《中华人民共和国环境保护税法》是为了保护和改善环境，防治污染和其他公害，保障公众健康，推进生态文明建设，促进经济社会可持续发展而制定的税法。应税大气污染物和水污染物的具体适用税额的确定和调整，由省、自治区、直辖市人民政府统筹考虑地区环境承载能力、污染物排放现状和经济社会生态发展目标要求，在《环境保护税税目税额表》规定的税额幅度内提出。

一、纳税义务人

环境保护税的纳税人为在中华人民共和国领域和中华人民共和国管辖的其他海域，直接向环境排放应税污染物的企业事业单位和其他生产经营者。依法设立的城乡污水集中处理、生活垃圾集中处理场所超过国家和地方规定的排放标准向环境排放应税污染物的，以及贮存或者处置固体废物不符合国家和地方环境保护标准的企业事业单位和其他生产经营者，应当缴纳环境保护税。

环境保护税的纳税人不包括向依法设立的污水集中处理、生活垃圾集中处理场所排放应税污染物的，在符合国家和地方环境保护标准的设施、场所贮存或者处置固体废物的企业事业单位和其他生产经营者。

二、税目及税额

环境保护税的税目及税额如表 10-1 所示。

表 10-1　环境保护税税目税额表

税目		计税单位	税额	备注
大气污染物		每污染当量	1.2 元至 12 元	
水污染物		每污染当量	1.4 元至 14 元	
固体废物	煤矸石	每吨	5 元	
	尾矿	每吨	15 元	
	危险废物	每吨	1 000 元	
	冶炼渣、粉煤灰、炉渣、其他固体废物（含半固态、液态废物）	每吨	25 元	

税目		计税单位	税额	备注
噪声	工业噪声	超标 1—3 分贝	每月 350 元	1. 一个单位边界上有多处噪声超标，根据最高一处超标声级计算应纳税额；当沿边界长度超过 100 米有两处以上噪声超标，按照两个单位计算应纳税额。 2. 一个单位有不同地点作业场所的，应当分别计算应纳税额，合并计征。 3. 昼、夜均超标的环境噪声，昼、夜分别计算应纳税额，累计计征。 4. 声源一个月内超标不足 15 天的，减半计算应纳税额。 5. 夜间频繁突发和夜间偶然突发厂界超标噪声，按等效声级和峰值噪声两种指标中超标分贝值高的一项计算应纳税额
		超标 4—6 分贝	每月 700 元	
		超标 7—9 分贝	每月 1 400 元	
		超标 10—12 分贝	每月 2 800 元	
		超标 13—15 分贝	每月 5 600 元	
		超标 16 分贝以上	每月 11 200 元	

三、计税依据

环境保护税的应税大气污染物按照污染物排放量折合的污染当量数确定；应税水污染物按照污染物排放量折合的污染当量数确定；应税固体废物按照固体废物的排放量确定；应税噪声按照超过国家规定标准的分贝数确定。应税大气污染物、水污染物、固体废物的排放量和噪声的分贝数，按照下列方法和顺序计算：

（1）纳税人安装使用符合国家规定和监测规范的污染物自动监测设备的，按照污染物自动监测数据计算；

（2）纳税人未安装使用污染物自动监测设备的，按照监测机构出具的符合国家有关规定和监测规范的监测数据计算；

（3）因排放污染物种类多等原因不具备监测条件的，按照国务院生态环境主管部门规定的排污系数、物料衡算方法计算；

（4）不能按照本条第一项至第三项规定的方法计算的，按照省、自治区、直辖市人民政府生态环境主管部门规定的抽样测算的方法核定计算。

四、应纳税额的计算

应税大气污染物的应纳税额 = 污染当量数 × 具体适用税额

应税水污染物的应纳税额 = 污染当量数 × 具体适用税额

应税固体废物的应纳税额 = 固体废物排放量 × 具体适用税额

应税噪声的应纳税额 = 超过国家规定标准的分贝数对应的具体适用税额

五、纳税义务发生时间及纳税期限

纳税义务发生时间为纳税人排放应税污染物的当日。

环境保护税按月计算，按季申报缴纳。不能按固定期限计算缴纳的，可以按次申报缴纳。纳税人申报缴纳时，应当向税务机关报送所排放应税污染物的种类、数量，大气污染物、水污染物的浓度值，以及税务机关根据实际需要要求纳税人报送的其他纳税资料。纳税人按季申报缴纳的，应当自季度终了之日起十五日内，向税务机关办理纳税申报并缴纳税款。纳税人按次申报缴纳的，应当自纳税义务发生之日起十五日内，向税务机关办理纳税申报并缴纳税款。

六、纳税地点

纳税人应当向应税污染物排放地的县级以上地方人民政府税务机关申报缴纳环境保护税。

第二节　环境保护税会计核算

环境保护税的会计分录为：

计提税额时：

借：税金及附加——环境保护税

　　贷：应交税费——环境保护税

缴纳税额时：

借：应交税费——环境保护税

　　贷：银行存款

【例 10-1】甲企业常年排放污水和废气，2023 年 1 月，污染物自动检测仪显示，本月甲企业排放的大气污染物折合 1 000 污染当量，污水污染物折合 2 000 污染当量。已知当地大气污染物适用税额为 3.2 元 / 污染当量，水污染物适用税额为 3 元 / 污染当量。请计算 2023 年 1 月甲企业应缴纳的环境保护税税额并做会计分录。

【解析】应缴纳的环境保护税税额 = 1 000 × 3.2 + 2 000 × 3 = 9 200（元）

甲企业计提税额时：

借：税金及附加——环境保护税	9 200
贷：应交税费——环境保护税	9 200

缴纳税额时：

借：应交税费——环境保护税	9 200
贷：银行存款	9 200

本 章 小 结

本章主要介绍了如下内容：

（1）环境保护税的纳税义务人、税目及税率、计税依据、应纳税额的计算、纳税义务发生时间及纳税期限、纳税地点。

（2）环境保护税的会计核算。

复习思考题

1. 环境保护税的纳税人有哪些？

2. 对征收环境保护税的污染物，如何确定计税依据？

参 考 文 献

［1］潘兆国. 税务会计［M］. 厦门：厦门大学出版社，2013.

［2］刘捷. 税务会计实务［M］. 2 版. 北京：电子工业出版社，2013.

［3］梁伟祥. 税务会计［M］. 2 版. 北京：中国人民大学出版社，2018.

［4］计金标. 税收筹划［M］. 4 版. 北京：中国人民大学出版社，2012.

［5］杨虹. 中国税制［M］. 4 版. 北京：中国人民大学出版社，2016.

［6］盖地. 税务筹划［M］. 7 版. 北京：高等教育出版社，2019.

［7］毛夏鸾. 纳税筹划［M］. 北京：首都经济贸易大学出版社，2008.

［8］梁俊娇. 税务会计［M］. 5 版. 北京：中国人民大学出版社，2022.

［9］余海宗. 税务会计［M］. 成都：西南财经大学出版社，2019.

［10］企业会计准则编审委员会. 企业会计准则［M］. 上海：立信会计出版社，2015.

［11］王树峰，汪永忠. 纳税会计与税收筹划［M］. 北京：机械工业出版社，2014.

［12］张国永，钱东红. 资源税会计与纳税筹划［M］. 武汉：武汉理工大学出版社，2014.

［13］安仲文，蒙丽珍. 税务会计实务［M］. 大连：东北财经大学出版社，2007.

［14］李克桥，安存红. 税务会计［M］. 2 版. 北京：北京大学出版社，2014.

［15］宋霞. 税务会计［M］. 北京：清华大学出版社，2012.

读者意见反馈

为收集对教材的意见建议，进一步完善教材编写并做好服务工作，读者可将对本教材的意见建议通过如下渠道反馈至我社。

咨询电话　400-810-0598

反馈邮箱　gjdzfwb@pub.hep.cn

通信地址　北京市朝阳区惠新东街 4 号富盛大厦 1 座
　　　　　高等教育出版社总编辑办公室

邮政编码　100029